세상에서 제일 귀여운 클레이 대백과

유아 촉감놀이부터 초등 방과후까지 책임지는

세상에서 제일 귀여운 클레이 대백과

봄다방 김민정 지음

슬로래빗

프롤로그
봄다방의 클레이 세상으로 초대합니다

클레이는 영어로 'CLAY', 점토(粘土)를 말합니다. 칼라클레이, 폴리머클레이, 조비클레이, 라인클레이, 볼클레이, 콜크클레이, 천사점토 등 특징과 용도에 따라 종류가 아주 다양하지만, 흔히 말하는 '클레이 아트'는 칼라클레이를 주로 이용합니다. 따라서 이 책에서도 칼라클레이를 중심으로 소개하고, 라인클레이 작품도 몇 점 만들어 볼 것입니다.

칼라클레이는 말랑말랑하고 끈끈하지만, 손에 묻어나지 않는 무독성 점토입니다. 점성이 좋아서 당기면 쭉 늘어나고 어떤 모양이라도 만들 수 있어요. 기본 5가지 색(빨간색, 노란색, 파란색, 흰색, 검은색)을 혼합하면 세상 모든 색을 만들 수 있고, 접착제 없이도 서로 붙일 수 있으며, 자연 건조를 통해 단단히 굳힐 수 있지요. 이렇듯 쉽고 안전한 재료다 보니 유아부터 아동까지 놀잇감으로 많은 사랑을 받고 있지요. 나아가 취미로 즐기는 성인들도 많고 관련 직업도 다양해지고 있답니다.

클레이 아트는 교육적인 효과도 상당합니다. 무엇을 어떻게 만들지 상상하고 조물조물 만지며 표현하는 과정에서 창의력, 상상력, 표현력은 물론, 소근육과 눈과 손의 협응력이 발달합니다. 원하는 색을 직접 만들며 자연스럽게 색의 혼합을 배울 수 있고, 다양한 색을 경험하면서 색채 감각 및 미적 감각을 기를 수 있어요. 복잡하게 보이는 작품이라도 기본 도형을 결합하고 응용하면서 만들 수 있기 때문에 관찰력과 응용력 발달에도 도움이 된답니다. 또한, 작품을 끝까지 완성하는 과정에서 집중력과 자신감도 향상됩니다.

이 책에는 몇 분이면 뚝딱 만들어지는 간단한 작품부터 1시간 넘게 집중해야 완성되는 어려운 작품까지 있어요. 하지만 아무리 어려운 작품도 기본 도형을 만드는 것에서 시작됩니다. 책과 똑같이 완성되지 않아도 괜찮아요. 내 아이를 위해 만들고, 내 아이와 함께 만드는 소중한 첫 장난감이 될 테니까요! 자, 이제 봄다방의 클레이 세상으로 떠나 볼까요?

클레이 아트 준비물
무엇을 준비할까요?

준비물

칼라클레이 ^{필수}

기본 5색(빨간색, 노란색, 파란색, 흰색, 검은색)으로 준비하면 됩니다. 흰색이 가장 많이 쓰이며, 노란색이 그다음으로 많이 쓰이니 분량을 조절하여 준비해 주세요.

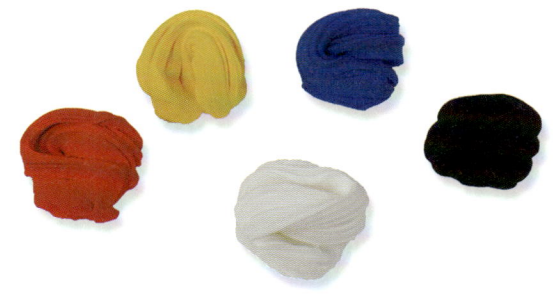

클레이 보관통 ^{필수}

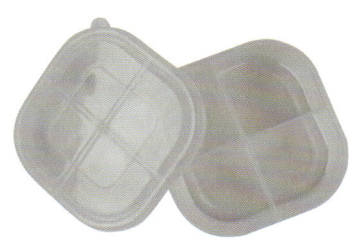

클레이를 보관하는 용도이지만, 밀폐용기라 해도 조금씩 공기가 통하여 클레이가 굳거나 습기가 찰 수 있어요. 클레이가 처음 담겨 있었던 지퍼백이나 용기에 잘 밀봉해 보관하는 게 가장 좋습니다. 보관통은 당일 사용할 양을 덜어서 담아 두는 용도로 사용해 주세요.

조형 도구 ^{필수}

구성 개수에 따라 3조 도구, 5조 도구, 7조 도구, 16조 도구 등 종류가 아주 다양하지만, 흔히 많이 쓰는 것은 5조 도구입니다. 제조사에 따라 5조 도구의 구성이 조금씩 다른데, 클레이를 자르거나 클레이에 자국을 낼 때 필요한 칼 도구ⓐ와 코나 입, 이니셜 등을 스케치하거나 세심한 작업을 할 때 필요한 송곳 도구ⓑ가 포함된 것으로 준비해 주세요! 송곳 도구 대신 이쑤시개를 사용해도 됩니다.

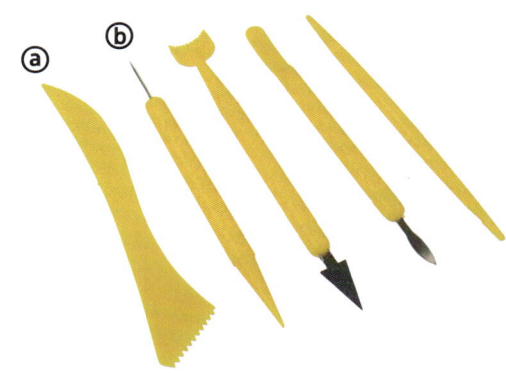

도트봉 ^{필수} 클레이 조각을 돌출되지 않게 붙이고 싶을 때 필요한 도구입니다. 이 책에서는 주로 눈을 붙일 때 많이 사용하는데, 도트봉으로 눌러서 클레이에 홈을 만든 다음 그 안에 또 다른 클레이를 채워 넣는 식이랍니다. 도트봉이 없으면 붓이나 젓가락을 이용하세요.

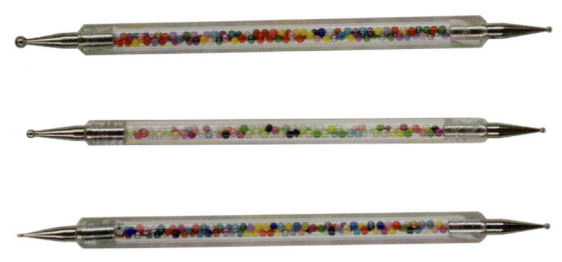

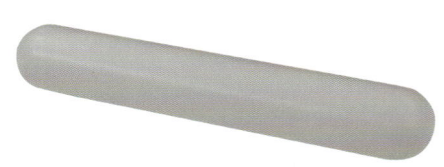

밀대 ^{필수} 클레이를 납작하거나 얇게 밀 때 사용합니다. 뒤에서 설명할 커버 그라데이션(11p)에 꼭 필요한 도구입니다.

가위 ^{필수} 클레이를 깨끗하게 자를 때도 필요하고, 가위집을 내는 등 섬세한 표현에도 사용합니다.

피자커터 ^{필수} 가위로 면적이 넓은 클레이를 반듯하게 자르기는 어렵습니다. 그럴 때 둥근 칼이 달린 피자커터가 유용해요!

빨대 빨대를 그대로 사용하거나 단면을 반으로 잘라서 무늬를 낼 때 사용해요. 음료수 빨대, 요구르트 빨대, 커피 빨대 등 다양한 크기의 빨대를 준비해 놓으면 유용합니다.

라인클레이 긴 줄로 된 클레이로 돌돌 말아 사용합니다. 완전히 굳지 않으면서도 견고함을 유지하기 때문에 팔찌처럼 여러 번 채웠다 풀렀다 하는 악세사리를 만들 때 특히 유용해요.

솔 도구 클레이 위를 두드려 거친 질감을 표현할 때 사용해요. 솔 도구 대신 칫솔을 사용해도 괜찮습니다.

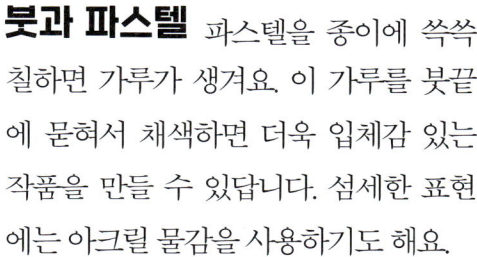

붓과 파스텔 파스텔을 종이에 쓱쓱 칠하면 가루가 생겨요. 이 가루를 붓끝에 묻혀서 채색하면 더욱 입체감 있는 작품을 만들 수 있답니다. 섬세한 표현에는 아크릴 물감을 사용하기도 해요.

쿠키커터 쿠키커터를 이용하면 클레이를 원하는 모양으로 예쁘게 찍어 낼 수 있어요. 이 책에서는 동그란 쿠키커터를 주로 사용합니다.

오일 쿠키커터, 밀대 등의 도구에 오일을 소량 바른 후 사용하면 클레이가 달라붙는 것을 방지할 수 있습니다. 클레이 색이 변하지 않도록 반드시 무색 오일로 준비하세요!

목공풀 브로치, 자석 등의 부재료에 클레이 작품을 붙여서 소품을 만들거나 굳은 클레이를 서로 이어 붙일 때 사용합니다. 목공풀보다 훨씬 단단하게 붙는 순간접착제를 사용하기도 해요.

바니쉬 직사광선이나 먼지로부터 작품을 보호할 때 사용합니다. 주로 붓에 묻혀 칠하지만, 붓 자국이 남지 않게 하려면 작품을 바니쉬에 담갔다가 빼는 것도 좋은 방법이에요. 그로스 바니쉬는 유리처럼 반짝거리고, 매트 바니쉬는 광이 약해 플라스틱 느낌이 나니 취향에 따라 선택합니다. 단, 클레이 특유의 지우개 같은 질감은 사라지니 꼭 필요할 때만 사용하세요!

클레이판 책상 위에서 작업하면 클레이가 책상에 달라붙을 수 있어요. 덥고 습도가 높은 여름에는 겨울에 비해 클레이가 더 끈적끈적해진답니다. 클레이판 혹은 넌스틱 보드를 깔고 작업하거나, 없으면 종이호일을 사용하면 됩니다.

소품 부자재 머리핀, 브로치, 자석 등 DIY 부자재를 이용하면 악세사리는 물론이고, 생활소품, 문구류까지 만들 수 있어요. 이 밖에도 반짝이와 큐빅 스티커 등 다양한 부자재를 활용해 멋진 클레이 소품을 만들어 보세요!

여기서 소개한 재료들은 공예 전문 쇼핑몰 파스텔크래프트(www.pastelclay.com)에서 구할 수 있어요.

클레이 반죽법 4가지
반죽법만 달라져도 다른 작품이 탄생한다!

반죽법

같은 색을 섞어도 섞는 방법에 따라 다양하게 표현됩니다. 아래 사진과 같이 빨강과 노랑을 기본 혼합 방법으로 섞으면 주황색의 단색이 나오지만, 하프 믹스 방법으로는 말 그대로 빨강과 노랑이 거칠게 나타납니다. 그라데이션에서는 빨강에 노랑이 묻어나는 느낌을 낼 수 있고, 커버 그라데이션에서는 줄무늬 느낌도 만들어 낼 수 있지요. 이처럼 색상 혼합의 다양한 기법을 알면 정말 멋진 클레이 작품을 만들 수 있답니다.

믹스 　 하프 믹스 　 그라데이션 　 커버 그라데이션

믹스(기본 혼합)

  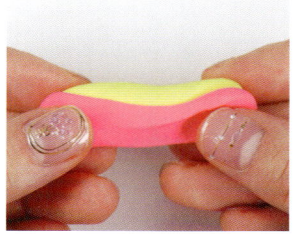 

1 혼합할 색의 원형을 붙여 한 덩어리로 만들어요.
2 덩어리를 양손으로 살포시 쥐어요.
3 손가락에 힘을 빼고 짧게 늘려 줍니다.
4 그대로 반으로 접어 주세요.

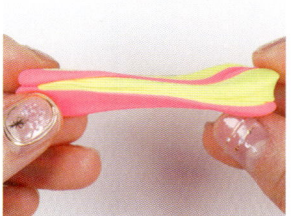  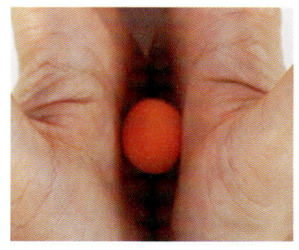 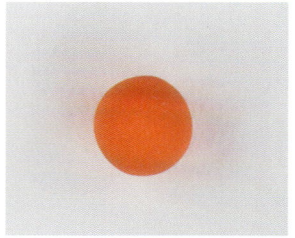

5 다시 쭉 늘려 주세요.
6 그대로 반으로 접어요.
7 계속 반복하다가 하나의 색이 되면 동그랗게 뭉쳐요.
8 새로운 색이 만들어졌어요.

하프 믹스

1 하프 믹스할 색의 원형을 준비해요.

2 서로 붙여 한 덩어리로 만들어요.

3 양손으로 살포시 쥐어요.

4 손가락에 힘을 빼고 짧게 늘려 줍니다.

5 그대로 반으로 접어 주세요.

6 원하는 무늬가 나올 때까지 늘렸다 접었다를 반복해요.

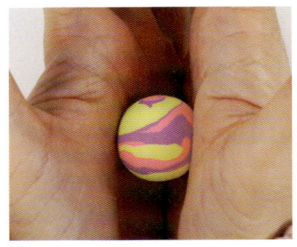
7 덩어리를 동그랗게 뭉쳐 주세요.

8 완전히 혼합되지 않은 상태의 하프 믹스를 완성합니다.

그라데이션

1 그라데이션할 색의 원형을 납작하게 눌러 줍니다.

2 두 색을 겹쳐 붙이고 다시 한 번 납작하게 눌러요.

3 덩어리 아랫부분에 손가락을 대고 위로 쭉 늘려요.

4 가장자리를 안쪽으로 접어요.

5 납작하게 눌러 편평하게 만들어요.

6 계속 3~5번을 반복하면 아래 색이 점점 올라와요.

7 원하는 그라데이션이 표현되면 동그랗게 뭉쳐요.

8 그라데이션이 완성되었어요.

커버 그라데이션

1 커버 그라데이션할 색의 원형을 긴 줄로 만들어요.

2 긴 줄을 옆으로 쭉 붙여 줍니다.

3 줄의 방향에 따라 밀대로 얇게 밀어요.

4 윗부분을 아래로 접어 주세요.

5 아랫부분을 위로 접어 주세요.

6 뒤집어 주세요.

7 다시 한 번 3~6번대로 하면 인접한 색과 섞이기 시작해요.

8 예쁜 그라데이션이 표현될 때까지 3~6번을 반복합니다.

9 그라데이션으로 감쌀 도형을 준비합니다.

10 도형 위에 커버 그라데이션을 덮어 주세요.

11 남는 부분은 잘라 낸 다음, 살짝씩 늘리며 붙여서 도형을 완전히 감싸 주세요.

12 손으로 매만져서 완성합니다. 같은 방법으로 다양한 도형을 만들 수 있어요.

색상 혼합표와 꿀팁
세상 모든 색을 만들어요!

빨간색, 노란색, 파란색, 흰색, 검은색 5가지 기본색만 있으면 세상 모든 색을 만들 수 있어요. 선명하고 화려한 원색 색감부터 화사하고 산뜻한 파스텔 색감까지 원하는 색은 무엇이든지요. 다음 페이지의 색상 혼합 꿀팁을 먼저 숙지한 다음, 색을 한번 만들어 보세요. 작품에서는 더욱 다양한 색감을 사용했으니 작품에 제시된 표를 참고하세요.

연분홍색 — 흰 9.5 + 빨 0.5
분홍색 — 흰 8.5 + 빨 1.5
진분홍색 — 흰 7 + 빨 3
연보라색 — 흰 9 + 빨 0.6 + 파 0.4
보라색 — 빨 6 + 파 4

살구색 — 흰 9 + 노 0.6 + 빨 0.4
연주황색 — 노 9.5 + 빨 0.5
귤색 — 노 9 + 빨 1
주황색 — 노 8 + 빨 2
다홍색 — 노 6 + 빨 4

베이지색 — 흰 9.5 + 노 0.2 + 빨 0.2 + 검 0.1
황토색 — 노 8.5 + 빨 1.2 + 검 0.3
갈색 — 노 7 + 빨 2.5 + 검 0.5
고동색 — 노 5 + 빨 3 + 검 2
흑갈색 — 노 3.5 + 빨 3.5 + 검 3

우유색 — 흰 9.9 + 노 0.1
연미색 — 흰 9.7 + 노 0.3
연노란색 — 흰 9 + 노 1
레몬색 — 노 6 + 흰 4
진노란색 — 노 9.8 + 빨 0.2

백옥색	연두색	초록색	진초록색	국방색
흰 9.7 + 노 0.2 + 파 0.1	노 9 + 파 1	노 6 + 파 4	파 5 + 노 4.5 + 검 0.5	노 4.8 + 파 3.2 + 검 2

연하늘색	하늘색	남색	밝은 회색	회색
흰 9.5 + 파 0.5	흰 9 + 파 1	파 6 + 검 4	흰 9.7 + 검 0.3	흰 9 + 검 1

COLOR TIPS!

연한 색에 진한 색 넣기! 연한 색에 진한 색을 조금씩 추가하면서 원하는 색으로 맞춰 가야 해요. 진한 색에 연한 색을 넣게 되면 나도 모르게 클레이가 눈덩이처럼 커질 수 있답니다.

색 추가는 하나씩만! 3가지 색을 섞어야 할 경우, 2가지 색을 먼저 섞은 다음 나머지 색을 아주 조금씩 넣으며 섞어야 실패할 확률이 줄어들어요.

색이 너무 진하다면? 적당량을 떼어 낸 다음, 밝은색을 넣어 섞도록 합니다.

예쁜 색을 원한다면 흰색과 노란색을 섞어 보세요! 흰색을 섞으면 같은 무지개색도 더욱 부드러워지고, 분홍색이나 하늘색 계열에 노란색을 살짝 섞으면 따뜻한 파스텔 색감을 낼 수 있어요.

기본 도형 만드는 법
어려운 작품도 기본 도형으로부터!

클레이 작품은 원형에서 시작하여 기본 도형을 만들고, 그 도형을 응용하거나 변형시켜서 작품을 완성하게 됩니다. 원형을 비롯한 기본 도형 만들기는 좋은 클레이 작품이 나오기 위한 기본인 동시에 가장 중요한 부분이랍니다. 옷 입기로 말하면 첫 단추를 끼우는 일이지요. 더 쉽고 예쁘게 클레이 작품을 만들고 싶다면, 반드시 도형 만드는 법을 먼저 익혀 주세요!

원형

1 클레이를 준비해요.

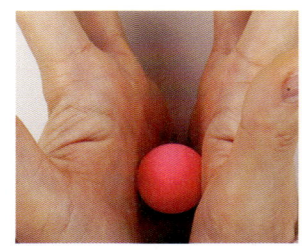
2 손바닥 사이에 클레이를 놓고 힘있게 굴려 주세요.

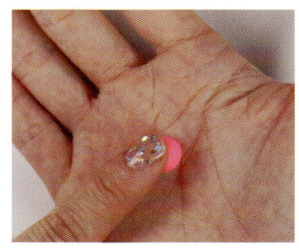
3 작게 만들려면 손바닥 위에 올리고 한 손가락으로 굴려요.

4 주름 없이 예쁜 원형이 완성됩니다.

타원형과 줄

1 원형을 준비해요.

2 원형을 바닥에 놓고 손가락으로 살짝 누르며 밀어요.

3 가로가 긴 타원형이 완성됩니다.

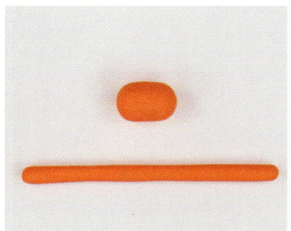
4 타원형을 더 길쭉하게 밀면 줄을 만들 수 있어요.

원기둥

  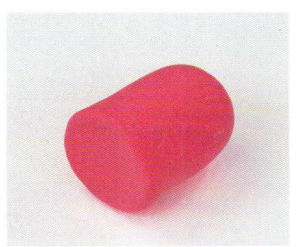 

1 원형을 손가락으로 밀어서 타원형을 만들어요.

2 꼬집듯 매만져 바닥은 편평하게 윤곽은 또렷하게 합니다.

3 한쪽 끝이 둥근 원기둥이 만들어졌어요.

4 반대편도 같은 방법으로 만지면 원기둥이 만들어져요.

얇고 긴 줄

 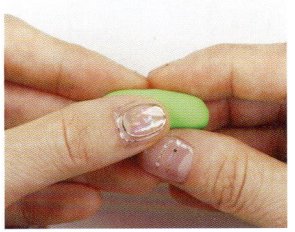 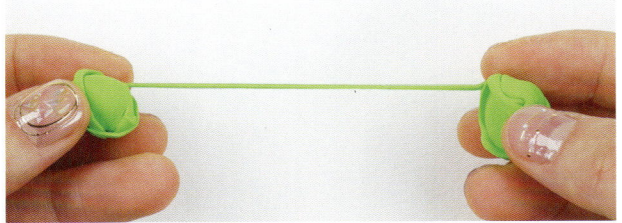

1 원형을 손가락으로 밀어서 타원형을 만들어요.

2 양손 엄지와 검지로 타원형을 살포시 잡아 주세요.

3 손에 힘을 빼고 클레이를 양옆으로 쭉 늘려요.

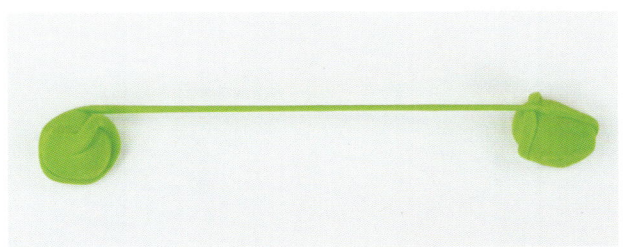 

긴 줄 사용법

4 가운데 있는 얇고 긴 줄을 잘라서 코나 입, 글자 등을 세심하게 표현할 때 사용합니다.

물방울

 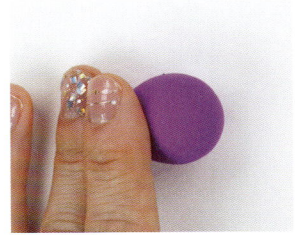 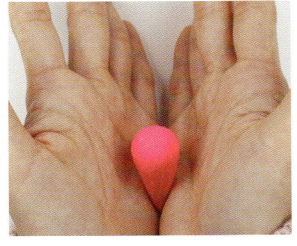 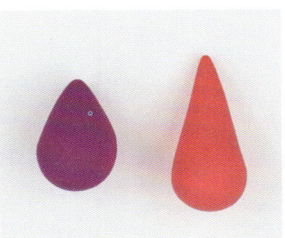

1 원형을 준비해요.

2 원형의 한쪽 끝을 손가락으로 밀어 뾰족하게 만들어요.

3 양손 손날로 원형을 굴리면 더 긴 물방울도 만들 수 있어요.

4 한쪽은 둥글고 한쪽은 뾰족한 물방울 모양이 완성되었어요.

양쪽 물방울

 1 원형을 준비해요.

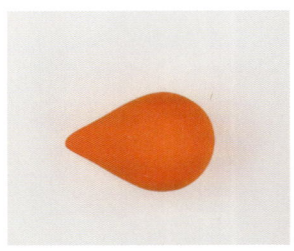 2 물방울을 던저 만들어요.

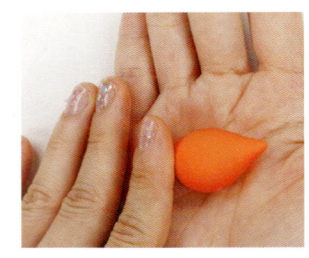 3 물방울의 둥근 부분도 뾰족하게 만들어 주세요.

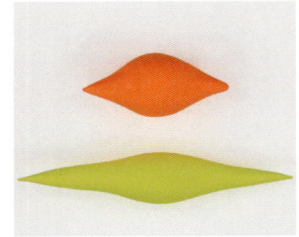 4 뾰족한 부분의 길이에 따라 다양하게 표현됩니다.

원뿔

 1 원형을 준비해요.

 2 물방울을 던저 만들어요.

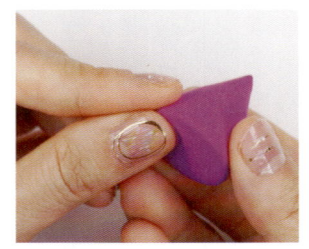 3 물방울의 둥근 부분을 꼬집듯 매만져 바닥은 편평하고 윤곽은 또렷하게 만들어요.

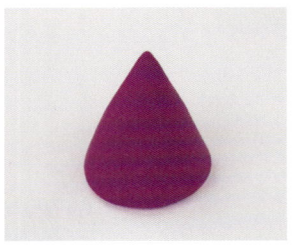 4 원뿔이 완성되었어요.

마이크

 1 원형을 준비해요.

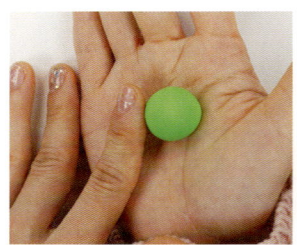 2 원형을 손바닥 위에 올리고 반대편 손가락으로 원형 한쪽을 힘 있게 밀어요.

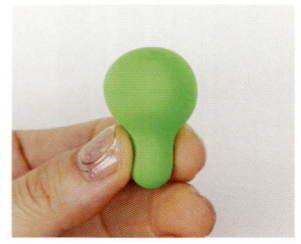 3 엄지와 검지로 마이크 머리와 기둥 경계 부분을 잡고 굴려서 정리합니다.

 4 기둥의 길이에 따라 다양하게 표현됩니다.

삼각형과 사각형

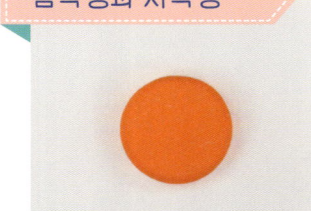 1 원형을 여러 번에 걸쳐 나누어 눌러 납작하게 해요.

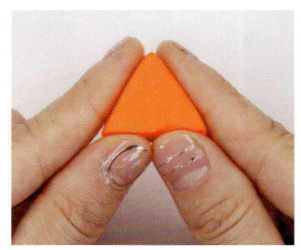 2 가장자리를 손가락으로 눌러 모서리를 3개 만들어요.

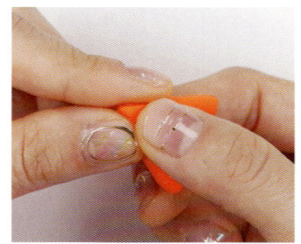 3 모서리와 윤곽을 꼬집듯 매만져 또렷하게 만들어요.

 4 같은 방법으로 사각형도 만들 수 있어요.

반구

1 원형을 준비해요.

2 꼬집듯 매만져 바닥은 편평하게 윤곽은 또렷하게 합니다.

3 반구가 완성되었어요.

납작하게 밀기

1 긴 줄을 준비해요.

2 긴 줄을 손가락으로 납작하게 눌러 주세요.

3 이제 밀대로 여러 번에 걸쳐 밀어요.

4 원하는 모양으로 잘라서 무늬를 만들 때 사용합니다.

주름 잡기

1 클레이를 납작하게 밀어요.

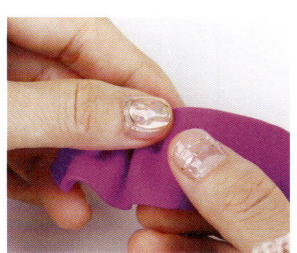
2 클레이의 한쪽 끝을 살짝 구부려 붙여 주세요.

3 반복하면 주름이 만들어져요.

4 반대쪽 끝까지 주름을 잡아 주세요.

하트

1 원형의 한쪽을 뾰족하게 만들어 물방울을 만들어요.

2 손가락으로 여러 번에 걸쳐 나누어 눌러 납작하게 해요.

3 둥근 부분을 칼 도구로 눌러 갈라지게 만들어요.

4 갈라진 부분을 매만져 정리하면 하트가 완성됩니다.

자주 묻는 질문들
알아 두면 좋을 꿀팁을 공개합니다!

Q 클레이에 손때가 잘 묻어요

클레이 시작하기 전에 손을 깨끗이 씻고 물기를 잘 닦아 주세요. 그런 다음 흰색 클레이를 조금 떼어 두 손바닥으로 비비고 손톱 밑까지 콕콕 두드려요. 어두운색 클레이를 만진 후에도 마찬가지로 손을 깨끗이 하면, 숨은 때까지 없앨 수 있어서 훨씬 깔끔하고 예쁜 작품을 만들 수 있어요.

Q 클레이 작품에 구멍, 주름이 생겨요

클레이를 늘렸다 접었다를 반복하며 반죽하는 것은 색상 혼합할 때뿐만 아니라 색을 섞지 않을 때도 필요합니다. 어떤 작품이나 기본은 원형에서부터 시작하기 때문에 클레이를 충분히 반죽해서 손바닥으로 꽉 쥐어 기포를 뺀 다음, 주름 없이 예쁜 원형을 만들어야 작품도 깔끔하고 예쁘답니다.

Q 클레이가 바닥에 자꾸 달라붙어요

클레이를 밀대로 납작하게 밀거나 손바닥으로 누를 때 바닥에 많이 달라붙게 됩니다. 이때는 전용 받침(클레이판 또는 넌스틱 보드)이나 종이호일을 깔고 해 보세요. 또한, 한 번에 하기보다는 누르고 떼어 내고, 누르고 떼어 내는 식으로 여러 번에 걸쳐 나누어 작업하는 것이 좋답니다.

Q 눈을 깔끔하게 표현하고 싶어요

원형을 얼굴에 그대로 붙이면 붙이는 과정에서 원형이 망가지고 돌출되어 깔끔하지 않아요. 이때는 도트봉을 이용해 홈을 낸 다음 홈 안에 원형을 넣는 게 가장 좋은 방법입니다.

눈 붙이는 법

Q 클레이 작품에 금이 갔어요

클레이 작품에 금이 가거나 이음새 부분이 티가 나 신경이 쓰일 때가 종종 있어요. 이럴 때는 손가락이나 붓 자루쪽 둥근 부분에 물을 묻혀 해당 부분을 문질러 보세요. 클레이가 물에 녹으면서 감쪽같이 사라진답니다. 단, 어두운색에는 얼룩이 남을 수 있고, 완전히 건조된 경우는 녹지 않아요!

Q 클레이가 굳었어요

완전히 딱딱하게 굳은 상태가 아닌 살짝 굳은 정도라면 클레이에 물을 콕 찍어 조물조물 만져 주세요. 처음처럼 말랑말랑한 클레이로 다시 돌아올 거예요.

Q 옷에 클레이가 붙었어요

큰 덩어리는 손으로 먼저 떼어 낸 다음, 다른 클레이 덩어리로 톡톡 두드려 떼어 보세요. 그래도 떨어지지 않는다면, 따뜻한 물에 5분 이상 담가 두었다가 손으로 살살 비비면 녹아요. 머리카락에 묻었을 때도 따뜻한 물을 적셔서 린스로 씻어 내면 됩니다.

Q 클레이는 어떻게 보관하나요?

클레이는 공기 중에서 자연 건조되는 특성 때문에 공기가 닿으면 굳기 시작해요. 별도의 밀폐 용기에 보관하는 것도 방법이지만, 제일 좋은 방법은 클레이가 처음 담겨 있었던 지퍼백이나 용기에 넣고, 입구를 잘 밀봉해 보관하는 것입니다.

Q 클레이 작품을 오래 보관하고 싶어요

자연 건조로 완전히 굳으면 눌러도 움푹 파이지 않을 만큼 단단해지지만, 직사광선을 쐬면 색이 바랜다는 단점이 있어요. 먼지가 오래되면 작품에 아예 달라붙기도 합니다. 따라서 직사광선을 피해 보관하고, 가끔 후후 불어서 먼지를 털어 줘야 합니다. 작품이 굳은 후 바니쉬를 발라 말리면 색바램과 먼지로부터 작품을 어느 정도 보호할 수 있어요.

차례

프롤로그 봄다방의 클레이 세상으로 초대합니다 ○ 4p

클레이 아트 준비물 무엇을 준비할까요? ○ 5p

클레이 반죽법 4가지 반죽법만 달라져도 다른 작품이 탄생한다! ○ 9p

색상 혼합표와 꿀팁 세상 모든 색을 만들어요! ○ 12p

기본 도형 만드는 법 어려운 작품도 기본 도형으로부터! ○ 14p

자주 묻는 질문들 알아 두면 좋을 꿀팁을 공개합니다! ○ 18p

Part 1
건강이 쑥쑥!
채소와 버섯

고추 ○ 28p

당근 ○ 29p

무 ○ 30p

가지 ○ 31p

파 ○ 32p

브로콜리 ○ 34p

완두콩 ○ 35p

파프리카 ○ 36p

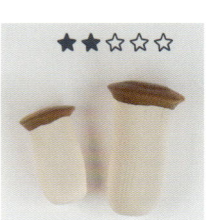
새송이버섯 ○ 37p

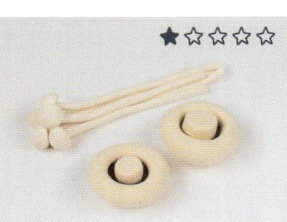
양송이버섯&팽이버섯 ○ 38p

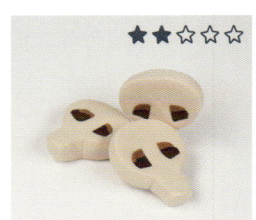
양송이버섯 조각 ○ 39p

표고버섯 ○ 40p

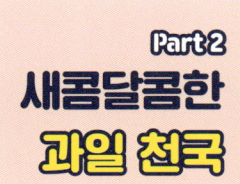
Part 2
새콤달콤한
과일 천국

감 ○ 42p

바나나 ○ 43p

토마토 ○ 44p

딸기 ○ 45p

★★★☆	★★★☆	★★★☆	★★☆☆	★★★★	★★☆☆	★★☆☆
사과 46p	포도 47p	수박 48p	참외 49p	메론 50p	레몬 51p	키위 52p
★★☆☆	★★☆☆	**Part 3** 냠냠 짭짭 맛있게 한 끼	★☆☆☆	★★☆☆	★☆☆☆	
오렌지 53p	파인애플 54p		오므라이스 56p	쌀밥&볶음밥 57p	달걀 프라이 58p	
★☆☆☆	★★☆☆	★★☆☆	★★★☆	★★★☆	★★☆☆	
스파게티&자장면 59p	치즈 돈가스 60p	식빵 61p	생선 62p	구운 생선 64p	닭다리 65p	
★★☆☆	★★★☆	★★★☆	★★☆☆	**Part 4** 군침이 스르륵 간식과 디저트	★☆☆☆	
소시지 66p	유부초밥 67p	김밥 68p	밥그릇 70p		마쉬멜로 72p	
★☆☆☆	★★☆☆	★★☆☆	★★★☆	★★★☆	★★☆☆	
막대과자 73p	초코 도너츠 74p	크림 도너츠 75p	생크림 머핀&도너츠 76p	마카롱 78p	막대사탕 79p	

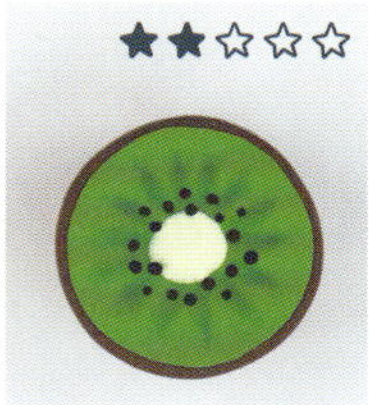

★★☆☆☆	★★★☆☆	★☆☆☆☆	★★★★☆	★★★☆☆	★★☆☆☆
아이스크림 80p	케이크 82p	쿠키 84p	햄버거&감자튀김 85p	피자 88p	음료수 90p

Part 5
부릉부릉 빵빵
탈것 친구들

★★★☆☆	★★★☆☆	★★★☆☆	★★★☆☆
자동차 92p	구급차 94p	소방차 96p	경찰차 98p

 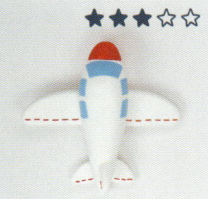    

★★★☆☆	★★★☆☆	★★★☆☆	★★★★☆	★★★☆☆	★★★★☆
버스 99p	비행기 100p	로켓 102p	열기구 104p	오리배 106p	배 108p

★★★☆☆	★★★★★	★★☆☆☆	★★☆☆☆
잠수함 110p	기차 112p	무당벌레 118p	애벌레 120p

Part 6
모두 모여라!
아주 작은 동물들

★★★☆☆	★★★☆☆	★★☆☆☆	★★☆☆☆	★★★☆☆	★★★☆☆
개미 122p	소똥구리 124p	잠자리 126p	꿀벌 128p	메뚜기 130p	거미 132p

★★★☆☆
달팽이 134p

★★★☆☆
개구리 136p

★★☆☆☆
나비 138p

Part 7 형형색색 화려한 꽃 세상 속으로

★★☆☆☆
튤립 142p

★★★★☆
국화 144p

★★★★☆
해바라기 146p

★★★☆☆
무궁화 148p

★★★☆☆
코스모스 150p

★★★★☆
포인세티아 152p

★★★★☆
선인장 154p

★★★★☆
카네이션 156p

★★★★☆
장미 158p

★★☆☆☆
개나리 160p

★★★☆☆
벚꽃 162p

★★☆☆☆
사과나무 164p

Part 8 귀욤미 뿜뿜 바다 생물과 함께

★★☆☆☆
불가사리 166p

★★☆☆☆
성게 168p

★★☆☆☆
오징어 169p

★★★☆☆
꽃게 170p

★★★☆☆
복어 172p

★★★☆☆
문어 174p

★★★☆☆
고래 176p

★★★★☆
해마 178p

★★★★☆
돌고래&상어 180p

★★★★☆
소라게 182p

★★☆☆☆
조개 184p

★☆☆☆☆
바위와 수초 185p

★★★★★
거북 186p

Part 9 옹기종기 함께 살아요
농장·애완동물

 오리 190p
 닭 192p
 병아리 194p
 쥐 195p

 토끼 198p
 고슴도치 200p
 돼지 202p
 양 204p
 강아지 206p
 고양이 208p

 소 211p
 말 214p

Part 10 동물원에서 만난
야생동물

 펭귄 218p
 곰 220p
 악어 222p

 부엉이 224p
 뱀 227p
 코끼리 228p
 코알라 230p
 판다 233p
 원숭이 236p

 호랑이 239p
 사자 242p
 기린 244p

Part 11 옛날옛적에
공룡·고생물

 공룡알 248p
 암모나이트 249p

 플레시오사우루스 250p
 세이스모사우루스 252p
 프테라노돈 254p
 아르케론 257p
 트리케라톱스 260p

 안킬로사우루스 263p
 스테고사우루스 266p
 파키케팔로사우루스 268p
 티라노사우루스 270p
 용 273p

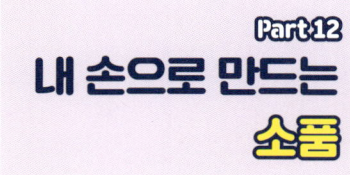 Part 12 내 손으로 만드는 소품
 곰돌이 브로치 278p
 안경 280p
 장미꽃 반지 281p
 야광꽃 팔찌 282p

 무지개꽃 연필 284p
 곰돌이 손가락 인형 286p
 토끼 손가락 인형 288p
 무지개 마그넷 290p
 리본 머리핀 292p

 꽃 이름표 294p
 여자아이 네임텍 296p
 남자아이 네임텍 298p

Part 1
건강이 쑥쑥! 채소와 버섯

고추

소요시간 10분 이내
난이도 ★☆☆☆☆

준비물 클레이, 도트봉

클레이 색상 ● 초록색(노란색 6 + 파란색 4)
● 빨간색

1 빨간색 원형을 준비해요.

2 손가락으로 밀어서 긴 물방울 모양으로 만들어요.

3 끝을 살짝 구부려요.

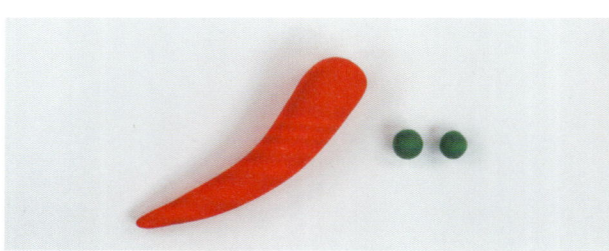

4 초록색 원형 2개를 준비해요.

5 하나는 납작하게 누르고, 다른 하나는 긴 물방울로 만들어요.

6 윗부분에 납작한 것을 붙이고 도트봉으로 눌러서 홈을 만든 다음, 홈 안에 긴 물방울을 붙여 고추를 완성합니다.

소요시간 10분 이내
난이도 ★☆☆☆☆

당근

준비물 클레이, 도트봉, 칼 도구

클레이 색상
- 🟠 주황색(노란색 8 + 빨간색 2)
- 🟢 연두색(노란색 9 + 파란색 1)

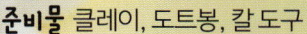

1 주황색 원형을 준비해요.

2 손가락으로 밀어서 긴 물방울 모양으로 만들어요.

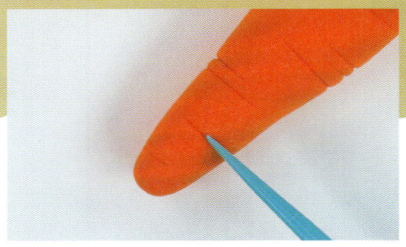

3 칼 도구로 자국 내서 무늬를 표현해요.

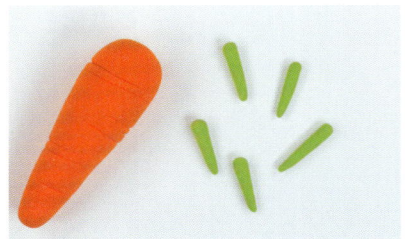

4 연두색 긴 물방울 모양 5개를 준비해요.

5 한쪽 끝을 모아서 당근 줄기를 만들어요.

6 당근 윗부분을 도트봉으로 눌러서 줄기 붙일 홈을 만들어요.

7 마련한 홈에 줄기를 붙여서 당근을 완성합니다.

무

소요시간 10분 이내
난이도 ★☆☆☆☆

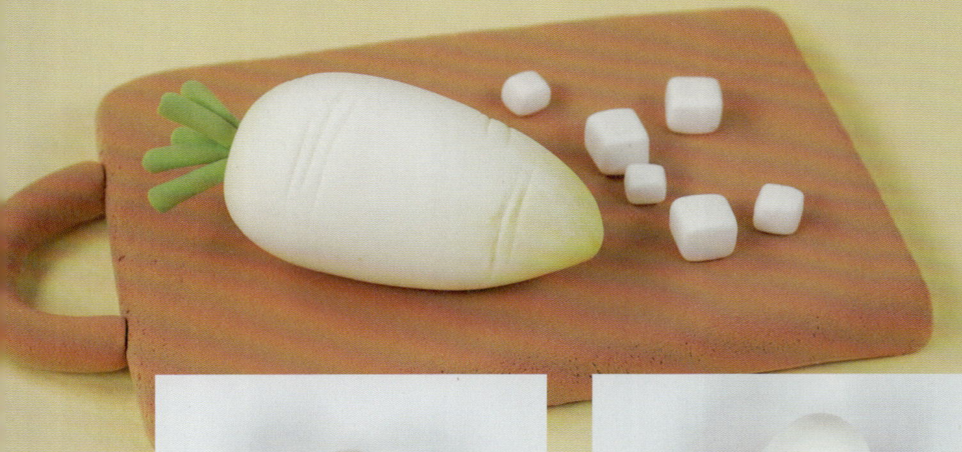

준비물 클레이, 파스텔, 붓, 칼 도구, 도트봉
클레이 색상
○ 우유색(흰색 9.9 + 노란색 0.1)
● 연두색(노란색 9 + 파란색 1)

1 우유색 원형을 준비해요.

2 손가락으로 밀어서 물방울 모양으로 만들어요.

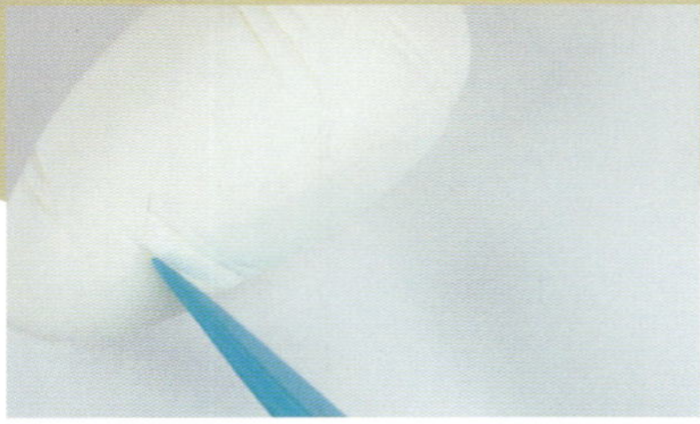

3 칼 도구로 자국을 내서 무늬를 표현해요.

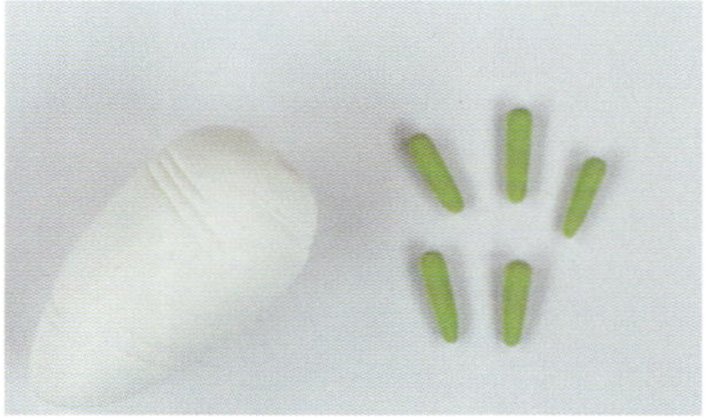

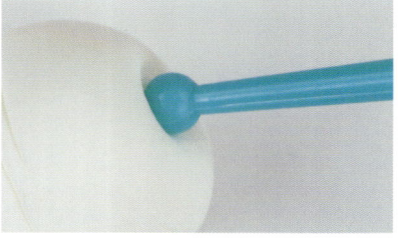

4 연두색 긴 물방울 모양 5개를 만들어 줄기를 준비해요.

5 무 윗부분을 도트봉으로 눌러서 줄기 붙일 홈을 만들어요.

6 마련한 홈에 줄기를 하나씩 넣어서 붙여요.

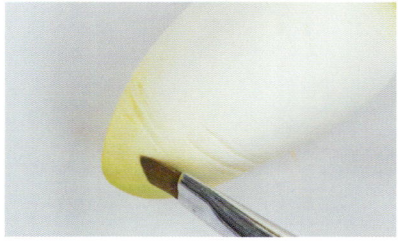

7 붓에 연두색 파스텔을 묻혀서 무의 아랫부분에 칠해요.

8 무가 완성됩니다.

소요시간 10분 이내
난이도 ★☆☆☆☆

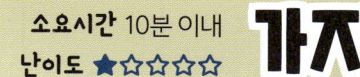

준비물 클레이, 도트봉

클레이 색상 ● 보라색(빨간색 6 + 파란색 4)
● 연두색(노란색 9 + 파란색 1)

1 보라색 원형을 준비해요.

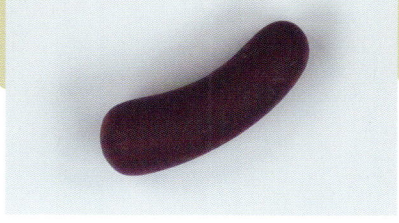

2 손가락으로 길게 밀고 살짝 구부려서 가지 모양을 만들어요.

3 연두색 물방울 모양 6개를 준비해요.

4 납작하게 눌러 주세요.

5 가지의 윗부분에 둘러 붙여요.

6 연두색 원형을 밀어서 꼭지를 준비해요.

7 꼭지 받침을 도트봉으로 눌러서 꼭지 붙일 홈을 만들어요.

8 꼭지를 붙여 가지를 완성해요.

파

소요시간 30분 내외
난이도 ★★★☆☆

준비물 클레이, 밀대, 가위, 송곳
클레이 색상
- 초록색(노란색 6 + 파란색 4)
- 연두색(노란색 9 + 파란색 1)
- 흰색
- 베이지색(흰색 9.5 + 갈색* 0.5)

*갈색(노 : 빨 : 검 = 7 : 2.5 : 0.5)

1 흰색, 연두색, 초록색 원형을 준비해요.

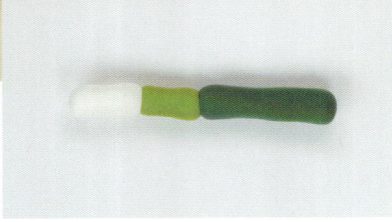

2 같은 굵기로 밀어서 이어 붙여요.

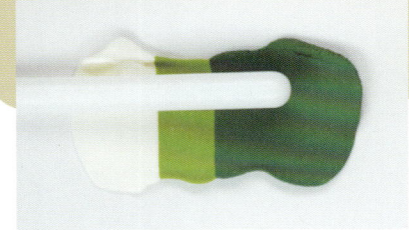

3 밀대를 사용해 위아래로 얇게 밀어요.

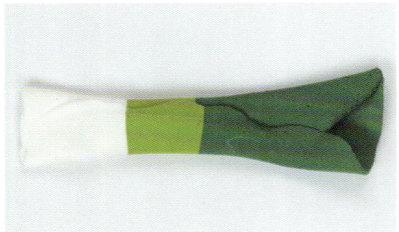

4 양쪽 끝을 안으로 모아 접어요.

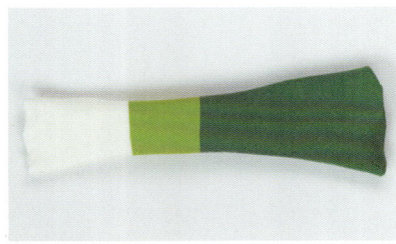

5 뒤집어 주세요.

6 그라데이션이 자연스럽게 표현될 때까지 3~5번을 반복해요.

7 초록색 원형을 뾰족하고 긴 물방울 모양으로 밀어서 심재를 만들어요.

8 심재 위에 5를 덮어 줍니다.

9 필요 없는 부분은 가위를 사용해 잘라요.

10 심재를 깔끔하게 감싸서 빚어요.

11 윗부분을 납작하게 눌러 주세요.

12 납작해진 윗부분을 가위를 이용해 두 갈래로 갈라요.

13 베이지색 작은 원형을 여러 개 준비하고 얇게 밀어서 파 뿌리를 만들어요.

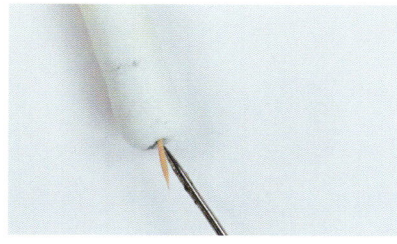

14 송곳으로 파 뿌리의 끝을 찍어서 파 아랫부분에 찔러 넣어요.

15 파 뿌리를 모두 채워서 완성해요.

16 같은 방법으로 여러 개 만들면 파 한 단도 만들 수 있어요.

브로콜리

소요시간 20분 내외
난이도 ★★☆☆☆

준비물 클레이, 솔 도구 또는 칫솔

클레이 색상
- 진초록색(초록색* 9.5 + 검은색 0.5)
  *초록색(노 : 파 = 6 : 4)
- 연초록색(노란색 7 + 파란색 3)
- 레몬색(노란색 6 + 흰색 4)

1 진초록색, 연초록색, 레몬색 원형을 준비해요.

2 납작하게 눌러 주세요.

3 진초록색, 연초록색, 레몬색 순서로 겹쳐 줍니다.

4 그라데이션 기법(10p)으로 섞어서 원형을 준비해요.

5 손바닥으로 눌러서 반구 모양으로 만들어요.

6 솔 도구나 칫솔로 반구 윗부분을 툭툭 쳐서 송이의 질감을 표현합니다.

7 연초록색 원형을 밀어서 타원형을 만들어요.

8 타원형의 아랫부분을 손가락으로 편평하게 매만져서 줄기를 만들어요.

9 줄기 위에 송이를 붙여 브로콜리를 완성합니다.

소요시간 20분 내외
난이도 ★☆☆☆☆

완두콩

준비물 클레이, 도트봉

클레이 색상
- 밝은 초록색(노란색 8.5 + 파란색 1.5)
- 연두색(노란색 9 + 파란색 1)

1 같은 크기의 연두색 원형 5개를 준비해요.

2 밝은 초록색으로 원형 2개를 준비해요.

3 긴 양쪽 물방울 모양을 만들어요.

4 납작하게 눌러 완두콩 껍데기를 준비합니다.

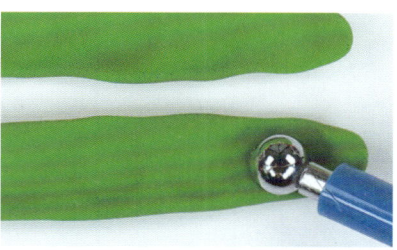

5 도트봉으로 콩알이 들어갈 자리에 홈을 5개 만들어요.

6 껍데기끼리 붙여요.

7 껍데기 안쪽에 완두콩을 하나씩 넣어요.

8 껍데기를 오므려서 잘 빚으면 완성됩니다.

파프리카

소요시간 10분 이내
난이도 ★☆☆☆☆

준비물 클레이, 도트봉, 칼 도구
클레이 색상 ● 밝은 초록색(노란색 8.5 + 파란색 1.5)
● 주황색(노란색 8 + 빨간색 2)

1 주황색 원형을 준비해요.

2 살짝 밀어서 타원형 모양을 만들어요.

3 칼 도구로 자국을 4개 만들어 주세요.

4 밝은 초록색으로 원형을 2개 만들어요.

5 하나는 납작하게 누르고, 하나는 끝이 뭉툭한 원뿔 모양으로 만들어요.

6 납작하게 누른 원형을 파프리카 윗부분에 붙여요.

7 도트봉으로 눌러서 꼭지가 붙을 홈을 만들어요.

8 원뿔의 뭉툭한 부분을 홈에 붙여요.

9 같은 방법으로 노란색, 빨간색 파프리카도 만들 수 있어요.

소요시간 **20분 내외**
난이도 ★★☆☆☆

새송이버섯

준비물 클레이, 칼 도구

클레이 색상 ● 갈색(노란색 7 + 빨간색 2.5 + 검은색 0.5)
○ 연베이지색(흰색 9.9 + 갈색 0.1)

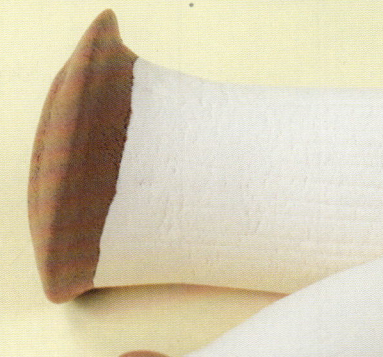

1 갈색과 연베이지색 원형을 서로 다른 크기로 준비해요.

2 갓이 될 갈색은 납작하게 누르고, 기둥이 될 연베이지색은 타원형으로 밀어요.

3 갓과 기둥을 이어 붙여요.

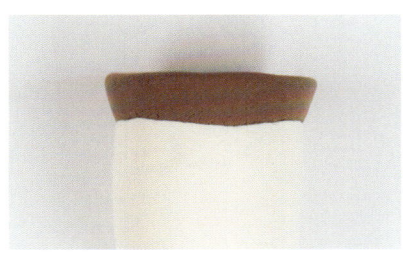

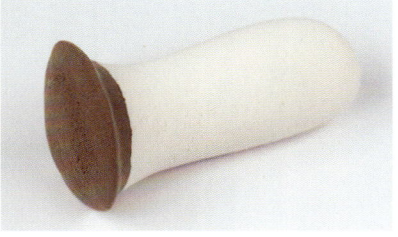

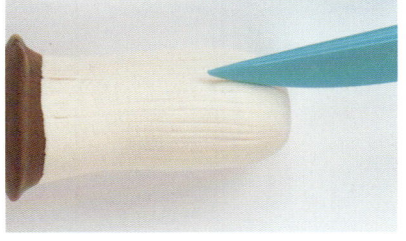

4 손바닥으로 밀어 밀착시킨 다음, 갓 부분을 손가락으로 꼬집어 각을 줍니다.

5 갓이 상하지 않도록 기둥 부분을 손바닥 사이에 놓고 둥글려서 길게 만들어요.

6 칼 도구를 이용해 기둥에 불규칙적으로 선을 그어서 표면의 결을 표현해요.

7 오동통한 새송이버섯이 완성되었어요.

양송이버섯&팽이버섯

소요시간 10분 이내
난이도 ★☆☆☆☆

준비물 클레이, 도트봉
클레이 색상 ○ 연베이지색(흰색 9.9 + 갈색* 0.1)
　　　　　　　 * 갈색(노 : 빨 : 검 = 7 : 2.5 : 0.5)
　　　　　　 ● 고동색(노란색 5 + 빨간색 3 + 검은색 2)

1 연베이지색과 고동색 원형을 서로 다른 크기로 준비해요.

2 살짝만 눌러서 납작해지도록 합니다.

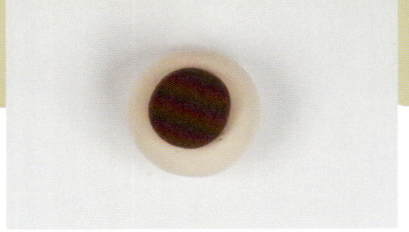

3 연베이지색 위에 고동색을 얹어요.

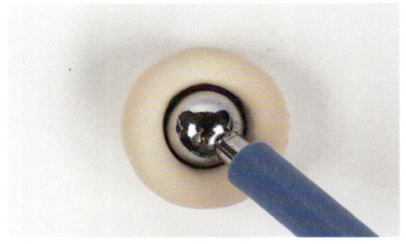

4 고동색이 안으로 깊이 들어가도록 도트봉으로 가운데를 눌러 줍니다.

5 연베이지색 원형을 원기둥 모양으로 만들어 주세요.

6 홈 안에 원기둥을 넣어서 양송이버섯을 완성합니다.

팽이버섯

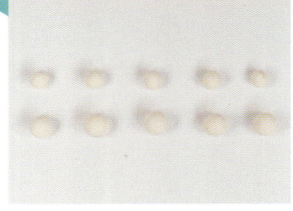

1 연베이지색 원형을 5개는 크게, 5개는 작게 준비해요.

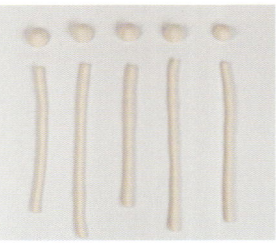

2 작은 원형은 반구로, 큰 원형은 긴 줄로 만들어요.

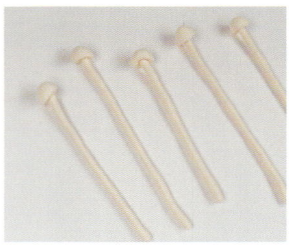

3 반구에 긴 줄을 붙여 주세요.

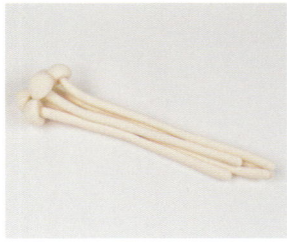

4 여러 가닥을 모아서 붙이면 생생하게 완성됩니다.

양송이버섯 조각

소요시간 20분 내외
난이도 ★★☆☆☆

준비물 클레이, 가위

클레이 색상
- 고동색(노란색 5 + 빨간색 3 + 검은색 2)
- 갈색(노란색 7 + 빨간색 2.5 + 검은색 0.5)
- 연베이지색(흰색 9.9 + 갈색 0.1)

1 연베이지색 원형을 준비해요.

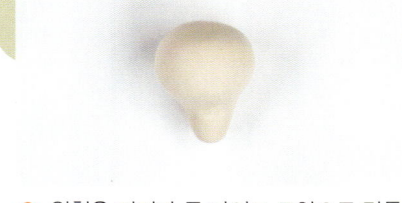

2 원형을 머리가 큰 마이크 모양으로 만들어요.

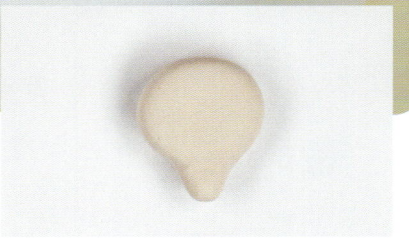

3 마이크 모양을 납작하게 눌러 주세요.

4 엄지와 검지로 꼬집듯 매만져 양송이 조각을 만들어요.

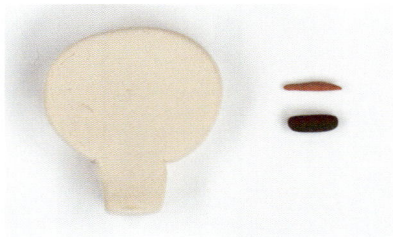

5 갈색으로 양쪽 물방울, 고동색으로 타원형을 준비해요.

6 타원형을 납작하게 눌러 주세요.

7 납작해진 타원형 위에 양쪽 물방울을 붙이고 납작하게 눌러요.

8 가위를 이용해 반으로 잘라 주세요.

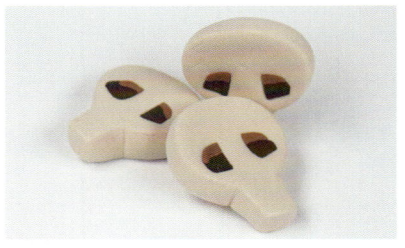

9 양송이 조각에 간격을 두고 붙여서 완성합니다.

표고버섯

소요시간 20분 내외
난이도 ★★☆☆☆

준비물 클레이, 도트봉, 칼 도구, 송곳
클레이 색상 ○ 연베이지색(흰색 9.9 + 갈색* 0.1)
　　　　　　　*갈색(노 : 빨 : 검 = 7 : 2.5 : 0.5)
　　　　　　● 고동색(노란색 5 + 빨간색 3 + 검은색 2)

1 고동색과 연베이지색 원형을 다른 크기로 준비해요.

2 살짝 눌러서 납작하게 만들어요.

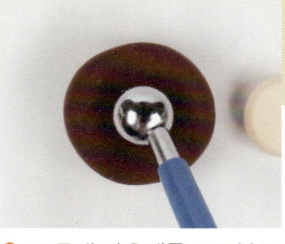

3 고동색 가운데를 도트봉으로 눌러 홈을 만들어 줍니다.

4 홈 안에 연베이지색을 넣어요.

5 두 손 엄지와 검지로 잡고 만두피 빚듯 돌리며 붙여요.

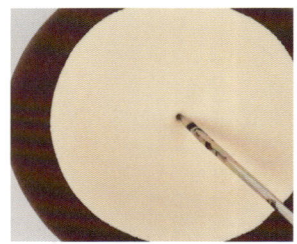

6 송곳으로 갓 안쪽에 중심점을 찍어요.

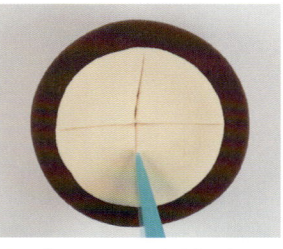

7 칼 도구로 중심점을 기준으로 열십자 자국을 냅니다.

8 사이사이에 촘촘히 자국 내서 갓 안쪽 무늬를 표현해요.

9 연베이지색 원형을 다시 준비해요.

10 타원형 모양으로 밀어서 기둥을 만들어요.

11 갓 안쪽에 기둥을 붙여서 버섯을 완성해요.

Part 2
새콤달콤한 과일 천국

감

소요시간 10분 이내
난이도 ★☆☆☆☆

준비물 클레이
클레이 색상 🟢 연두색(노란색 9 + 파란색 1)
　　　　　　🟠 주황색(노란색 8 + 빨간색 2)

1 주황색 원형을 준비해요.

2 손바닥으로 아주 살짝 눌러 주세요.

3 연두색 물방울 모양 4개를 준비해요.

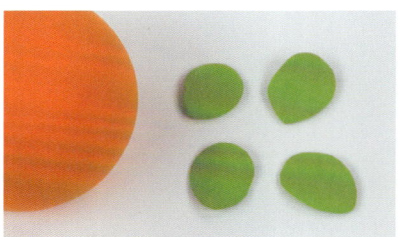

4 납작하게 눌러요.

5 뾰족하지 않은 부분을 가운데로 모아 붙여서 꼭지 받침을 만들어요.

6 꼭지 아랫부분이 될 연두색 원형을 준비해요.

7 꼭지 받침 위에 누르며 붙여요.

8 꼭지가 될 연두색 원형을 또 하나 준비해요.

9 꼭지 받침 위에 붙여서 감을 완성해요.

소요시간 20분 내외
난이도 ★★☆☆☆
바나나

준비물 클레이, 파스텔, 붓

클레이 색상 ● 노란색

1 노란색 원형 3개를 준비해요.

2 손가락으로 밀어서 길게 만들어요.

3 윗부분을 엄지와 검지로 잡고 돌려서 가늘게 하면 꼭지가 만들어져요.

4 바나나 몸통을 살짝 꼬집듯 쥐어서 각지게 한 다음, 구부려 주세요.

5 꼭지끼리 이어 붙여요.

6 노란색 줄 모양을 꼭지 윗부분에 붙여서 송이를 표현해요.

7 붓에 연두색 파스텔을 묻혀서 바나나 끝에 칠해 주세요.

8 달콤한 바나나가 완성되었습니다.

토마토

소요시간 10분 이내
난이도 ★☆☆☆☆

준비물 클레이, 도트봉
클레이 색상 ● 초록색(노란색 6 + 파란색 4)
　　　　　　● 빨간색

1 빨간색 원형을 준비해요.

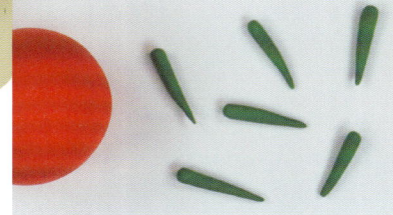

2 초록색 긴 물방울 모양 6개를 준비해요.

3 납작하게 눌러요.

4 토마토 위에 둘러 붙이고, 도트봉으로 눌러서 꼭지 붙일 홈을 미리 만들어요.

5 끝을 살짝씩 구부려서 꼭지 받침을 만들어 주세요.

6 초록색 원형을 밀어서 꼭지를 준비해요.

7 꼭지를 붙여 토마토를 완성합니다.

딸기

소요시간 20분 내외
난이도 ★★☆☆☆

준비물 클레이, 도트봉

클레이 색상
- 초록색 (노란색 6 + 파란색 4)
- 빨간색
- 황토색 (흰색 9 + 갈색* 1)
  * 갈색(노 : 빨 : 검 = 7 : 2.5 : 0.5)

1 빨간색 원형을 준비해요.

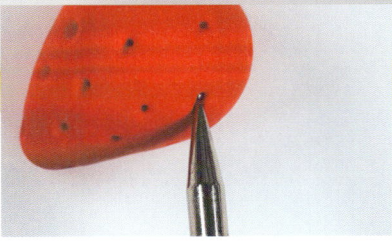

2 살짝 밀어서 물방울 모양을 만들어요.

3 작은 도트봉으로 콕콕 찍어서 딸기씨가 들어갈 홈을 만들어요.

4 앞에서 만든 홈의 크기로 황토색 원형을 여러 개 만들어 딸기씨를 준비해요.

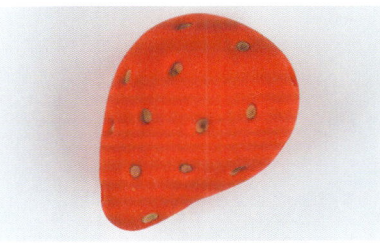

5 홈 안에 딸기씨를 넣고 도트봉으로 한 번 더 눌러 주세요.

6 토마토(44p) 2~5번과 같은 방법으로 초록색 꼭지 받침을 만들어요.

7 초록색 원형을 길게 밀어서 꼭지를 준비해요.

8 꼭지를 붙여 딸기를 완성합니다.

사과

소요시간 30분 내외
난이도 ★★★☆☆

준비물 클레이, 도트봉, 칼 도구

클레이 색상
- 🟢 연두색(노란색 9 + 파란색 1)
- 🟠 빨간색
- 🟢 초록색(노란색 6 + 파란색 4)
- 🟤 흑갈색(노란색 3.5 + 빨간색 3.5 + 검은색 3)

1 빨간색과 연두색 원형을 서로 다른 크기로 준비해요.

2 납작하게 누른 다음, 빨간색 위에 연두색을 붙여요.

3 그라데이션 기법(10p)으로 혼합하여 원형을 만들어요.

4 윗부분을 도트봉으로 눌러서 홈을 만들어요.

5 흑갈색 긴 원뿔 모양을 준비해요.

6 홈에 붙여서 꼭지를 표현해요.

7 초록색 물방울 모양을 준비해요.

8 납작하게 누른 다음, 칼 도구로 자국 내서 잎맥을 표현해요.

9 꼭지 옆에 잎을 붙여서 사과를 완성합니다.

소요시간 30분 내외
난이도 ★★★☆☆

포도

준비물 클레이, 이쑤시개, 칼 도구

클레이 색상
- 🟢 연두색(노란색 9 + 파란색 1)
- 🟣 보라색(빨간색 6 + 파란색 4)
- 🟣 연보라색(흰색 9.3 + 보라색 0.7)
- 🟤 황토색(흰색 9 + 갈색* 1)

  * 갈색(노 : 빨 : 검 = 7 : 2.5 : 0.5)

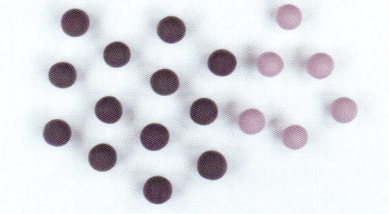

1 연보라색과 보라색으로 원형을 10개 이상 준비해요.

2 포도알을 한 방향으로 점점 더 많이 붙여서 포도송이를 만들어요.

3 황토색으로 짧은 줄을 2개 만들어요.

4 송이 윗부분에 T자 모양으로 꼭지를 만들어 붙여요.

5 사과(46p) 7~8번처럼 연두색 잎을 3개 만든 다음, 한데 모아 붙여요.

6 연두색으로 짧은 줄을 만들어 잎에 붙여요.

7 연두색으로 긴 줄을 만들어요.

8 긴 줄을 구불구불하게 꼬아요. 이쑤시개에 감았다가 풀어도 좋아요.

9 꼭지 뒤로 넝쿨과 잎을 붙여 포도를 완성합니다.

수박

소요시간 30분 내외
난이도 ★★★☆☆

준비물 클레이, 도트봉, 송곳

클레이 색상 ● 진초록색(초록색* 9.5 + 검은색* 0.5)
　　　　　　　　* 초록색(노 : 파 = 6 : 4)
　　　　　　　● 검은색

1 진초록색 원형을 준비해요.

2 송곳으로 위아래에 수박 무늬를 붙일 기준점을 표시해요.

3 검은색 긴 줄을 준비해요.

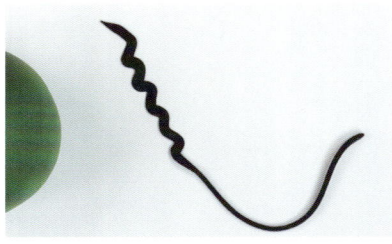

4 긴 줄을 지그재그로 꾹꾹 눌러서 수박 무늬를 만들어요.

5 진초록색 원형의 위아래 기준점을 연결하여 수박 무늬를 붙여요.

6 같은 방법으로 사이사이에 무늬를 더 채워요.

7 진초록색 줄을 한번 꼬아서 수박 꼭지를 준비해요.

8 윗부분을 도트봉으로 눌러서 홈을 만들어요.

9 홈 안에 수박의 꼭지를 넣어 수박을 완성합니다.

소요시간 20분 내외
난이도 ★★☆☆☆
참외

준비물 클레이, 칼 도구

클레이 색상
- 노란색
- 연미색(흰색 9.7 + 노란색 0.3)
- 황토색(흰색 9 + 갈색* 1)
  * 갈색(노 : 빨 : 검 = 7 : 2.5 : 0.5)

1 노란색 원형을 준비해요.

2 손가락으로 밀어서 타원형으로 만들어요.

3 연미색 클레이를 쭉 늘려서 긴 줄을 만들어요.

4 긴 줄을 타원형의 길이 방향으로 열십자로 둘러 붙여요.

5 무늬 사이사이에 줄을 더 붙여 줍니다.

6 무늬가 잘 밀착되도록 매만져 줍니다.

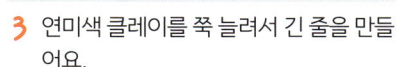

7 칼 도구의 칼등으로 무늬를 눌러서 참외의 굴곡을 표현해요.

8 황토색 작은 원형을 2개 준비해요.

9 양쪽 끝에 붙여서 완성합니다.

49

메론

소요시간 45분 내외
난이도 ★★★★☆

준비물 클레이, 도트봉

클레이 색상
- 진한 파스텔 연두색(흰색 7 + 연두색* 3)
  * 연두색(노 : 파 = 9 : 1)
- 백옥색(흰색 9.7 + 노란색 0.2 + 파란색 0.1)

1 진한 파스텔 연두색 원형을 준비해요.

2 백옥색 클레이를 쭉 늘려서 긴 줄을 만들어요.

3 긴 줄로 작은 삼각형과 사각형을 그려 나가듯 무늬를 넣어요.

4 같은 방법으로 반복하며 무늬를 빼곡하게 채워 주세요.

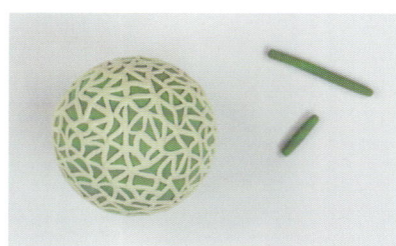

5 진한 파스텔 연두색으로 길이가 다른 줄을 만들어요.

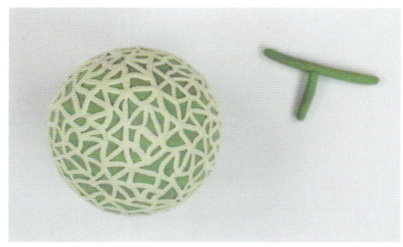

6 T자 모양으로 붙여서 꼭지를 만들어요.

7 윗부분을 도트봉으로 눌러서 홈을 만들어요.

8 홈 안에 꼭지를 넣어 메론을 완성합니다.

레몬

소요시간 20분 내외
난이도 ★★☆☆☆

준비물 클레이, 가위, 밀대, 피자커터 또는 가위, 솔 도구 또는 칫솔

클레이 색상
- 레몬색(노란색 6 + 흰색 4)
- 연미색(흰색 9.7 + 노란색 0.3)

1 연미색 원형을 준비해요.

2 납작하게 누른 다음, 가위로 반을 잘라 줍니다.

3 손가락으로 꼬집듯이 매만져서 윤곽을 각지게 합니다.

4 레몬색으로 긴 물방울 모양을 5개 만들어요.

5 물방울 모양을 납작하게 눌러 주세요.

6 과육 한가운데에 물방울을 하나 붙여 줍니다.

7 나머지도 붙이고 아래로 나온 부분은 가위로 잘라요.

8 레몬색 원형을 밀어서 줄을 준비해요.

9 밀대로 얇게 밀어요.

10 솔 도구나 칫솔로 콕콕 눌러서 레몬 껍질의 질감을 표현해요.

11 피자커터나 가위를 사용해 레몬 과육과 같은 두께로 레몬 껍질을 오려요.

12 레몬 과육 위에 레몬 껍질을 붙여 레몬 조각을 완성합니다.

키위

소요시간 20분 내외
난이도 ★★☆☆☆

준비물 클레이, 솔 도구 또는 칫솔, 파스텔, 붓

클레이 색상
- 고동색(노란색 5 + 빨간색 3 + 검은색 2)
- 연두색(노란색 9 + 파란색 1)
- 백옥색(흰색 9.8 + 연두색 0.2)
- 검은색

1. 고동색 원형을 준비해요.

2. 원형을 손가락으로 빚어서 한 면이 편평한 반구 모양으로 만들어요.

3. 연두색 원형을 납작하게 눌러 줍니다. 이때 반구보다 약간 작게 만들어요.

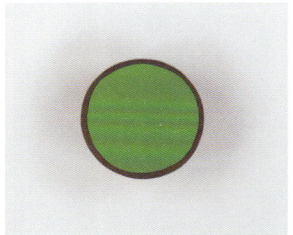

4. 반구 위에 납작한 원형을 붙여서 키위 단면을 만들어요.

5. 반구를 뒤집고 솔 도구나 칫솔로 찍어 질감을 표현해요.

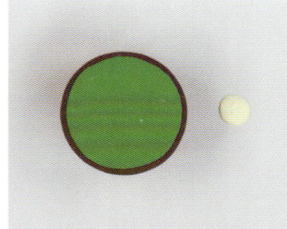

6. 백옥색 원형을 납작하게 눌러서 키위 심을 준비해요.

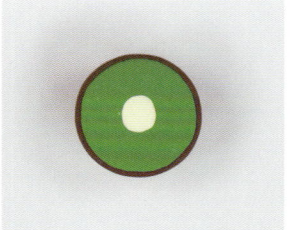

7. 키위 심을 과육 가운데에 붙여요.

8. 초록색 파스텔을 묻힌 붓으로 심 주위를 꽃잎처럼 칠하여 입체감을 줍니다.

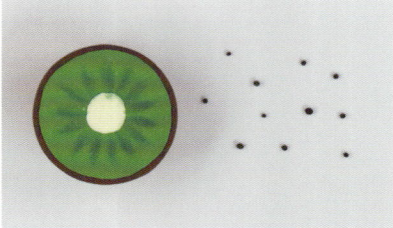

9. 검은색으로 아주 작은 원형을 여러 개 만들어 씨를 준비해요.

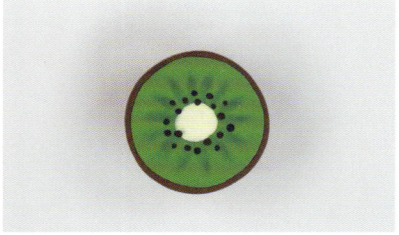

10. 키위 심 주위로 씨를 붙여서 키위를 완성합니다.

오렌지

소요시간 20분 내외
난이도 ★★☆☆☆

준비물 클레이, 솔 도구 또는 칫솔

클레이 색상
- 주황색(노란색 8 + 빨간색 2)
- 귤색(노란색 9 + 빨간색 1)
- 상아색(흰색 9.8 + 주황색 0.2)

1 주황색 원형을 손가락으로 빚어서 한 면이 편평한 반구 모양으로 만들어요.

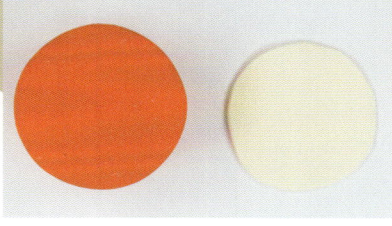

2 상아색 원형을 납작하게 눌러 줍니다. 이 때 반구보다 약간 작게 만들어요.

3 반구 위에 납작한 원형을 붙여서 오렌지 단면을 만들어요.

4 반구를 뒤집고 솔 도구나 칫솔로 콕콕 찍어서 오렌지 껍질의 질감을 표현합니다.

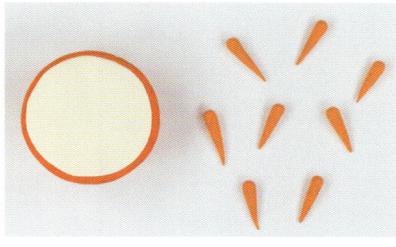

5 귤색으로 긴 물방울 모양을 8개 만들어요.

6 물방울 모양을 납작하게 눌러 주세요.

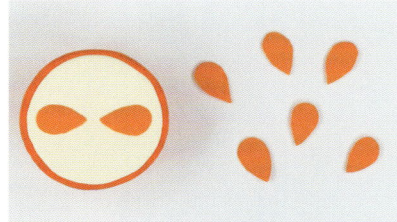

7 물방울의 뾰족한 부분이 마주 보도록 붙여 주세요.

8 같은 방법으로 열십자 모양이 되도록 물방울을 붙여요.

9 나머지 공간도 물방울로 채워서 오렌지 단면을 완성합니다.

파인애플

소요시간 30분 내외
난이도 ★★☆☆☆

준비물 클레이, 빨대, 도트봉, 파스텔, 붓
클레이 색상 ● 초록색(노란색 6 + 파란색 4)
● 갈색(노란색 7 + 빨간색 2.5 + 검은색 0.5)

1 갈색 타원형 모양을 준비해요.

2 빨대로 아래에서부터 위로 찍어서 무늬를 만들어요.

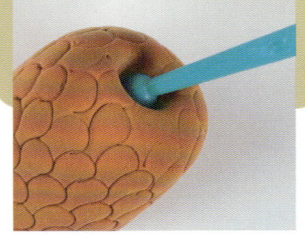

3 타원형 윗부분을 도트봉으로 눌러 홈을 만들어 줍니다.

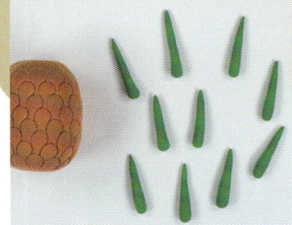

4 초록색 긴 물방울 모양을 10개 준비해요.

5 납작하게 눌러서 기다란 잎을 만들어요.

6 도트봉으로 만든 홈을 따라 잎 4개를 넣어서 붙여 주세요.

7 먼저 붙인 잎 안쪽으로 잎 3개를 넣어서 더 높게 올라오도록 붙여요.

8 나머지 잎도 안으로 붙여요.

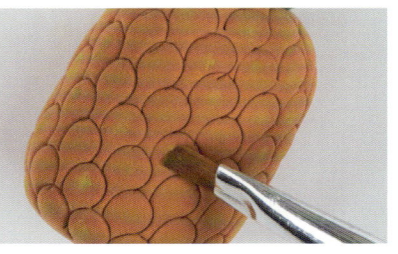

9 붓에 초록색 파스텔을 묻혀서 무늬 하나하나에 살짝씩 칠해요.

10 붓에 갈색 파스텔을 묻혀서 무늬 중간에 점 찍듯 칠해서 완성합니다.

Part 3
냠냠 짭짭
맛있게 한 끼

오므라이스

소요시간 10분 이내
난이도 ★☆☆☆☆

준비물 클레이, 솔 도구 또는 칫솔, 밀대, 쿠키커터

클레이 색상 레몬색(노란색 6 + 흰색 4), 흰색, 빨간색

1 레몬색 원형을 준비해요.

2 양쪽 물방울 모양으로 만들어요.

3 한 면을 손가락으로 꼬집어 바닥에 편평하게 닿도록 해요.

4 윗부분은 솔 도구나 칫솔로 눌러서 오므라이스의 질감을 표현해요.

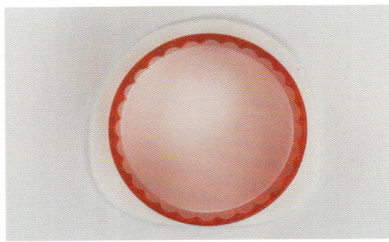

5 흰색 원형을 밀대로 밀고 원형 쿠키커터로 찍어요.

6 윤곽을 또렷하게 정리하여 접시를 만들고, 오므라이스를 올려 주세요.

7 빨간색 원형을 준비해요.

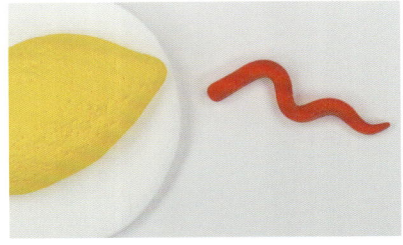

8 긴 줄로 밀고 지그재그로 구부려서 케첩을 만들어요.

9 오므라이스 위에 케첩을 올려서 완성합니다.

소요시간 30분 내외
난이도 ★★☆☆☆
쌀밥&볶음밥

준비물 클레이

클레이 색상
- 흰색
- 검은색
- 파스텔 노란색(흰색 9.5 + 노란색 0.5)
- 연분홍색(흰색 9.5 + 빨간색 0.5)

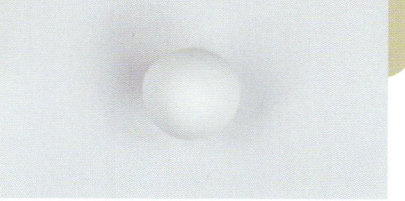

1 흰색 원형을 준비해요.

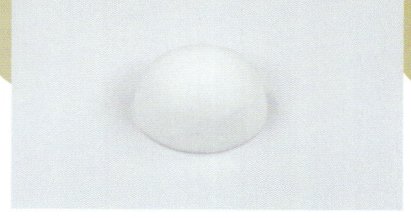

2 원형을 손가락으로 빚어서 한 면이 편평한 반구 모양으로 만들어요.

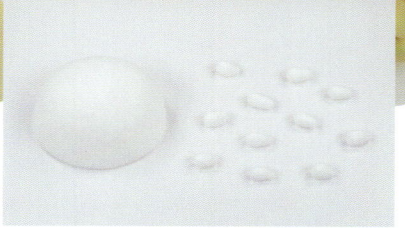

3 흰색으로 작은 타원형 모양을 여러 개 만들어 밥알을 준비해요.

4 아랫부분부터 밥알을 붙여 주세요.

5 빈틈없이 채워서 쌀밥을 완성해요.

6 검은색 작은 물방울 모양을 얹으면 검은깨가 표현됩니다.

7 파스텔 노란색 밥을 만들고 알록달록한 사각형으로 채소를 올려 주세요.

8 그 위에 달걀 프라이(58p)를 만들어 올려서 볶음밥을 만들어요.

9 오므라이스(56p) 5~6번의 접시와 밥그릇(70p)을 만들어 담아 주세요.

달걀 프라이

소요시간 10분 이내
난이도 ★☆☆☆☆

준비물 클레이, 칼 도구
클레이 색상 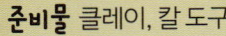 레몬색(노란색 6 + 흰색 4)
　　　　　　　　흰색

1 흰색 원형을 준비해요.

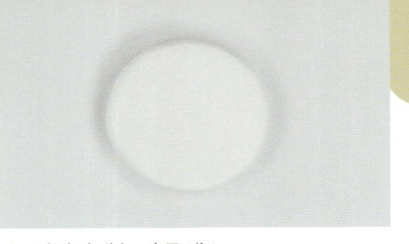
2 납작하게 눌러 주세요.

3 칼 도구를 사용해 가장자리를 군데군데 칼집을 넣어 줍니다.

4 칼집 낸 부분을 손으로 매끈하게 정리하여 흰자를 만들어요.

5 레몬색 원형을 준비해요.

6 원형을 손가락으로 빚어서 한 면이 편평한 반구 모양의 노른자를 만들어요.

7 노른자를 흰자 위에 붙여서 달걀 프라이를 완성합니다.

8 흰자를 다양한 모양으로 만들 수 있어요.

소요시간 10분 이내
난이도 ★☆☆☆☆

스파게티&자장면

준비물 클레이

클레이 색상
- 🟠 다홍색(노란색 6 + 빨간색 4)
- ⚪ 우유색(흰색 9.9 + 노란색 0.1)
- 🟤 흑갈색(노란색 3.5 + 빨간색 3.5 + 검은색 3)

1 다홍색 원형을 준비해요.

2 손바닥으로 밀어서 아주 긴 줄로 만들어요.

3 줄을 바닥에 동그랗게 말아 주세요.

4 긴 줄을 다시 준비해요.

5 계속해서 원을 그리듯 돌돌 말아서 올려 주세요.

6 면이 충분해질 때까지 올려서 토마토 스파게티를 완성합니다.

7 우유색과 흑갈색으로 크림 스파게티와 자장면도 만들어 보세요.

치즈 돈가스

소요시간 20분 내외
난이도 ★★☆☆☆

준비물 클레이, 피자커터 또는 가위, 솔 도구 또는 칫솔, 도트봉

클레이 색상 ○ 우유색(흰색 9.9 + 노란색 0.1)
　　　　　　　● 갈색(노란색 7 + 빨간색 2.5 + 검은색 0.5)

1 갈색 원형을 준비합니다.

2 손가락으로 밀어 긴 타원형을 만들어요.

3 손바닥으로 납작하게 눌러서 원하는 두께로 만들어 줍니다.

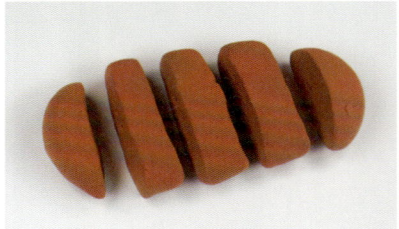

4 피자커터나 가위로 자르고, 엄지와 검지로 꼬집듯 매만져 윤곽을 또렷하게 해요.

5 솔 도구나 칫솔로 눌러서 돈가스의 거친 질감을 표현합니다.

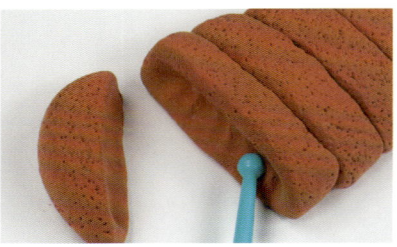

6 조각 하나를 도트봉으로 눌러서 치즈가 들어갈 홈을 만들어요.

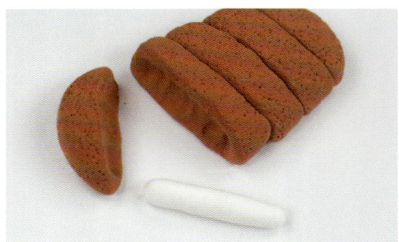

7 우유색 원형을 길게 밀어서 치즈를 만들어요.

8 홈을 낸 조각에 치즈를 채워 주세요.

9 맞은편 조각에도 치즈를 채우고 윗부분을 붙여서 완성합니다.

소요시간 20분 내외
난이도 ★★☆☆☆

식빵

준비물 클레이, 솔 도구 또는 칫솔, 밀대, 피자커터 또는 가위

클레이 색상
- 연베이지색 (흰색 9.9 + 갈색* 0.1)
- 황토색 (흰색 9 + 갈색* 1)

* 갈색(노 : 빨 : 검 = 7 : 2.5 : 0.5)

1 연베이지색 타원형을 준비해요.

2 원하는 식빵의 두께만큼 납작하게 눌러 주세요.

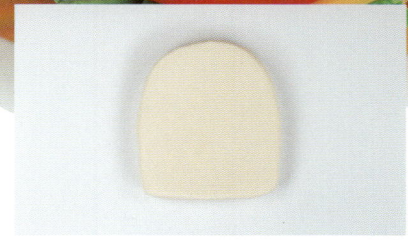

3 아래쪽을 자르고 엄지와 검지로 꼬집듯이 매만져 윤곽을 또렷하게 만들어요.

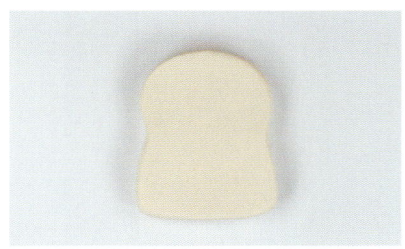

4 양쪽 가운데를 살짝 눌러서 굴곡을 만들어 줍니다.

5 솔 도구나 칫솔로 눌러서 식빵의 질감을 표현해 주세요.

6 황토색 원형을 준비해요.

7 손바닥으로 밀어서 긴 줄을 만들어요.

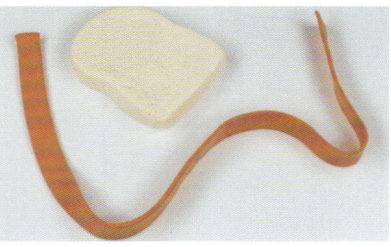

8 밀대로 납작하게 밀고 피자커터나 가위를 이용해 식빵 두께로 잘라 주세요.

9 5에 껍데기를 둘러 붙여서 식빵을 완성합니다.

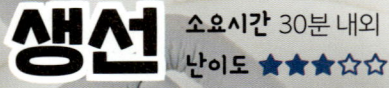

생선

소요시간 30분 내외
난이도 ★★★☆☆

준비물 클레이, 칼 도구, 가위

클레이 색상
○ 어두운 흰색(흰색 9.9 + 검은색 0.1)
● 연한 남색(흰색 5 + 남색* 5)
　* 남색(파 : 검 = 6 : 4)

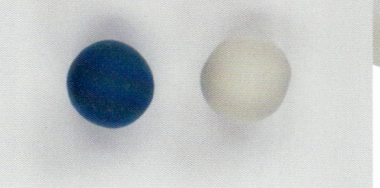

1 연한 남색과 어두운 흰색 원형을 준비해요.

2 납작하게 누른 다음 어두운 흰색 위에 진파란색을 붙여요.

3 그라데이션 기법(10p)으로 혼합하여 원형을 만들어요.

4 손가락으로 밀어 타원형을 만들어요.

5 납작하게 눌러서 원하는 두께의 몸통을 만들어 줍니다.

6 칼 도구로 아가미 부분에 자국을 내요.

7 같은 방법으로 그라데이션 원형을 하나 더 준비해요.

8 필요한 양만 떼어 작은 물방울 모양을 만들어요. 남은 조각은 잘 보관해 주세요.

9 물방울 모양을 납작하게 눌러 줍니다.

10 칼 도구로 물방울의 뭉툭한 부분 가운데를 눌러서 하트를 만들어요.

11 하트의 뾰족한 부분을 가위로 잘라서 꼬리를 만들어요.

12 몸통의 끝 부분에 꼬리를 붙여 줍니다.

13 8번에서 남은 조각을 떼어 작은 물방울 모양을 5개 더 만들어 주세요.

14 물방울을 납작하게 눌러 지느러미를 완성해요.

15 몸통 위아래와 배 부분에 지느러미를 붙여요.

16 연한 남색 작은 원형으로 눈을 준비해요.

17 생선에 눈을 붙여 줍니다.

18 어두운 흰색으로 생선의 무늬가 될 작은 원형을 5개 준비해요.

19 몸통에 5개의 무늬를 붙여 생선을 완성합니다.

구운 생선

소요시간 30분 내외
난이도 ★★★☆☆

준비물 클레이, 칼 도구

클레이 색상
- 회색(흰색 9 + 검은색 1)
- 남색(파란색 6 + 검은색 4)
- 고동색(노란색 5 + 빨간색 3 + 검은색 2)
- 흑갈색(노란색 3.5 + 빨간색 3.5 + 검은색 3)

1 회색, 남색, 고동색 원형을 준비해요.

2 납작하게 눌러서 진회색, 남색, 고동색 순서로 겹쳐요.

3 그라데이션 기법(10p)으로 혼합하여 원형을 만들어요.

4 생선(00p) 4~15번과 같은 방법으로 지느러미까지 붙여 주세요.

5 흑갈색 작은 원형으로 눈을 준비해요.

6 생선에 눈을 붙여 줍니다.

7 흑갈색 원형 4개를 밀어서 줄로 만들어 주세요.

8 생선 몸에 # 모양으로 붙이고, 칼 도구로 눌러서 그릴 자국을 표현해요.

9 노릇노릇하게 구운 생선이 완성되었습니다.

닭다리

소요시간 20분 내외
난이도 ★★☆☆☆

준비물 클레이, 솔 도구 또는 칫솔, 칼 도구, 도트봉

클레이 색상
○ 어두운 흰색(흰색 9.9 + 검은색 0.1)
● 갈색(노란색 7 + 빨간색 2.5 + 검은색 0.5)

1 갈색 원형을 준비합니다.

2 손가락으로 살짝 밀어 타원형을 만들어요.

3 솔 도구나 칫솔로 눌러서 고기의 질감을 표현합니다.

4 어두운 흰색 원형을 마이크 모양으로 만들어요.

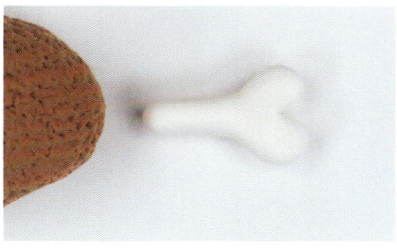

5 마이크 머리 부분을 납작하게 한 다음, 칼 도구로 눌러서 하트 모양을 만들어요.

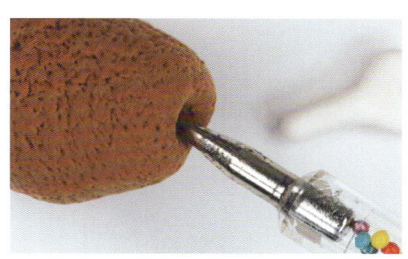

6 고기 부분을 도트봉으로 눌러서 뼈가 들어갈 자리를 만들어요.

7 고기에 뼈를 붙여 닭다리를 완성해요.

8 타원형 한쪽을 좀 더 얇게 밀고 솔 도구나 칫솔로 질감을 표현하면 뼈가 안 보이는 닭다리도 만들 수 있어요.

소시지

소요시간 20분 내외
난이도 ★★☆☆☆

준비물 클레이, 칼 도구

클레이 색상
- 갈색 (노란색 7 + 빨간색 2.5 + 검은색 0.5)
- 베이지색 (흰색 9.5 + 갈색 0.5)

1 갈색 원형을 준비합니다.

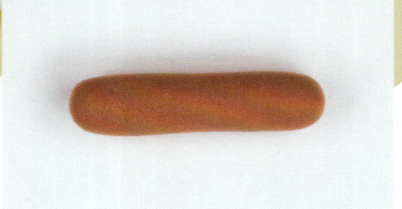

2 길게 밀어서 소시지 모양으로 만들어요.

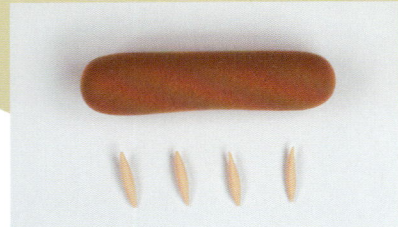

3 베이지색으로 양쪽 물방울 모양을 4개 준비해요.

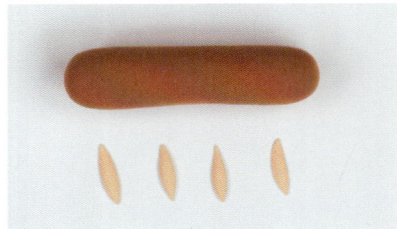

4 납작하게 눌러서 속살을 만들어요.

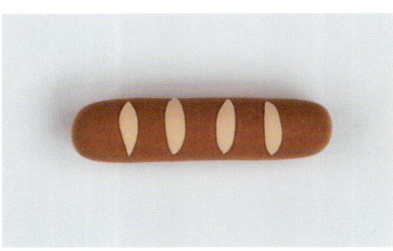

5 소시지에 속살을 붙여 주세요.

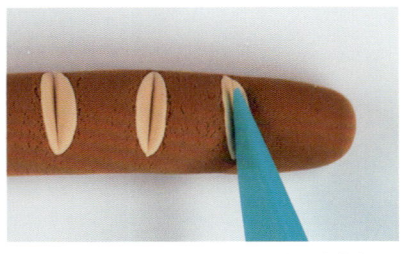

6 속살 부분에 칼 도구로 자국을 냅니다.

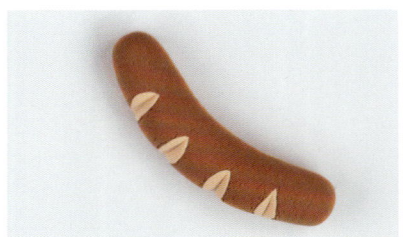

7 살짝 구부려 주세요.

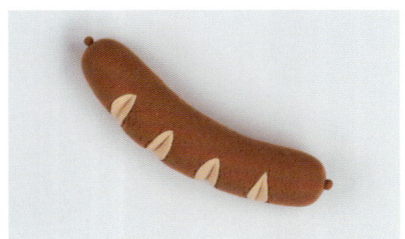

8 소시지의 양 끝에 갈색 작은 원형을 붙여서 소시지를 완성합니다.

소요시간 30분 내외
난이도 ★★★☆☆

유부초밥

준비물 클레이, 솔 도구 또는 칫솔, 도트봉

클레이 색상
- 연갈색(흰색 5 + 갈색* 5)
  * 갈색(노 : 빨 : 검 = 7 : 2.5 : 0.5)
- 연미색(흰색 9.7 + 노란색 0.3)
- 연분홍색(흰색 9.5 + 빨간색 0.5)
- 귤색(노란색 9 + 빨간색 1)
- 연두색(노란색 9 + 파란색 1)
- 노란색

1 연갈색 원형을 준비합니다.

2 손가락으로 밀어서 타원형을 만들어요.

3 타원형 한 면을 손가락으로 꼬집듯 매만져 편평하게 만들어요.

4 편평한 면을 바닥에 놓고 윗부분을 솔 도구나 칫솔로 눌러서 질감을 표현해요.

5 가장자리를 약간 남기고 도트봉으로 눌러서 밥알이 들어갈 홈을 만들어요.

6 연미색으로 타원형을 여러 개 만들어 밥알을 준비해요.

7 연분홍색, 노란색, 귤색, 연두색으로 작은 원형을 만들어 다진 채소를 준비해요.

8 홈의 가장자리부터 밥알과 채소들을 채워 주세요.

9 안쪽까지 빈틈없이 채우면 유부초밥이 완성됩니다.

김밥

소요시간 30분 내외
난이도 ★★★☆☆

준비물 클레이, 밀대, 솔 도구 또는 칫솔, 피자커터 또는 가위

클레이 색상
- 흰색
- 검은색
- 연주황색(노란색 9.5 + 빨간색 0.5)
- 노란색
- 빨간색
- 연두색(노란색 9 + 파란색 1)
- 연분홍색(흰색 9.5 + 빨간색 0.5)
- 연갈색(흰색 5 + 갈색* 5)
  * 갈색(노 : 빨 : 검 = 7 : 2.5 : 0.5)

1 흰색 원형을 준비합니다.

2 살짝 눌러 주세요.

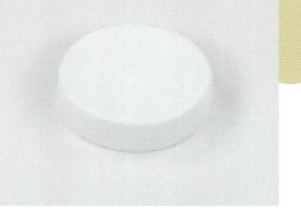

3 꼬집듯 매만져 짧은 원기둥 형태의 심재를 만들어요.

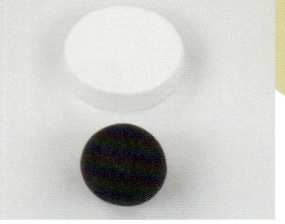

4 검은색 원형을 준비합니다.

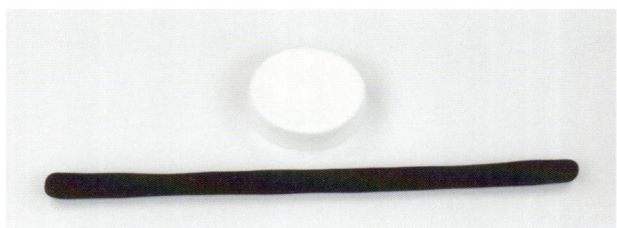

5 손바닥으로 밀어 긴 줄을 만들어요.

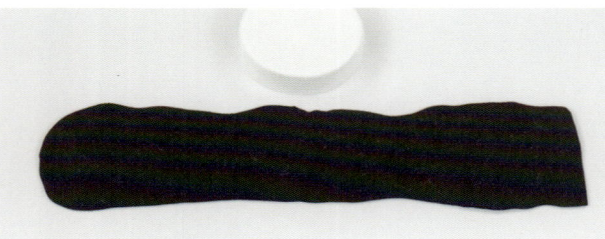

6 밀대로 아주 얇게 밀어요.

7 솔 도구나 칫솔로 눌러 김의 질감을 표현해요.

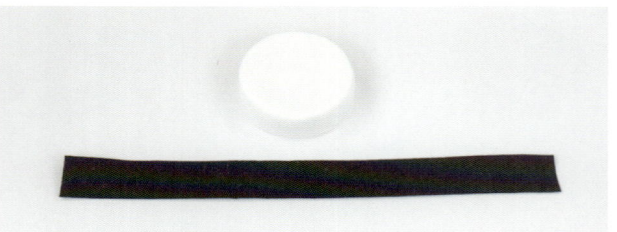

8 피자커터나 가위를 이용해 긴 직사각형으로 잘라요. 이때 김밥 심재의 높이보다 살짝 높게 합니다.

9 잘라낸 김을 심재에 감아 붙여 주세요.

10 김밥의 속 재료로 다양한 색의 원형을 준비해요.

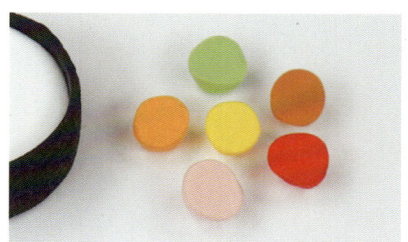
11 원형을 못생긴 원기둥으로 만들어요.

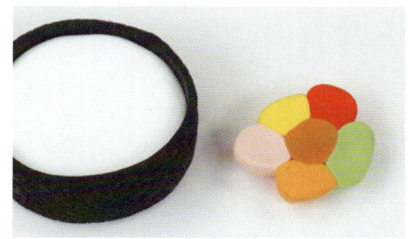
12 원기둥을 모아 붙여 주세요. 찌그러져도 괜찮아요.

13 속 재료를 심재 가운데에 붙여 줍니다.

14 흰색으로 원형을 여러 개 만들어요.

15 타원형으로 만들어 밥알을 준비해요.

16 밥알을 속 재료와 김 사이에 채워서 김밥을 완성합니다.

밥그릇

소요시간 20분 내외
난이도 ★★☆☆☆

준비물 클레이, 밀대, 피자커터 또는 가위
클레이 색상
● 연분홍색(흰색 9.5 + 빨간색 0.5)
○ 흰색
● 검은색

1 연분홍색 원형을 준비해요.

2 손가락으로 납작하게 눌러서 밥그릇의 밑면을 준비합니다.

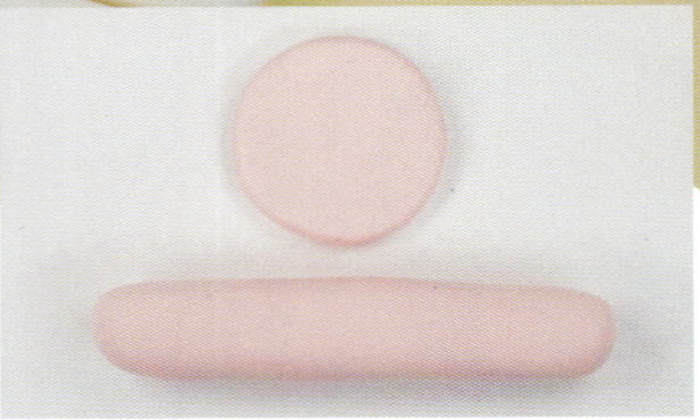

3 분홍색으로 긴 줄을 준비해요.

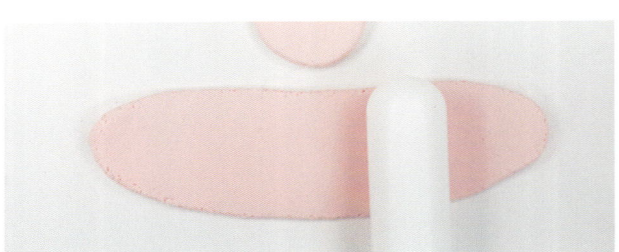

4 긴 줄을 밀대로 납작하게 밀어요.

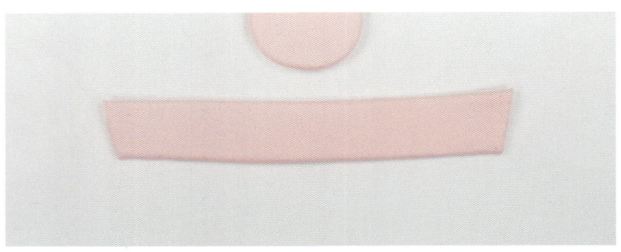

5 피자커터나 가위를 이용해 양쪽 끝이 사선인 긴 사다리꼴로 오려요.

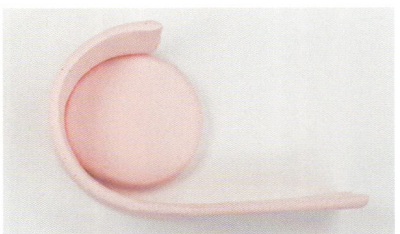

6 밑면을 따라 사다리꼴을 둘러 주세요.

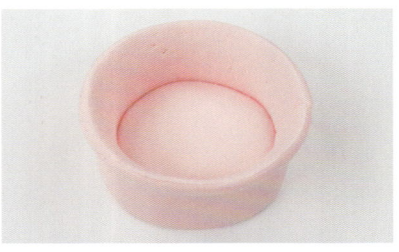

7 이음매를 붙이고 가다듬어서 밥그릇을 완성합니다.

8 밥그릇 안에 쌀밥(57p)을 만들어 넣어 보세요.

Part 4
군침이 스르륵
간식과 디저트

마쉬멜로

소요시간 10분 이내
난이도 ★☆☆☆☆

준비물 클레이, 밀대, 피자커터 또는 가위

클레이 색상
- 흰색
- 연노란색(흰색 9 + 노란색 1)
- 연분홍색(흰색 9.5 + 빨간색 0.5)
- 연하늘색(흰색 9.5 + 파란색 0.5)

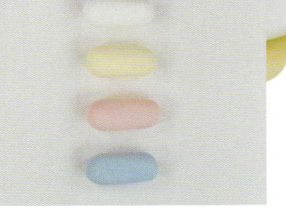

1 흰색, 연노란색, 연분홍색, 연하늘색 타원형을 준비해요.

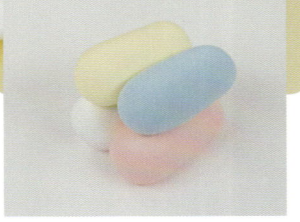

2 4색을 붙여서 한 덩어리로 만들어요.

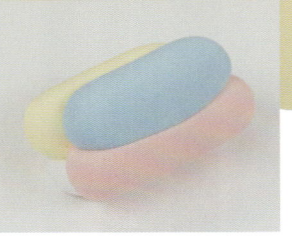

3 손바닥으로 살짝 밀어서 밀착시켜 주세요.

4 세로로 놓고 위아래를 편평하게 눌러 줍니다.

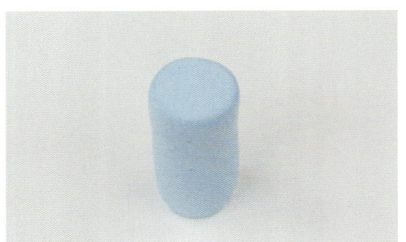

5 연하늘색 원기둥을 준비해요.

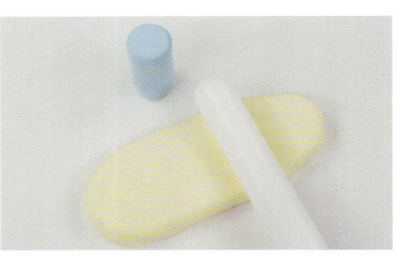

6 연노란색 타원형을 밀대로 납작하게 만들어요.

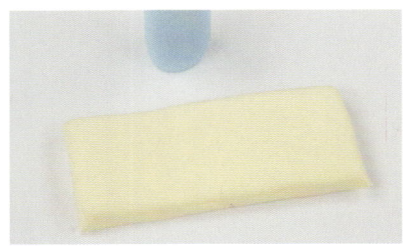

7 피자커터나 가위를 이용해 직사각형으로 잘라 주세요.

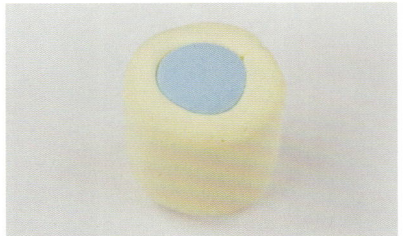

8 원기둥에 직사각형을 둘러 주세요.

9 같은 방법으로 연분홍색과 흰색도 붙여 주세요.

10 달콤한 마시멜로가 완성되었습니다.

막대과자

소요시간 10분 이내
난이도 ★☆☆☆☆

준비물 클레이

클레이 색상
- 베이지색(흰색 9.5 + 갈색* 0.5)
  * 갈색(노 : 빨 : 검 = 7 : 2.5 : 0.5)
- 진갈색(노란색 6 + 빨간색 3 + 검은색 1)
- 우유색(흰색 9.9 + 노란색 0.1)
- 흑갈색(노란색 3.5 + 빨간색 3.5 + 검은색 3)

1 흑갈색과 베이지색 원형을 서로 다른 크기로 준비해요.

2 흑갈색은 긴 타원형, 베이지색은 타원형으로 밀어요.

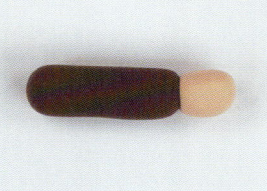

3 타원형을 서로 이어 붙여요.

4 손가락으로 길게 밀면 막대과자 기본형이 만들어져요.

5 진갈색 원형을 준비해요.

6 원형 일부를 손끝으로 대충 떼어 크런치를 만들어요.

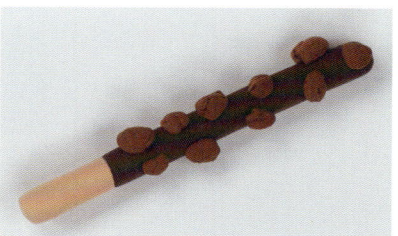

7 막대과자 기본형에 크런치를 붙여 주세요.

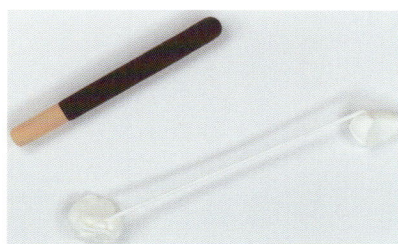

8 우유색을 손으로 쭉 늘려 긴 줄을 만들어요.

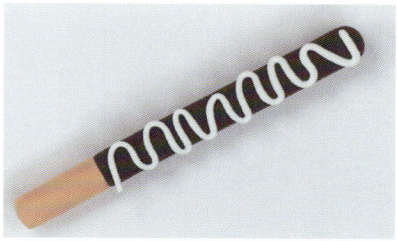

9 긴 줄을 막대과자 기본형에 지그재그로 붙여 크림을 표현합니다.

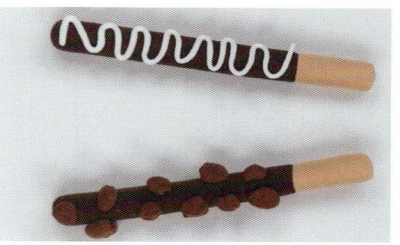

10 맛있는 막대과자가 완성되었습니다.

초코 도너츠

소요시간 20분 내외
난이도 ★★☆☆☆

준비물 클레이

클레이 색상
- 밝은 황토색(흰색 9.3 + 갈색* 0.7)
  * 갈색(노 : 빨 : 검 = 7 : 2.5 : 0.5)
- 흑갈색(노란색 3.5 + 빨간색 3.5 + 검은색 3)
- 우유색(흰색 9.9 + 노란색 0.1)
- 파스텔색(11p)

1 밝은 황토색과 흑갈색 원형을 서로 다른 크기로 준비합니다.

2 밝은 황토색은 살짝 누르고, 흑갈색은 아주 납작하게 눌러 주세요.

3 밝은 황토색 위에 흑갈색을 얹어서 붙여요.

4 우유색을 손으로 쭉 늘려 긴 줄을 만들어요.

5 긴 줄을 잘라서 도너츠 한쪽에 지그재그로 장식합니다.

6 스프링클을 표현할 파스텔색 타원형을 여러 개 만들어 주세요.

7 스프링클을 올려 도너츠를 완성합니다.

소요시간 20분 내외
난이도 ★★☆☆☆
크림 도너츠

준비물 클레이, 막대 도구, 오일, 칼 도구

클레이 색상
- 밝은 황토색(흰색 9.3 + 갈색* 0.7)
  * 갈색(노 : 빨 : 검 = 7 : 2.5 : 0.5)
- 우유색(흰색 9.9 + 노란색 0.1)
- 파스텔색(11p)

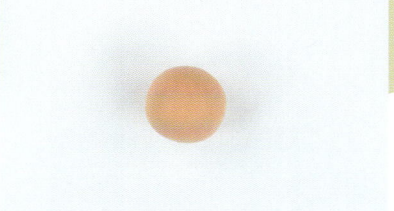

1 밝은 황토색 원형을 준비해요.

2 살짝 눌러서 납작하게 만들어요.

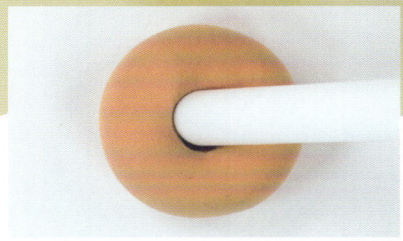

3 막대 도구에 오일을 바르고 구멍을 뚫어요.

4 우유색 원형을 준비해요.

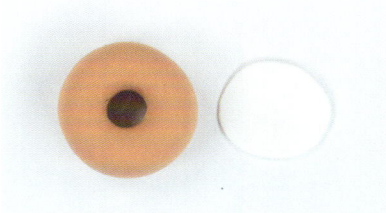

5 납작하게 눌러서 크림을 만들어 주세요.

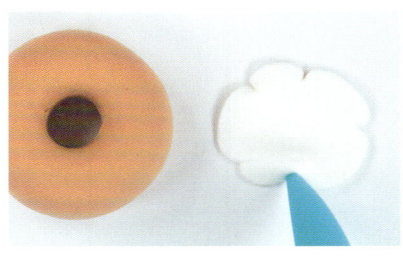

6 칼 도구로 가장자리를 눌러 물결 모양을 만든 다음, 외곽을 매만져서 정리해요.

7 도너츠 위에 크림을 올리고, 3번처럼 다시 한 번 구멍을 뚫어요.

8 스프링클을 표현할 파스텔색 타원형을 여러 개 만들어 주세요.

9 크림 위에 붙여 도너츠를 완성합니다.

생크림 머핀 & 도너츠

소요시간 30분 내외
난이도 ★★★☆☆

준비물 클레이, 칼 도구, 솔 도구 또는 칫솔, 송곳

클레이 색상
- 밝은 황토색(흰색 9.3 + 갈색* 0.7) * 갈색(노 : 빨 : 검 = 7 : 2.5 : 0.5)
- 흰색
- 빨간색
- 우유색(흰색 9.9 + 노란색 0.1)
- 연두색(노란색 9 + 파란색 1)
- 파스텔색(11p)

1 밝은 황토색 원형을 서로 다른 크기로 2개 준비해요.

2 큰 것은 반구 모양으로, 작은 것은 밑면이 좁은 원기둥 모양으로 만들어요.

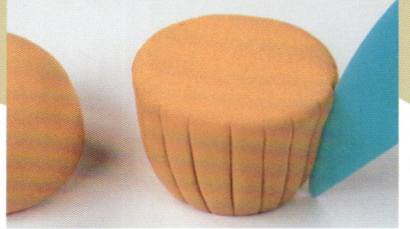

3 원기둥에 칼 도구로 자국을 내 빗살무늬를 표현해요.

4 반구 위를 솔 도구나 칫솔로 두드려 머핀의 질감을 표현합니다.

5 원기둥 위에 반구를 붙이고, 흰색 원형을 준비해 주세요.

6 원형을 손으로 쭉 늘려 주세요.

7 반으로 살짝 접어요.

8 생크림의 질감이 표현될 때까지 늘렸다 접었다를 반복합니다.

9 다시 한 번 손으로 쭉 늘려 생크림을 완성해요.

10 머핀 위에 생크림을 동그랗게 둘러 붙여요.

11 스프링클을 표현할 파스텔색 타원형을 여러 개 만들어 주세요.

12 생크림 위에 스프링클을 올려 머핀을 완성합니다.

생크림 도너츠

1 밝은 황토색 원형을 살짝 눌러 주세요.

2 우유색 원형을 준비해요.

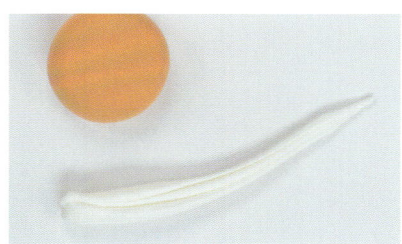

3 머핀 6~9번과 같이 생크림을 만들어요. 이때 끝 부분은 뾰족하게 합니다.

4 도너츠 위에 생크림을 동그랗게 말아 올려 주세요.

5 빨간색 원형과 연두색 원형 3개를 서로 다른 크기로 준비해요.

6 모두 물방울 모양으로 만든 다음, 연두색은 납작하게 눌러 주세요.

7 빨간색 물방울에 송곳으로 구멍을 뚫어 딸기씨를 표현합니다.

8 빨간색 물방울 위에 연두색 물방울을 붙여 딸기를 만들어요.

9 생크림 위에 딸기를 얹어 크림 도너츠를 완성합니다.

마카롱

소요시간 30분 내외
난이도 ★★★☆☆

준비물 클레이, 송곳
클레이 색상 진노란색(노란색 9.8 + 빨간색 0.2)
우유색(흰색 9.9 + 노란색 0.1)

1 진노란색 원형을 2개 준비해요.

2 적당한 두께로 눌러서 마카롱 꼬끄를 만들어요.

3 아래쪽을 꼬집듯 매만져 윤곽을 또렷하게 합니다.

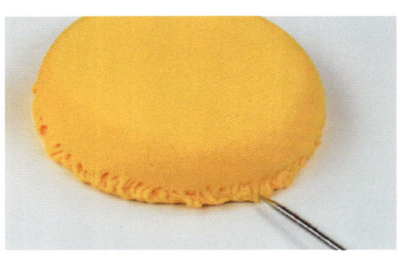

4 아래쪽 가장자리를 송곳으로 긁어 질감을 표현합니다.

5 우유색 원형을 준비해요.

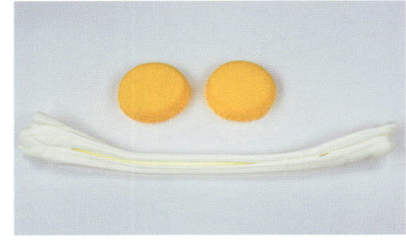

6 머핀(76p) 6~9번과 같은 방법으로 생크림을 만들어 주세요.

7 비틀어 꼬아서 필링을 완성해요.

8 꼬끄의 편평한 면에 생크림을 동그랗게 말아 올려 줍니다.

9 생크림 위에 꼬끄를 올려 마카롱을 완성합니다.

막대사탕

소요시간 20분 내외
난이도 ★★☆☆☆

준비물 클레이

클레이 색상
- 흰색
- 밝은 황토색(흰색 9.3 + 갈색* 0.7)
  * 갈색(노 : 빨 : 검 = 7 : 2.5 : 0.5)
- 무지개색(11p)

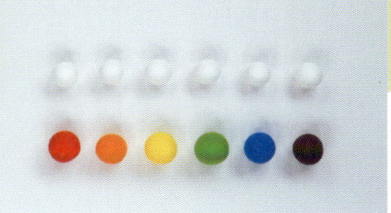
1 무지개색과 흰색 원형을 준비해요.

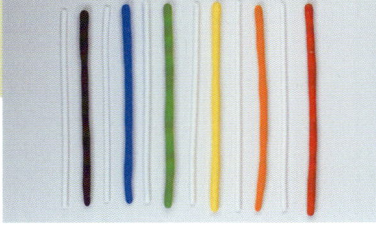
2 원형을 밀어서 긴 줄로 만들어 주세요.

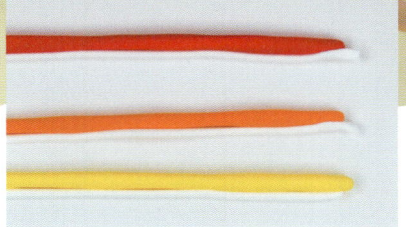
3 흰색 줄 위에 무지개색 줄을 하나씩 붙여 줍니다.

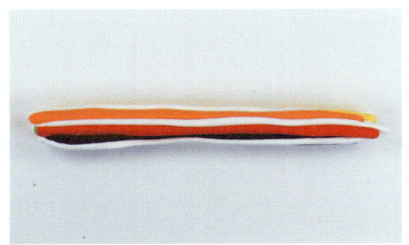
4 6개의 줄을 흰 줄끼리 닿지 않도록 모아서 덩어리를 만들어요.

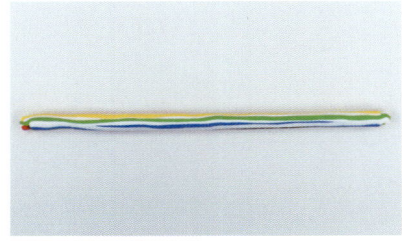
5 손바닥으로 더 밀어 서로 밀착시켜요. 이때 너무 얇아지지 않도록 주의합니다.

6 살짝 비틀며 꼬아 주세요.

7 중심에서부터 밖으로 돌돌 말아서 사탕 모양을 표현해요.

8 밝은 황토색 원형을 밀어서 긴 줄로 만들어 주세요.

9 사탕 아래에 긴 줄을 붙여 막대사탕을 완성합니다.

아이스크림

소요시간 30분 내외
난이도 ★★☆☆☆

준비물 클레이, 솔 도구 또는 칫솔, 칼 도구

클레이 색상
- 밝은 황토색(흰색 9.3 + 갈색* 0.7) * 갈색(노 : 빨 : 검 = 7 : 2.5 : 0.5)
- 흑갈색(노란색 3.5 + 빨간색 3.5 + 검은색 3)
- 분홍색(흰색 8.5 + 빨간색 1.5)
- 연미색(흰색 9.7 + 노란색 0.3)
- 우유색(흰색 9.9 + 노란색 0.1)
- 파스텔색(11p)

1 연미색, 분홍색, 흑갈색 원형을 준비해요.

2 원형을 손가락으로 빚어서 한 면이 편평한 반구 모양으로 만들어요.

3 같은 색으로 원형을 준비해요.

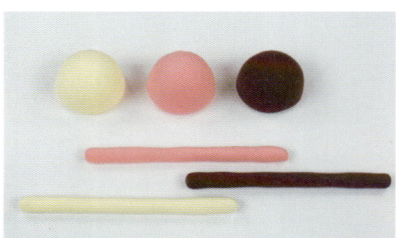

4 원형을 긴 줄을 만들어 주세요. 삐뚤빼뚤해도 괜찮아요.

5 반구의 윗부분을 솔 도구나 칫솔로 눌러 아이스크림의 질감을 표현해요.

6 반구 가장자리에 긴 줄을 둘러 주세요.

7 테두리도 솔 도구나 칫솔로 눌러 질감을 표현해요.

8 분홍색 위에 흑갈색을 얹어서 2단 아이스크림을 만들어 줍니다.

9 우유색 원형을 준비해요.

10 원형을 납작하게 눌러 주세요.

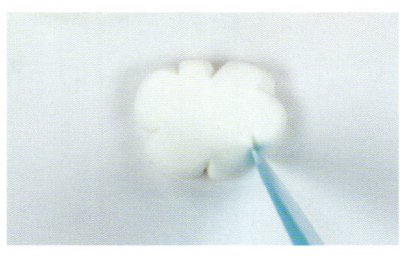

11 가장자리를 칼 도구로 눌러서 구름 모양으로 만들어요.

12 자국 난 부분을 손으로 매만져 정리하면 크림이 완성됩니다.

13 2단 아이스크림 위에 크림을 얹어 붙여 주세요.

14 스프링클을 표현할 파스텔색 타원형을 여러 개 만들어 주세요.

15 아이스크림 위에 스프링클을 얹어 장식합니다.

16 밝은 황토색 원형을 준비해요.

17 원형을 매만져서 원뿔 모양으로 만들어요.

18 칼 도구로 원뿔에 자국 내서 콘의 무늬를 표현해요.

19 2단 아이스크림 아래에 콘을 붙여 아이스크림을 완성합니다.

케이크

소요시간 45분 내외
난이도 ★★★☆☆

준비물 클레이, 밀대, 쿠키커터, 솔 도구 또는 칫솔, 도트봉, 송곳

클레이 색상 ○ 흰색
　　　　　　○ 연미색(흰색 9.7 + 노란색 0.3)
　　　　　　● 진한 빨간색(빨간색 9.9 + 검은색 0.1)

1 연미색 원형을 준비해요.

2 밀대로 살짝 밀어 원하는 두께로 만들어 주세요.

3 원형 쿠키커터로 찍어 냅니다.

4 손으로 외곽을 매만져서 빵을 정리해요.

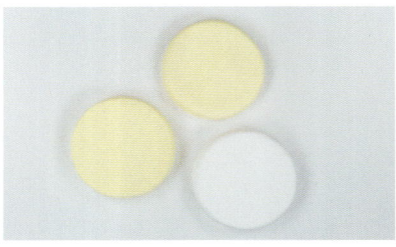

5 같은 방법으로 연미색과 흰색을 하나씩 더 만들어 주세요.

6 빵의 옆면을 솔 도구나 칫솔로 눌러 질감을 표현합니다.

7 흰색과 진한 빨간색 원형을 그라데이션 기법(10p)으로 섞어요.

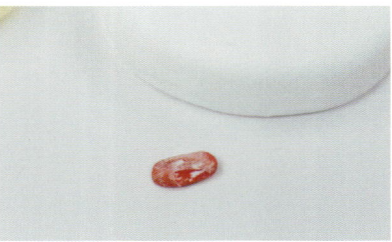

8 그라데이션 덩어리에서 소량을 떼어 납작한 타원형을 만들어요.

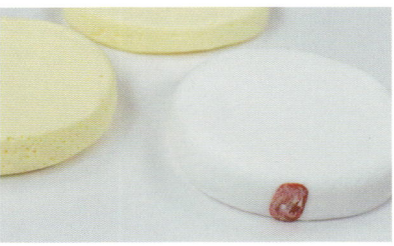

9 생크림 옆면에 붙여서 딸기 단면을 표현합니다.

10 같은 방법으로 생크림 옆면에 군데군데 붙여요.

11 빵 위에 생크림을 얹은 다음, 다시 빵을 얹어 주세요.

12 흰색 원형을 생크림용으로 준비해요.

13 원형을 손바닥으로 살짝 눌러 주세요.

14 아랫부분이 편평해지도록 손가락으로 매만져 생크림을 완성합니다.

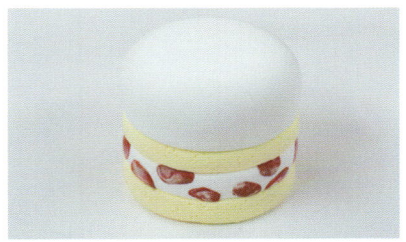

15 빵 위에 생크림을 얹어요.

16 진한 빨간색 원형을 살짝 밀어서 물방울 모양의 딸기를 3개 준비합니다.

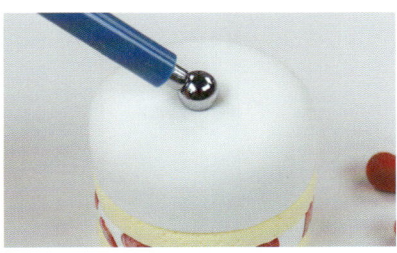

17 딸기 얹을 자리를 도트봉으로 살짝 눌러 주세요.

18 생크림 위에 딸기를 모아 얹어 주세요.

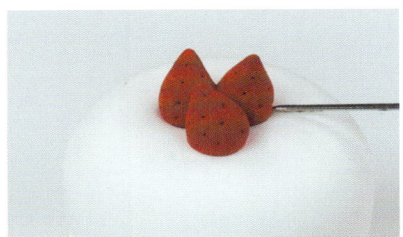

19 송곳으로 딸기에 구멍을 내어 딸기 씨를 표현해요.

20 같은 방법으로 딸기를 더 풍성하게 얹어서 완성합니다.

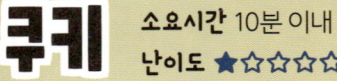

쿠키 소요시간 10분 이내
난이도 ★☆☆☆☆

준비물 클레이, 솔 도구 또는 칫솔, 도트봉

클레이 색상 🟠 갈색(노란색 7 + 빨간색 2.5 + 검은색 0.5)
　　　　　　🟤 흑갈색(노란색 3.5 + 빨간색 3.5 + 검은색 3)

1 갈색 원형을 준비해요.

2 원형을 손가락으로 빚어서 납작한 반구로 만들어요. 삐뚤빼뚤해도 괜찮아요.

3 쿠키 위를 솔 도구나 칫솔로 눌러 질감을 표현해요.

4 흑갈색 원형을 준비해요.

5 손으로 아무렇게나 매만져 초코칩을 만들어요.

6 초코칩이 붙을 자리를 도트봉으로 눌러 홈을 만들어요.

7 홈 안에 초코칩을 넣어 붙여 주세요.

8 같은 방법으로 초코칩을 더 붙여서 초코칩 쿠키를 완성합니다.

소요시간 45분 내외
난이도 ★★★★☆

햄버거&감자튀김

준비물 클레이, 솔 도구 또는 칫솔, 이쑤시개, 피자커터 또는 가위, 밀대

클레이 색상
- 갈색(노란색 7 + 빨간색 2.5 + 검은색 0.5)
- 고동색(노란색 5 + 빨간색 3 + 검은색 2)
- 빨간색
- 진노란색(노란색 9.8 + 빨간색 0.2)
- 연두색(노란색 9 + 파란색 1)
- 연베이지색(흰색 9.9 + 갈색 0.1)
- 베이지색(흰색 9.5 + 갈색 0.5)
- 탁한 연노란색(흰색 8.9 + 진노란색 1 + 검은색 0.1)

1 갈색 원형을 서로 다른 크기로 2개 준비해요.

2 큰 것은 반구 모양으로 만들고 작은 것은 납작하게 눌러 주세요.

3 베이지색 물방울을 납작하게 누르고 반구 모양 위에 붙여서 깨를 표현합니다.

4 납작한 빵의 한쪽 면을 손가락으로 꼬집듯 매만져 윤곽을 또렷하게 만들어요.

5 고동색 원형을 준비해요.

6 원형을 납작하게 누른 다음 솔 도구나 칫솔을 이용해 패티의 질감을 표현해요.

7 진노란색 원형을 준비해요.

8 밀대로 밀어 납작하게 만들어요.

9 정사각형으로 잘라서 치즈를 표현합니다.

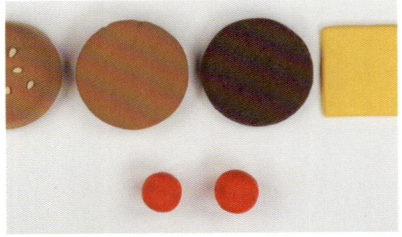

10 빨간색 원형을 서로 다른 크기로 2개 준비해요.

11 납작하게 누른 다음 윤곽을 또렷하게 하여 토마토 조각을 만들어요.

12 연두색 원형을 손가락으로 밀어 줄을 만들어요.

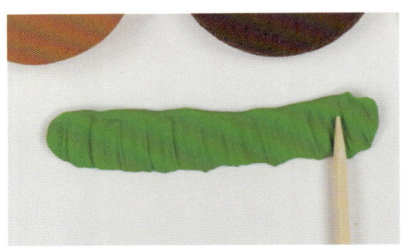

13 납작하게 누른 다음 이쑤시개를 굴려서 구불구불한 양상추 잎을 표현해요.

14 한쪽 끝에서부터 주름을 잡아 주세요.

15 같은 방법으로 하나 더 만든 다음 적당한 크기로 잘라 주세요.

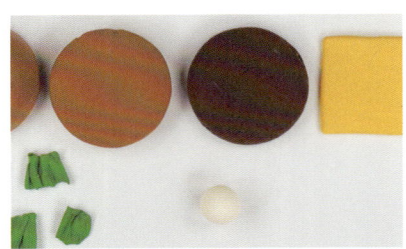

16 연베이지색 원형을 준비해요.

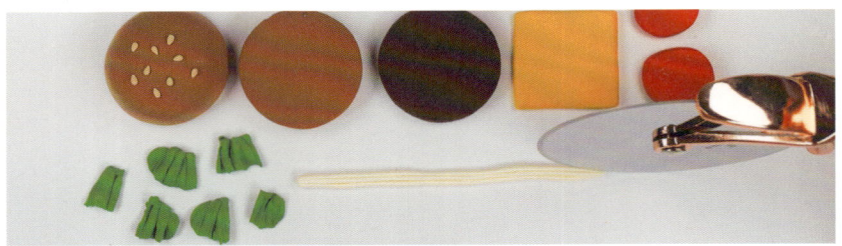

17 긴 줄로 만든 다음, 피자커터로 빗살 무늬를 내어 마요네즈를 표현합니다.

18 패티 위에 치즈를 올려 주세요.

19 치즈 위에 마요네즈를 동그랗게 둘러 줍니다.

20 토마토 조각을 반으로 자른 다음 마요네즈 위에 올려 주세요.

21 토마토와 납작한 빵 위에 양상추를 둘러서 얹어요.

22 패티 놓인 빵을 아래로, 깨 뿌린 빵을 맨 위에 쌓아 햄버거를 완성합니다.

감자튀김

1 탁한 연노란색 원형을 준비해요.

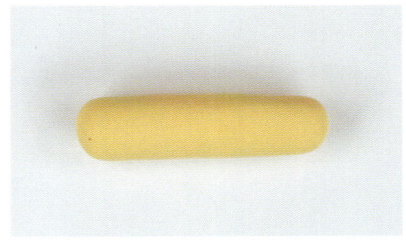

2 원형을 긴 타원형으로 만들어요.

3 타원형을 손가락으로 꼬집어 직육면체로 만들어요.

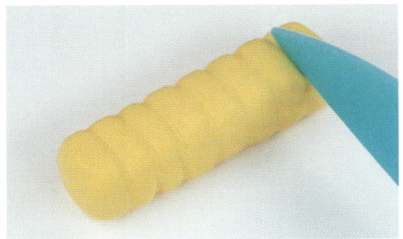

4 칼 도구의 뒷면으로 눌러서 감자튀김의 굴곡을 표현합니다.

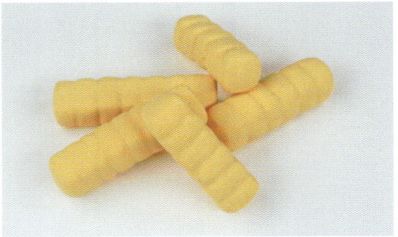

5 같은 방법으로 여러 개 만들어 쌓으면 완성됩니다.

피자

소요시간 30분 내외
난이도 ★★★☆☆

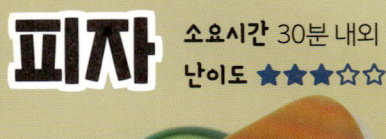

준비물 클레이, 솔 도구 또는 칫솔, 도트봉, 파스텔, 붓

클레이 색상
- 우유색(흰색 9.9 + 노란색 0.1)
- 황토색(흰색 9 + 갈색* 1) * 갈색(노 : 빨 : 검 = 7 : 2.5 : 0.5)
- 빨간색
- 노란색
- 고동색(노란색 5 + 빨간색 3 + 검은색 2)
- 연두색(노란색 9 + 파란색 1)

1 우유색 원형을 준비해요.

2 살짝 밀어 물방울 모양으로 만들어요.

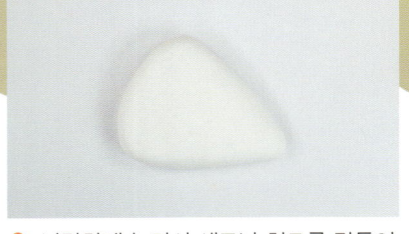

3 납작하게 눌러서 세모난 치즈를 만들어요.

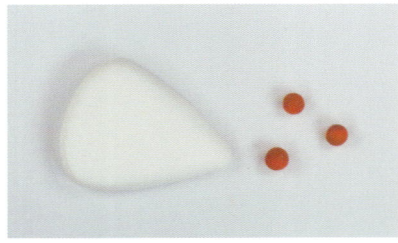

4 빨간색 원형을 3개 준비해요.

5 납작하게 누르고 솔 도구나 칫솔로 자국 내어 페페로니를 완성합니다.

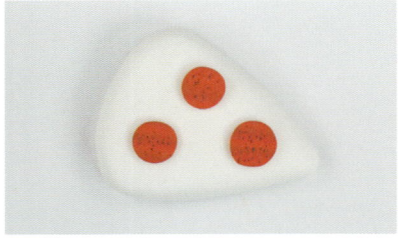

6 치즈 위에 페페로니를 얹어 주세요.

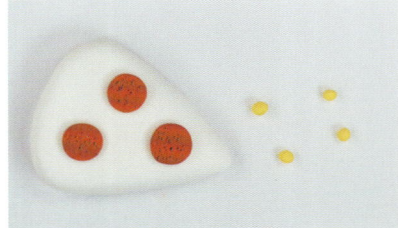

7 노란색 원형을 여러 개 준비해요.

8 치즈 위에 얹어서 옥수수를 표현해요.

9 연두색 원형을 밀어 긴 줄을 만들어요.

10 작게 자르고 동그랗게 말아 피망을 여러 개 준비해요.

11 치즈 위에 피망을 얹어요.

12 고동색 클레이를 조금씩 뜯어서 고기처럼 뿌려 주세요.

13 황토색 원형을 준비해요.

14 황토색을 긴 원기둥 모양으로 만들고 살짝 구부려서 빵을 준비합니다.

15 치즈에 빵을 붙여 주세요.

16 도트봉으로 빵의 끝에 홈을 만들어요.

17 우유색 물방울 모양을 준비해요.

18 물방울을 빵 끝에 넣어서 치즈가 흘러나오는 모습을 표현합니다.

19 반대편 빵의 끝에도 동그랗게 치즈를 넣어 주세요.

20 갈색 파스텔을 붓에 묻혀서 군데군데 채색하면 노릇한 치즈가 표현됩니다.

21 맛있는 치즈 크러스트 피자가 완성되었어요.

음료수

소요시간 20분 내외
난이도 ★★☆☆☆

준비물 클레이, 밀대, 피자커터 또는 가위
클레이 색상 ○ 흰색
　　　　　　　● 연주황색(노란색 9.5 + 빨간색 0.5)
　　　　　　　● 연하늘색(흰색 9.5 + 파란색 0.5)

1 연하늘색과 연주황색 원형을 2개 준비해요.

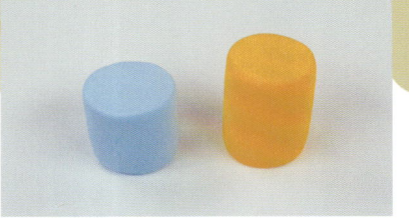

2 길이가 다른 원기둥으로 만들어요.

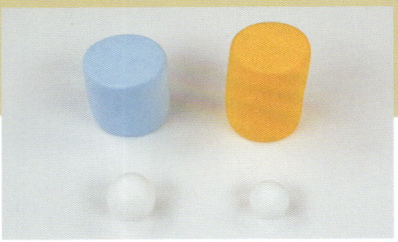

3 흰색 원형을 준비해요.

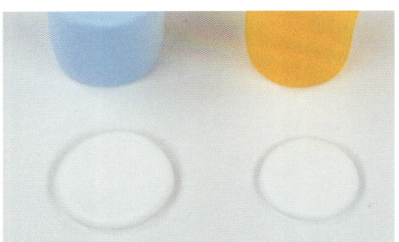

4 원기둥의 지름만큼 원형을 납작하게 눌러서 컵 바닥을 만들어요.

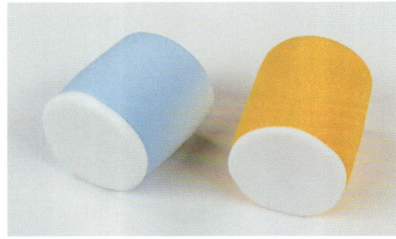

5 원기둥에 컵 바닥을 붙여 주세요.

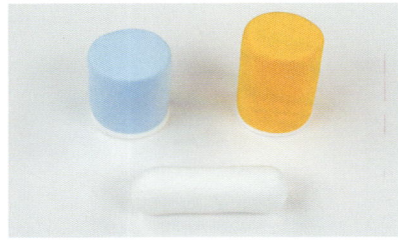

6 흰색 원형을 길게 밀어요.

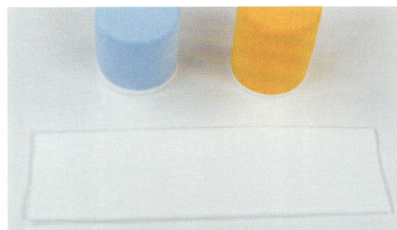

7 밀대로 얇게 민 다음 피자커터나 가위를 이용해 직사각형으로 잘라 주세요. 이때 원기둥 높이보다 더 높게 합니다.

8 원기둥 옆면을 감싸서 음료가 담긴 컵을 만들어요.

9 흰색으로 긴 줄을 만들어 붙이면 손잡이도 표현할 수 있어요.

Part 5
부름부름 빵빵 탈것 친구들

자동차

소요시간 30분 내외
난이도 ★★★☆☆

준비물 클레이, 가위, 칼 도구, 도트봉
클레이 색상
- 레몬색(노란색 6 + 흰색 4)
- 빨간색
- 밝은 회색(흰색 9.7 + 검은색 0.3)
- 귤색(노란색 9 + 빨간색 1)
- 하늘색(흰색 9 + 파란색 1)

1 레몬색 원형을 준비해요.

2 타원형으로 만든 다음, 한 면을 편평하게 매만져 반구 형태로 만들어요.

3 타원형의 앞뒤를 손가락으로 눌러 자동차의 형태를 표현해요.

4 옆면을 살짝 눌러서 편평하게 합니다. 너무 납작해지지 않도록 조심하세요.

5 모서리를 엄지와 검지로 꼬집듯 매만져 또렷하게 표현합니다.

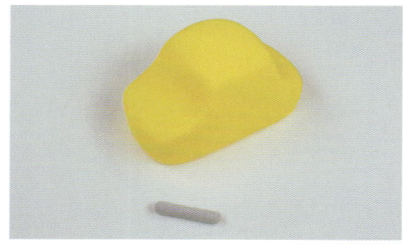

6 밝은 회색 원형을 손가락으로 밀어서 줄을 준비해요.

7 줄을 아주 얇게 눌러 줍니다.

8 가위를 이용해 사다리꼴 모양의 유리창을 만들어요.

9 유리창을 하나 더 만들어 앞뒤로 붙여 주세요.

10 같은 방법으로 양옆에 유리창을 만들어 붙여 주세요.

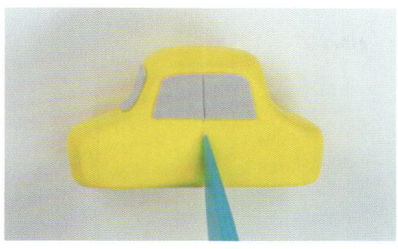

11 옆면에 칼 도구로 자국 내서 문을 표현해요.

12 귤색으로 작은 타원형 4개를 준비해요.

13 타원형을 납작하게 눌러서 램프를 만들어요.

14 자동차 앞뒤로 램프를 붙여 주세요.

15 빨간색 원형을 4개 준비해요.

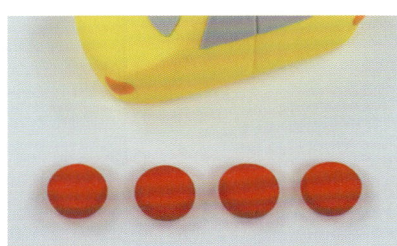

16 원형을 납작하게 눌러서 타이어를 만들어요.

17 타이어 안쪽을 도트봉으로 눌러 홈을 만들어요.

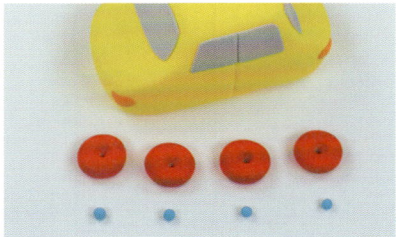

18 하늘색 작은 원형을 4개 만들어요. 이때 타이어 홈의 크기로 준비합니다.

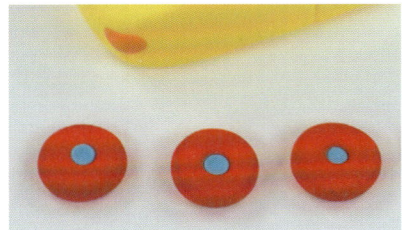

19 타이어 홈 안에 하늘색을 넣으면 바퀴가 만들어집니다.

20 자동차에 바퀴를 붙여서 귀여운 자동차를 완성합니다.

93

구급차

소요시간 45분 내외
난이도 ★★★☆☆

준비물 클레이, 칼 도구, 밀대, 피자커터 또는 가위, 도트봉, 가위

클레이 색상
- 흰색
- 빨간색
- 검은색
- 밝은 회색(흰색 9.7 + 검은색 0.3)
- 연두색(노란색 9 + 파란색 1)
- 귤색(노란색 9 + 빨간색 1)

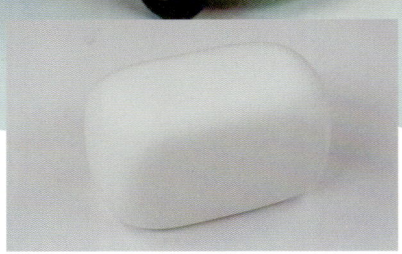

1 흰색 타원형을 직육면체로 만들어요.

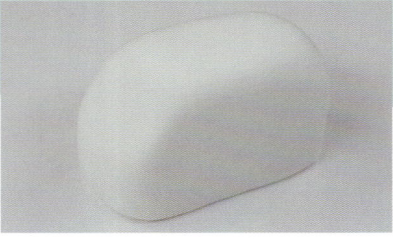

2 직육면체 앞부분을 눌러서 경사지게 만들어요.

3 밝은 회색 타원형을 밀대로 얇게 밀어요.

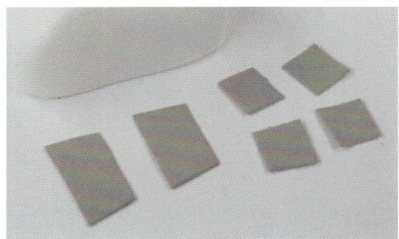

4 피자커터나 가위를 이용해 사다리꼴 2개와 사각형 4개로 잘라요.

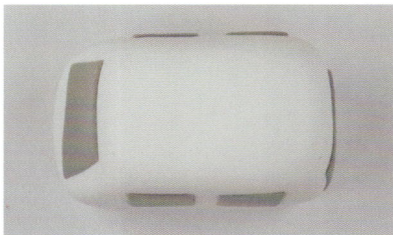

5 사다리꼴은 차체 앞뒤로, 사각형은 양옆으로 붙여서 창문을 만들어요.

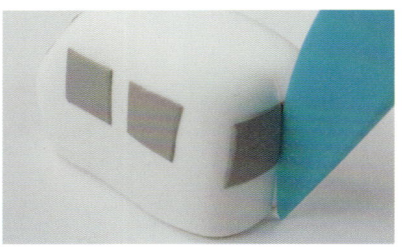

6 차체 뒷부분을 칼 도구로 자국 내서 문을 표현합니다.

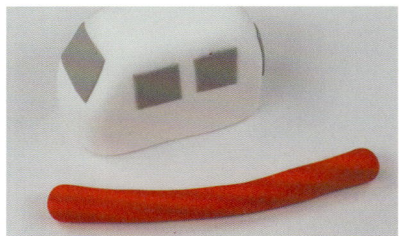

7 빨간색으로 두껍고 긴 줄을 만들어요.

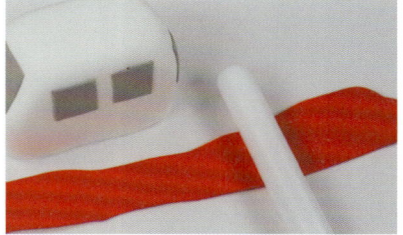

8 긴 줄을 밀대를 사용해 얇게 밀어요.

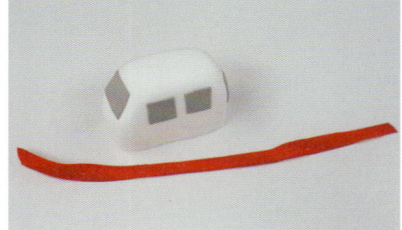

9 피자커터나 가위로 잘라서 아주 긴 직사각형을 만들어요.

94

10 차체 아래쪽에 둘러서 붙여 주세요.

11 빨간색 원형 4개를 준비해 납작하게 눌러 주세요.

12 바퀴 자리에 붙여 주세요.

13 연두색 원형을 준비해요.

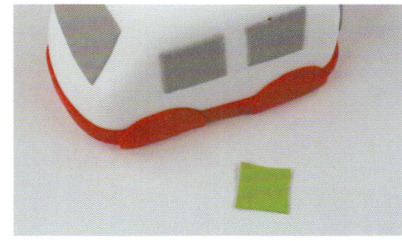
14 밀대로 얇게 민 다음 가위를 이용해 정사각형을 만들어요.

15 십자가 모양으로 오려 주세요.

16 같은 방법으로 녹색 십자가를 2개 더 만들어요.

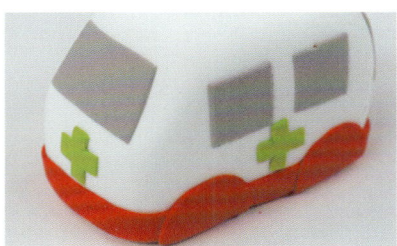
17 구급차의 앞과 양옆에 붙여 장식합니다.

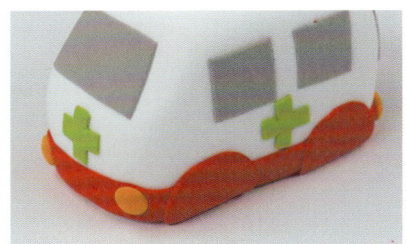
18 자동차(92p) 12~14번과 같이 귤색으로 앞뒤 램프를 만들어요.

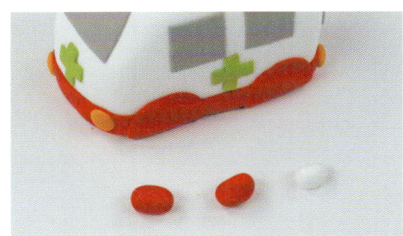
19 빨간색 타원형 2개와 흰색 타원형 1개를 준비해요.

20 타원형을 이어서 사이렌을 만든 다음 지붕에 얹어요.

21 자동차(92p) 15~20번과 같이 검은색과 밝은 회색으로 바퀴를 만들어 완성해요.

소방차

소요시간 45분 내외
난이도 ★★★☆☆

준비물 클레이, 칼 도구, 밀대, 피자커터 또는 가위, 도트봉

클레이 색상 ● 빨간색 ● 검은색 ○ 흰색
○ 밝은 회색(흰색 9.7 + 검은색 0.3)
● 귤색(노란색 9 + 빨간색 1)

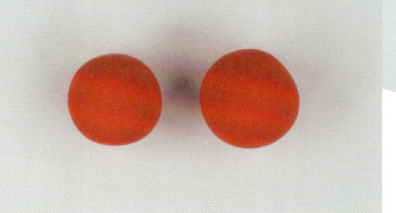

1 빨간색으로 서로 다른 크기의 원형을 준비해요.

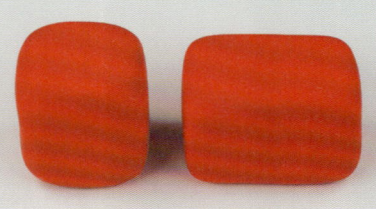

2 원형을 매만져 위와 같은 육면체로 만들어요.

3 육면체를 이어 붙여 소방차의 본체를 만들어요.

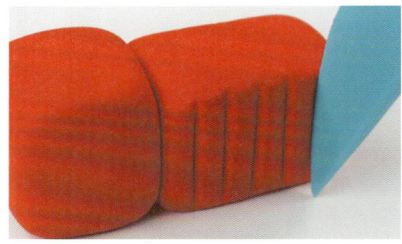

4 뒷부분의 양옆을 칼 도구로 눌러 주세요.

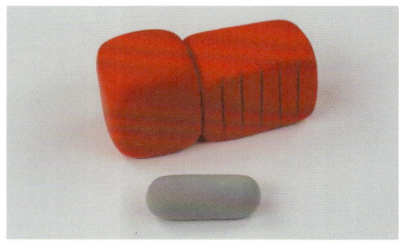

5 밝은 회색 타원형을 준비해요.

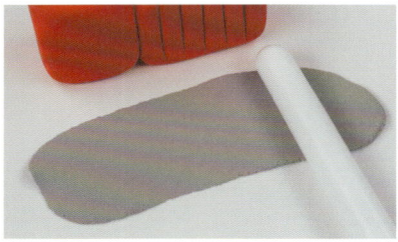

6 타원형을 밀대로 얇게 밀어요.

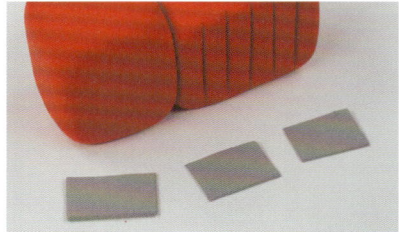

7 피자커터나 가위를 이용해 직사각형 3개로 잘라 창문을 만들어요.

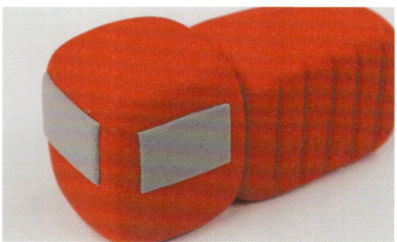

8 운전석 앞과 양옆에 창문을 붙여 줍니다.

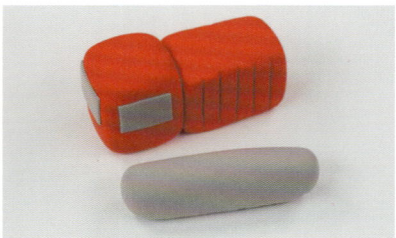

9 밝은 회색 타원형을 준비해요.

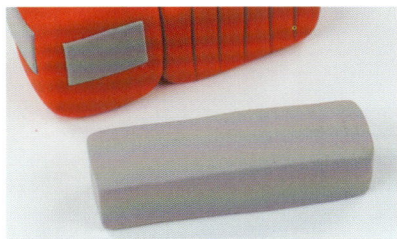
10 타원형을 긴 직육면체 모양으로 만들어 주세요.

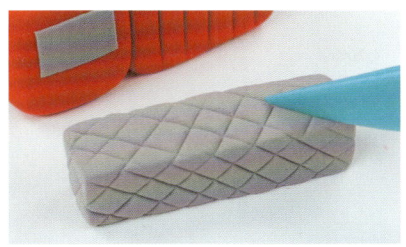
11 직육면체를 칼 도구로 눌러서 사다리를 표현합니다.

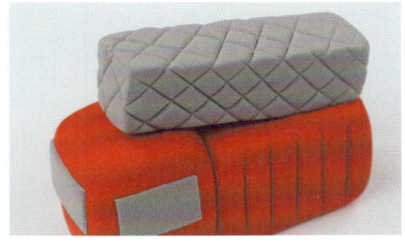
12 소방차의 윗부분에 사다리를 붙여요.

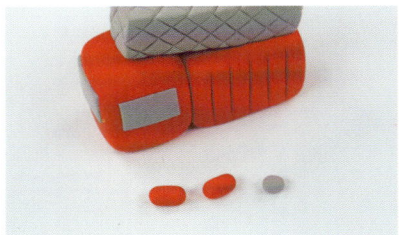
13 빨간색 타원형 2개와 회색 타원형 1개를 서로 다른 크기로 준비해요.

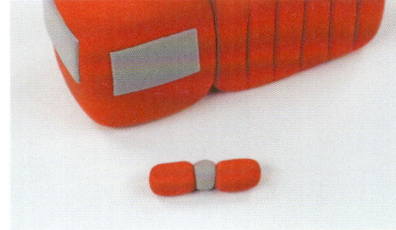
14 타원형을 이어 붙여 사이렌을 만들어 주세요.

15 사다리 앞으로 사이렌을 붙여 줍니다.

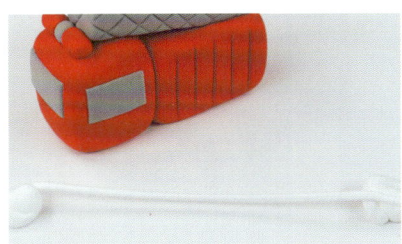
16 흰색 클레이를 손으로 쭉 늘려 긴 줄을 만들어요.

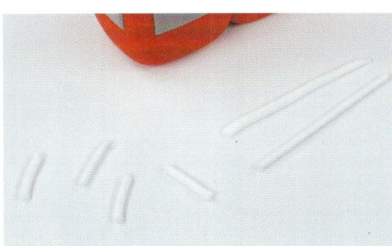
17 긴 줄 2개, 짧은 줄 4개로 잘라 주세요.

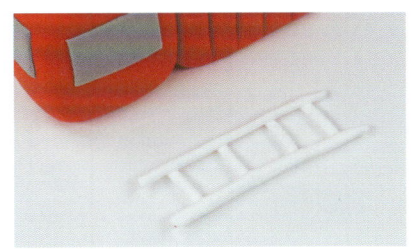
18 줄을 이어 붙여서 사다리로 만들어요.

19 사다리를 하나 더 만들고 소방차의 양 옆에 붙여 줍니다.

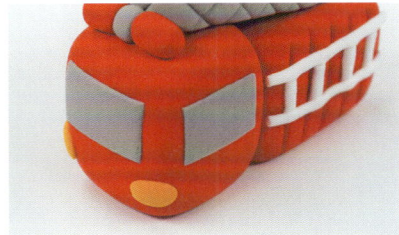
20 자동차(92p) 12~14번과 같이 귤색으로 앞뒤 램프를 만들어요.

21 자동차(92p) 15~20번과 같이 검은색과 밝은 회색으로 바퀴를 만들어 완성해요.

97

경찰차

소요시간 45분 내외
난이도 ★★★☆☆

준비물 클레이, 밀대, 피자커터 또는 가위, 도트봉, 칼 도구

클레이 색상 ○ 흰색 ● 검은색
○ 밝은 회색(흰색 9.7 + 검은색 0.3)
● 빨간색 ● 파란색
● 귤색(노란색 9 + 빨간색 1)

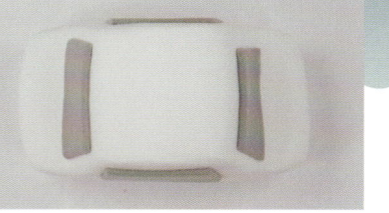

1 자동차(92p) 1~10번과 같이 흰색과 밝은 회색으로 본체를 만들어요.

2 파란색 긴 타원형을 밀대로 얇게 밀어요.

3 피자커터나 가위로 긴 직사각형을 6개 만들어요. 이때 2개는 더 길게 합니다.

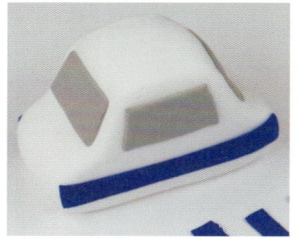

4 긴 것을 경찰차의 옆면에 붙여 주세요.

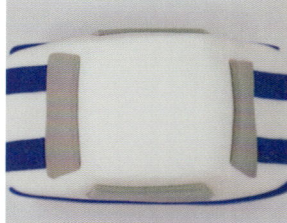

5 나머지 4개는 앞뒤의 창문 아래로 2개씩 붙여 줍니다.

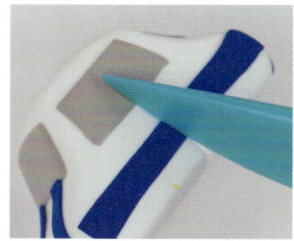

6 옆면을 칼 도구로 자국 내서 문을 표현해요.

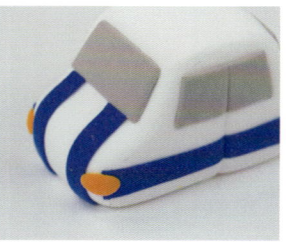

7 자동차(92p) 12~14번과 같이 귤색 램프를 만들어요.

8 자동차(92p) 15~20번과 같이 검은색과 밝은 회색으로 바퀴를 만들어요.

9 파란색, 빨간색, 밝은 회색으로 타원형을 준비해요.

10 타원형을 이어서 사이렌을 만든 다음 지붕에 붙여서 완성합니다.

소요시간 30분 내외
난이도 ★★★☆☆

 버스

준비물 클레이, 칼 도구, 밀대, 피자커터 또는 가위, 도트봉

클레이 색상
- 노란색
- 검은색
- 밝은 회색(흰색 9.7 + 검은색 0.3)
- 귤색(노란색 9 + 빨간색 1)

1 노란색 타원형을 직육면체로 만들어요.

2 밝은 회색 타원형을 밀대로 얇게 밀어요.

3 피자커터나 가위를 이용해 직사각형 2개와 정사각형 6개로 잘라 주세요.

4 직사각형은 버스 앞뒤로, 정사각형은 양 옆으로 붙여서 창문을 만들어요.

5 옆부분을 칼 도구로 눌러서 문을 표현합니다.

6 자동차(92p) 12~14번과 같이 귤색으로 앞뒤 램프를 만들어요.

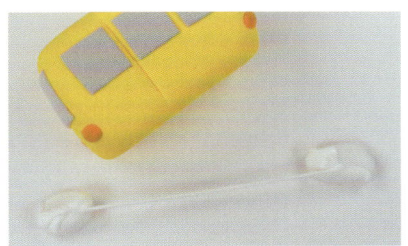

7 흰색 클레이를 손으로 쭉 늘려 긴 줄을 만들어요.

8 긴 줄을 가위로 잘라서 수를 놓듯 BUS를 새겨 줍니다.

9 자동차(92p) 15~20번과 같이 검은색과 밝은 회색으로 바퀴를 만들어 완성해요.

 비행기

소요시간 30분 내외
난이도 ★★★☆☆

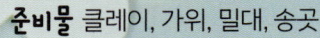

준비물 클레이, 가위, 밀대, 송곳

클레이 색상 ○ 흰색   ● 빨간색
● 하늘색(흰색 9 + 파란색 1)

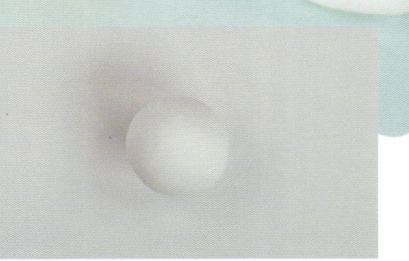

1 흰색 원형을 준비해요.

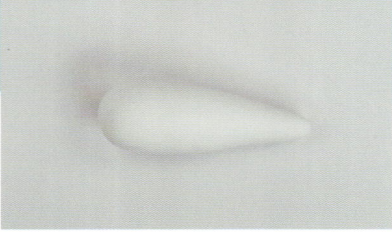

2 긴 물방울 모양으로 밀어서 비행기 몸체를 만들어요.

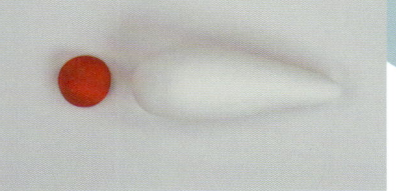

3 빨간색 원형을 손가락으로 빚어서 한 면이 편평한 반구 모양으로 만들어요.

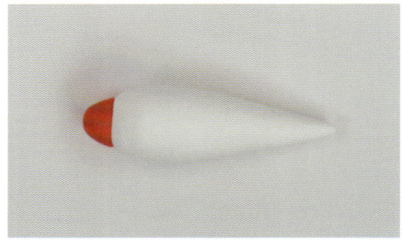

4 비행기 몸체의 둥근 부분에 반구를 붙여 줍니다.

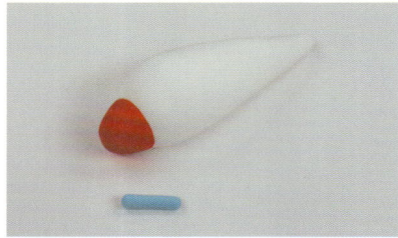

5 하늘색 긴 타원형을 준비해요.

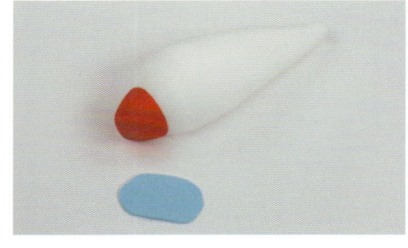

6 타원형을 밀대로 얇게 밀어요.

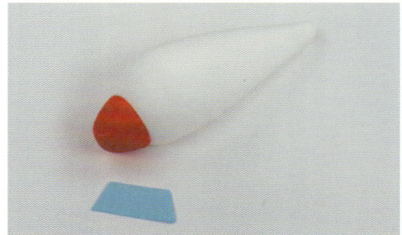

7 가위를 이용해 사다리꼴 모양으로 오려서 창문을 준비합니다.

8 비행기의 앞쪽에 창문을 붙여 주세요.

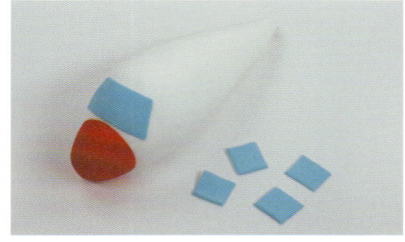

9 같은 방법으로 사각형 창문을 4개 준비해요.

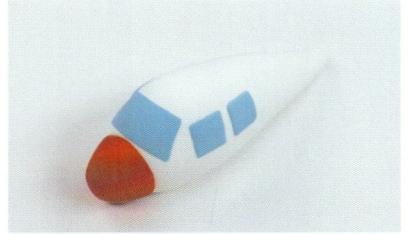

10 비행기의 양옆에 창문을 2개씩 붙여 주세요.

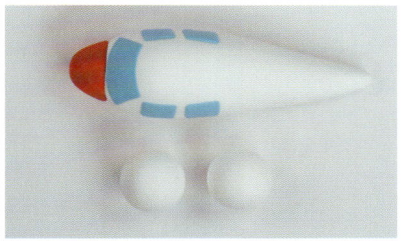

11 흰색 원형을 2개 준비해요.

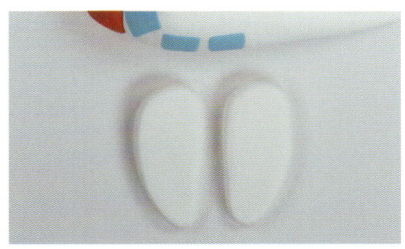

12 긴 물방울 모양으로 만든 다음 납작하게 눌러요.

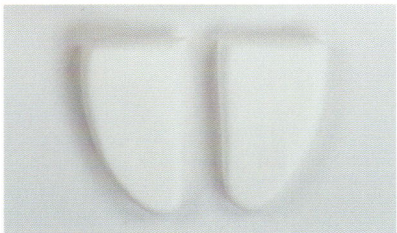

13 둥근 부분을 가위로 잘라 내고 날개를 만들어요.

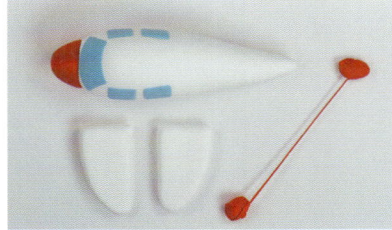

14 빨간색 클레이를 손으로 쭉 늘려 긴 줄을 만들어요.

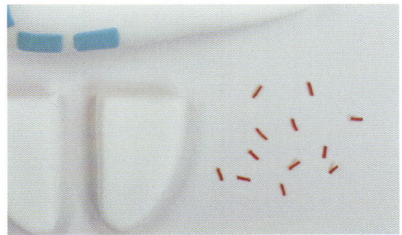

15 긴 줄을 가위로 잘라 작은 선들을 여러 개 만들어요.

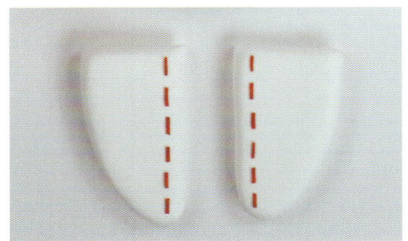

16 선을 날개 끝에 붙여서 장식합니다. 선을 송곳으로 찍어 붙이면 편해요.

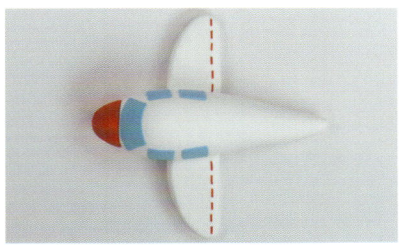

17 비행기 양쪽에 날개를 붙여 주세요.

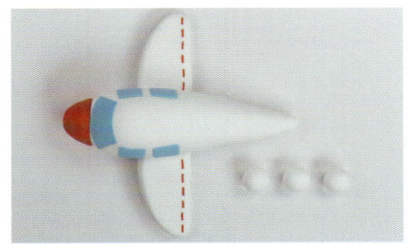

18 흰색 원형을 3개 준비해요.

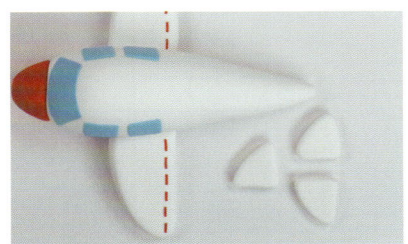

19 납작하게 누른 다음 사진과 같이 잘라서 꼬리 날개를 표현합니다.

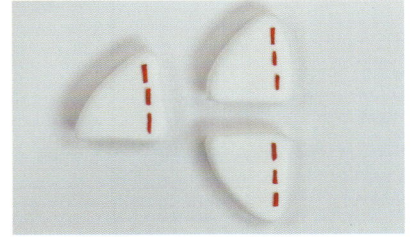

20 빨간색 선으로 꼬리 날개도 장식해 주세요.

21 꼬리 날개를 붙여 완성합니다.

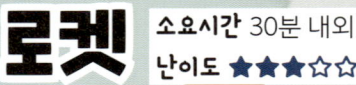

로켓
소요시간 30분 내외
난이도 ★★★☆☆

준비물 클레이, 도트봉

클레이 색상 회색(흰색 9 + 검은색 1)
 빨간색 ● 검은색
 귤색(노란색 9 + 빨간색 1)
 하늘색(흰색 9 + 파란색 1)

1 회색 원기둥을 준비해요.

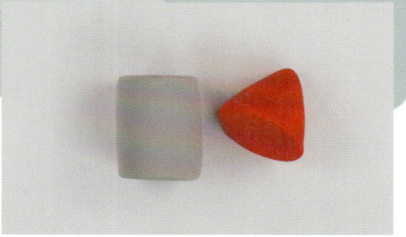

2 빨간색 원뿔을 준비해요.

3 원기둥 위에 원뿔을 붙여서 로켓 몸체를 만들어 줍니다.

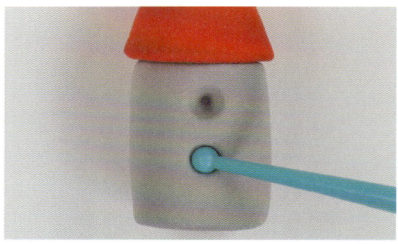

4 로켓 몸체를 도트봉으로 눌러서 홈을 2개 만들어요.

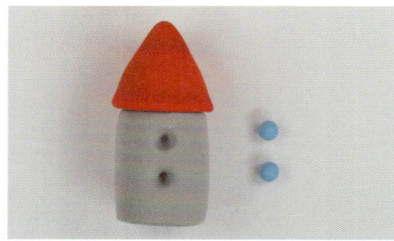

5 하늘색 원형을 2개 준비해요. 이때 몸체 홈에 들어갈 크기로 만들어 주세요.

6 몸체의 홈 안에 넣어 붙여 주세요.

7 검은색 물방울 모양을 3개 준비해요.

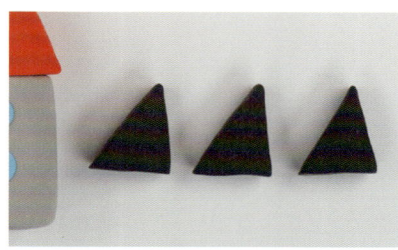

8 살짝 누른 다음 직각 삼각형 모양이 되도록 매만져 주세요.

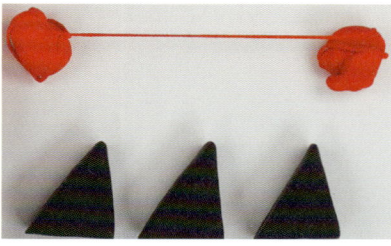

9 빨간색 클레이를 손으로 쭉 늘려 긴 줄을 만들어요.

10 긴 줄을 삼각형에 둘러 붙여서 날개를 완성합니다.

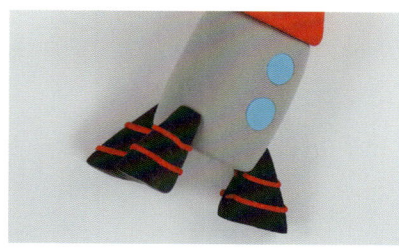

11 로켓 몸체에 날개를 붙여 주세요.

12 빨간색, 귤색 원형을 준비해요.

13 그라데이션 기법(10p)으로 섞어서 원형을 만들어요.

14 물방울 모양으로 만들어서 불꽃을 표현합니다.

15 회색 원기둥을 준비해요.

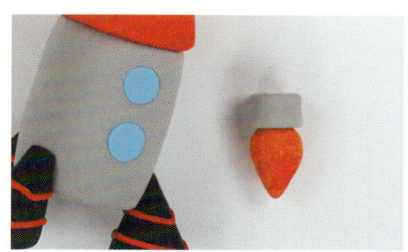

16 원기둥에 불꽃을 붙여 주세요.

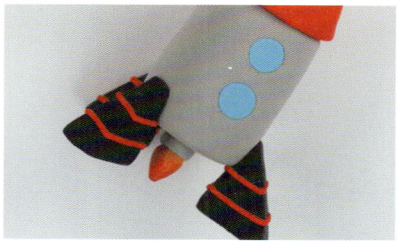

17 로켓 아래에 불꽃을 붙여 줍니다.

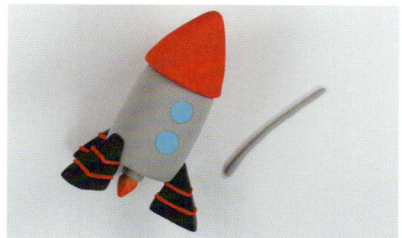

18 회색 원형을 손가락으로 밀어 얇고 긴 줄을 만들어요.

19 긴 줄을 창문에 동그랗게 둘러 붙여서 로켓을 완성합니다.

열기구

소요시간 45분 내외
난이도 ★★★★☆

준비물 클레이, 칼 도구, 가위

클레이 색상
- 연갈색(흰색 5 + 갈색* 5)
  * 갈색(노 : 빨 : 검 = 7 : 2.5 : 0.5)
- 분홍색(흰색 8.5 + 빨간색 1.5)
- 무지개색(11p)

1 연갈색 원형을 한 면이 편평해지도록 빚어서 납작한 반구 모양으로 만들어요.

2 칼 도구나 송곳으로 그어서 7칸을 만들어요.

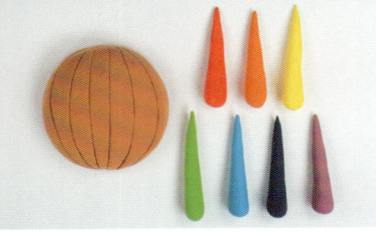

3 무지개색으로 긴 물방울 모양을 준비해요.

4 물방울의 바닥에 닿는 부분이 편평해지도록 꼬집듯 매만져 주세요.

5 가운데 칸에 초록색을 먼저 붙인 다음 양 옆으로 나머지 색을 붙여 주세요.

6 연갈색으로 긴 타원형을 준비해요.

7 납작하게 누른 다음, 가위를 이용해 직사각형으로 오려 주세요.

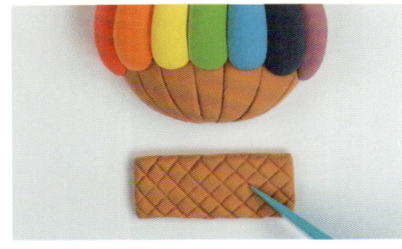

8 칼 도구로 눌러서 바구니의 무늬를 표현해요.

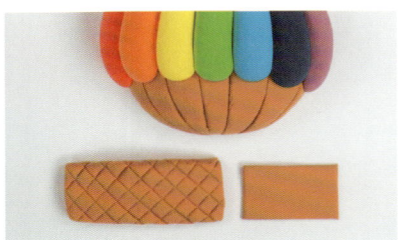

9 연갈색 직사각형을 하나 더 준비합니다. 무늬 있는 직사각형보다 작게 합니다.

10 무늬 있는 직사각형을 반원으로 말아서 9번 직사각형에 공간을 띄우고 붙여요.

11 연갈색으로 양쪽 물방울 모양을 만들어요.

12 양쪽 물방울을 누르고 반원 모양으로 빚어서 바구니의 밑면을 만들어요.

13 바구니의 아래쪽에 밑면을 붙여 바구니를 완성합니다.

14 연갈색 원형을 얇게 밀어서 긴 줄을 만들어요.

15 4개의 긴 줄을 2개씩 합쳐서 밧줄처럼 꼬아 주세요.

16 풍선과 바구니 사이에 밧줄을 붙여서 열기구를 완성합니다.

17 흰색 원형을 서로 다른 크기로 6개 준비하여 위와 같이 배치해요.

18 얼굴은 반구, 귀는 양쪽 물방울, 몸은 삼각형, 팔은 긴 물방울로 만들어요.

19 귀를 납작하게 누른 다음, 귀와 팔, 얼굴, 몸을 모두 붙여 주세요.

20 연갈색으로 눈과 입, 분홍색으로 코를 붙여 토끼를 완성합니다.

21 바구니 안에 토끼를 태우면 귀여운 열기구가 완성됩니다.

105

오리배

소요시간 30분 내외
난이도 ★★★☆☆

준비물 클레이, 밀대, 피자커터 또는 가위, 도트봉
클레이 색상 ○ 흰색
● 노란색
● 검은색

1 흰색 원형을 준비해요.

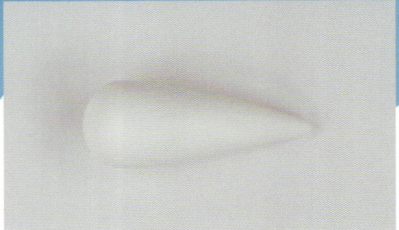

2 원형을 긴 물방울 모양으로 만들어요.

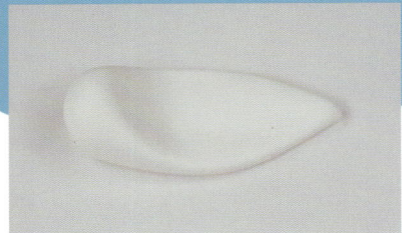

3 물방울의 통통한 부분만 남기고 손가락으로 눌러 납작하게 만들어요.

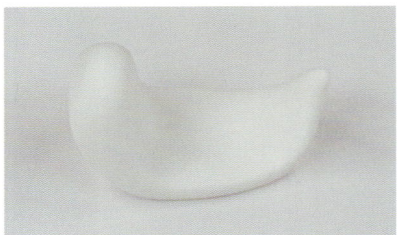

4 물방울의 양쪽 끝을 위로 살짝 구부려서 본체를 만들어요.

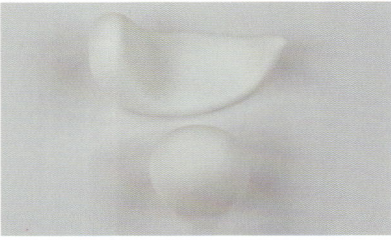

5 흰색 원형을 준비해요.

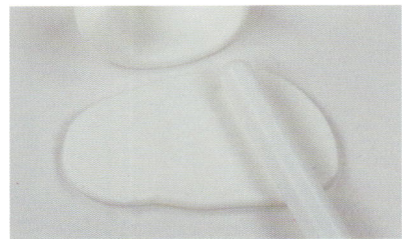

6 밀대로 납작하게 밀어요.

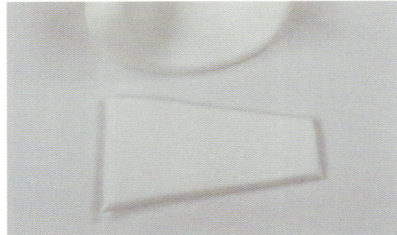

7 피자커터나 가위를 이용해 윗변이 좁은 사다리꼴 모양으로 잘라 주세요.

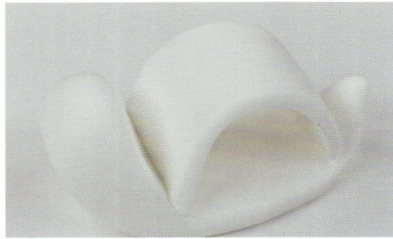

8 사다리꼴을 아치 모양으로 구부려서 지붕을 만들어요.

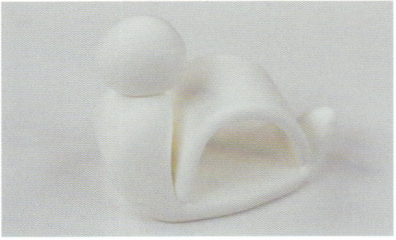

9 흰색 원형을 본체 윗부분에 붙여서 오리 얼굴을 만들어요.

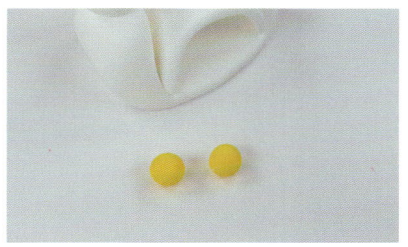

10 노란색 원형을 2개 준비해요.

11 원형을 양쪽 물방울 모양으로 만들어요.

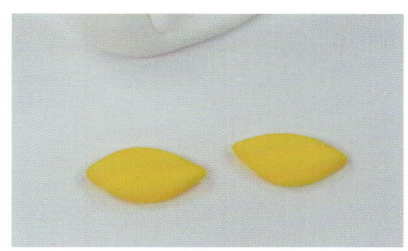

12 양쪽 물방울을 납작하게 눌러요.

13 얼굴 앞에 양쪽 물방울을 위아래로 붙여서 부리를 표현합니다.

14 도트봉으로 눌러 홈을 낸 다음 검은색으로 눈을 만들어 붙여요.

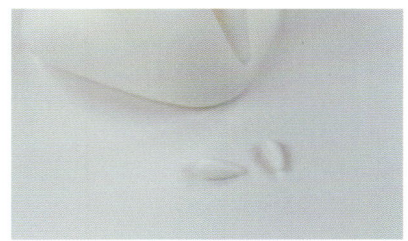

15 흰색 물방울 모양을 2개 준비해요.

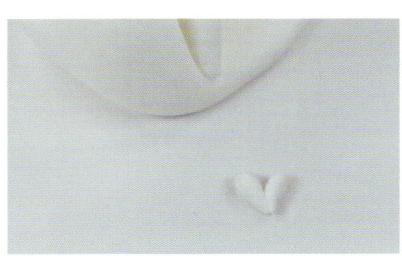

16 물방울을 이어 붙여 볏을 만들어요.

17 얼굴 위에 볏을 붙여 완성합니다.

배

소요시간 45분 내외
난이도 ★★★★☆

준비물 클레이, 밀대, 피자커터 또는 가위

클레이 색상 ○ 흰색 ● 빨간색
● 남색(파란색 6 + 검은색 4)
● 하늘색(흰색 9 + 파란색 1)

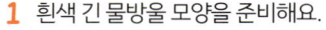

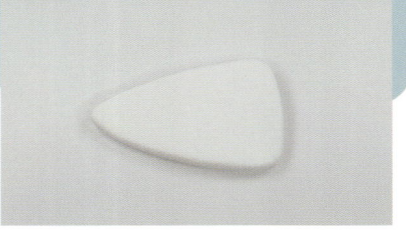

1 흰색 긴 물방울 모양을 준비해요.

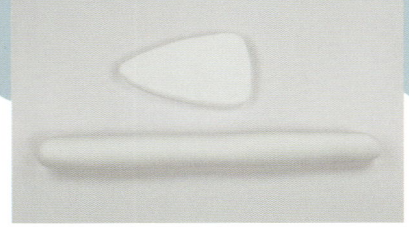

2 납작하게 누른 후 윤곽을 또렷하게 정리하여 배의 밑면을 만들어요.

3 흰색 원형을 손바닥으로 밀어 긴 줄을 만들어요.

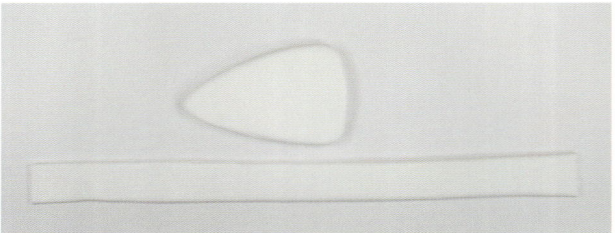

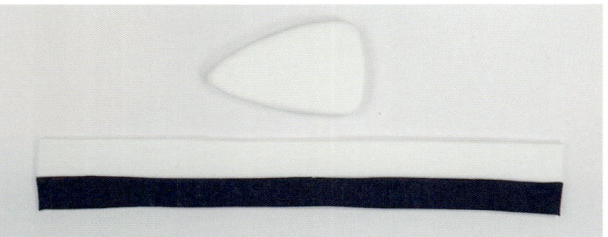

4 밀대로 납작하게 민 다음 피자커터나 가위를 이용해 긴 직사각형 모양으로 잘라 주세요.

5 남색 긴 직사각형을 같은 크기로 만든 다음 위아래로 붙여 줍니다.

6 밑면의 꼭짓점부터 시작해 가장자리를 따라 둘러 붙여서 배의 본체를 만들어요.

7 흰색 원기둥을 준비해요.

8 배의 본체 안에 원기둥을 붙여 줍니다.

9 하늘색 원형을 밀어 긴 줄을 만들어요.

10 밀대로 얇게 밀어 주세요.

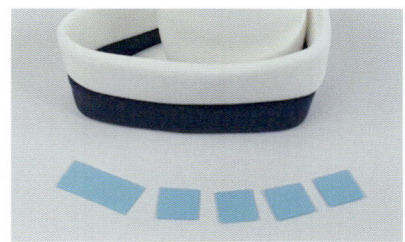

11 피자커터나 가위로 잘라서 직사각형 1개와 정사각형 4개를 만들어요.

12 원기둥 앞에 직사각형, 양옆에는 정사각형을 2개씩 붙여 창문을 표현합니다.

13 빨간색 원기둥을 준비해요.

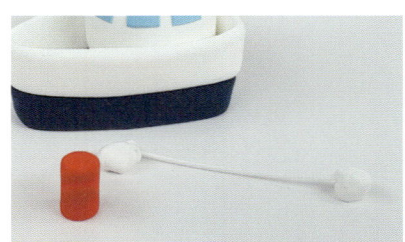

14 흰색 클레이를 손으로 쭉 늘려 긴 줄을 준비해요.

15 빨간색 원기둥에 둘러서 굴뚝을 장식해요.

16 배 위에 굴뚝을 붙여 줍니다.

17 빨간색 원형을 손가락으로 밀어 줄을 만들어요.

18 동그랗게 말아 붙여서 튜브를 만들어요.

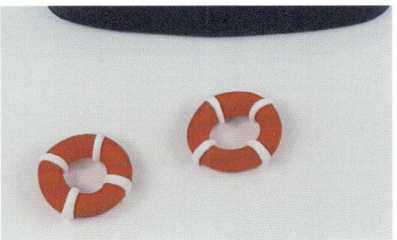

19 흰색 클레이로 14번처럼 줄을 만들어 튜브를 장식해요.

20 뱃머리 양옆에 튜브를 붙여 배를 완성합니다.

잠수함

소요시간 30분 내외
난이도 ★★★☆☆

준비물 클레이, 도트봉

클레이 색상
- 밝은 회색(흰색 9.7 + 검은색 0.3)
- 빨간색
- 흰색
- 하늘색(흰색 9 + 파란색 1)

1 밝은 회색 원형을 살짝 밀어 타원형으로 만들어요.

2 하늘색 원형을 7개 준비해요. 이때 하나만 크게 만들어 주세요.

3 납작하게 눌러 주세요.

4 큰 것은 앞쪽에, 나머지는 잠수함 양옆에 3개씩 붙여 줍니다.

5 빨간색 원형을 밀어서 얇고 긴 줄로 만들어요.

6 하늘색 가장자리에 동그랗게 둘러 붙여서 창문을 표현합니다.

7 빨간색 원형을 5개 준비해요. 하나는 작게 만들어 주세요.

8 큰 것을 물방울 모양으로 만든 다음 납작하게 눌러 줍니다.

9 물방울의 동그란 부분끼리 붙여서 스크류를 만들어요.

10 스크류 위에 하나 남은 빨간 원형을 붙여서 완성합니다.

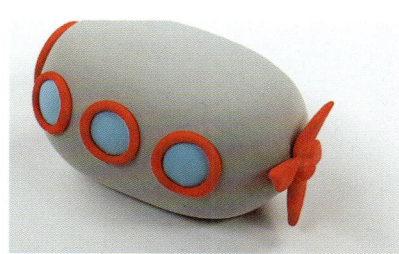

11 잠수함의 뒤쪽에 스크류를 붙여 주세요.

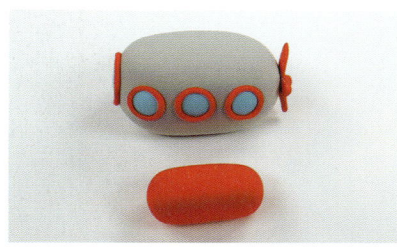

12 빨간색 타원형을 준비해요.

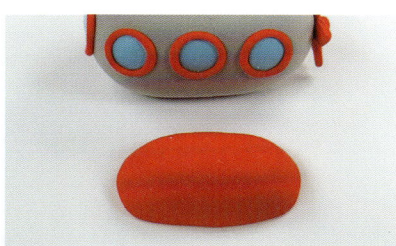

13 타원형 아랫부분을 편평하게 만져서 반구 형태로 만들어요.

14 잠수함 위에 타원형 반구를 붙여 주세요.

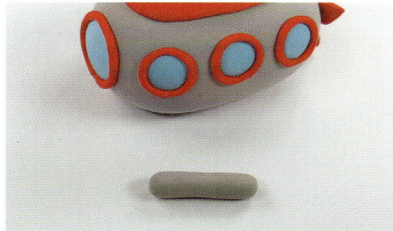

15 밝은 회색 원형을 손가락으로 밀어 줄을 만들어요.

16 잠수함 윗부분을 도트봉으로 눌러서 홈을 만들어요.

17 마련한 홈에 밝은 회색 줄을 구부려 붙여서 잠망경을 표현합니다.

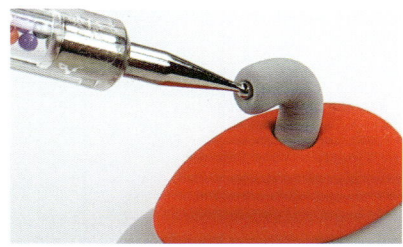

18 잠망경의 끝을 도트봉으로 눌러 홈을 만들어 주세요.

19 하늘색 원형을 준비해요.

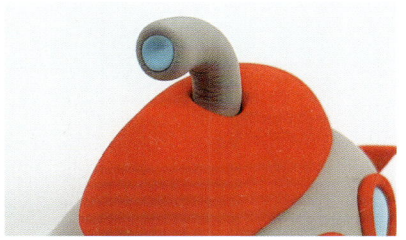

20 잠망경 홈 안에 하늘색을 넣고 도트봉으로 한 번 더 눌러 줍니다.

21 흰색 작은 원형으로 창문 테두리를 장식하면 완성됩니다.

기차

소요시간 1시간 이상
난이도 ★★★★★

준비물 클레이, 밀대, 칼 도구, 도트봉, 피자커터 또는 가위

클레이 색상
- 진하늘색(흰색 8 + 파란색 2)
- 진분홍색(흰색 7 + 빨간색 3)
- 노란색
- 빨간색
- 흰색
- 밝은 회색(흰색 9.7 + 검은색 0.3)

1 진하늘색 원기둥을 준비해요.

2 노란색 원형을 반구 모양으로 빚어요. 이때 지름은 원기둥과 같게 합니다.

3 원기둥 위에 반구를 얹어 주세요.

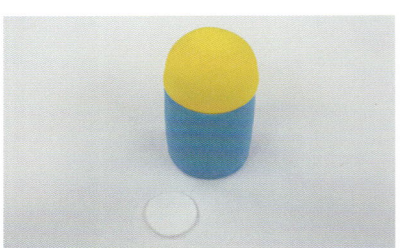
4 흰색 원형을 밀대로 얇게 밀어요.

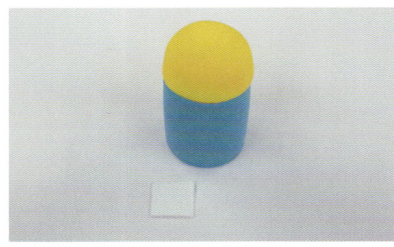
5 가위로 오려서 정사각형 모양의 창문을 만들어요.

6 원기둥에 창문을 붙여 주세요.

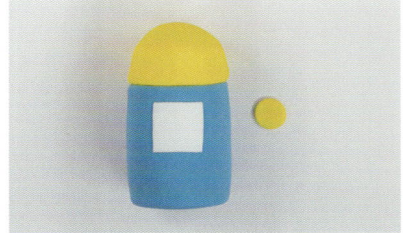
7 노란색 원형을 납작하게 눌러 줍니다.

8 가장자리를 칼 도구로 눌러 꽃 모양을 만들어요.

9 창문 아래에 꽃을 붙여 장식해요.

10 진분홍색 원형을 꽃 가운데에 붙여 줍니다.

11 노란색과 빨간색 원형을 서로 다른 크기로 준비해요.

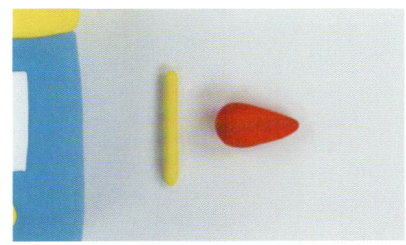
12 노란색은 줄로 만들고 빨간색은 물방울 모양으로 만들어요.

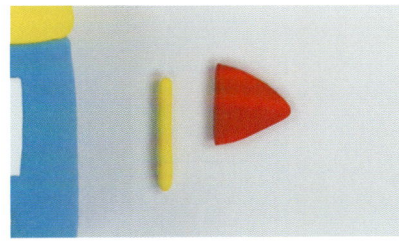
13 물방울을 납작하게 누른 다음 한쪽 면을 가위로 잘라서 삼각형을 만들어요.

14 줄과 삼각형을 이어 붙여 깃발을 완성합니다.

15 노란 반구 위에 도트봉으로 눌러 홈을 만들고, 그 안에 깃발을 꽂아 주세요.

16 빨간색으로 한쪽이 둥근 원기둥 모양을 만들어요.

17 기차 앞부분에 원기둥을 붙여 주세요.

18 진하늘색으로 윗면이 좁은 원기둥을 만들어 주세요.

19 빨간색 위에 붙이면 굴뚝이 표현됩니다.

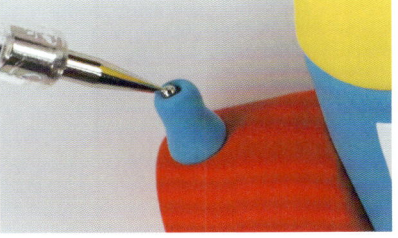
20 굴뚝 윗부분을 도트봉으로 눌러 홈을 만들어요.

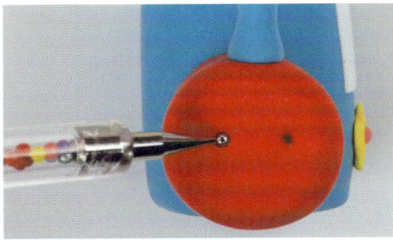
21 빨간색 앞을 도트봉으로 눌러서 홈을 2개 만들어 주세요.

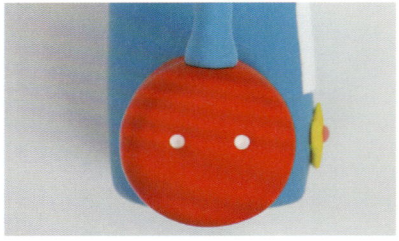

22 흰색으로 작은 원형을 2개 만들어 홈 안에 붙여 줍니다.

23 흰색 클레이를 손으로 쭉 늘려 긴 줄을 만들어요.

24 코와 입을 표현해 기차를 꾸며 줍니다. 미리 스케치를 하면 편해요.

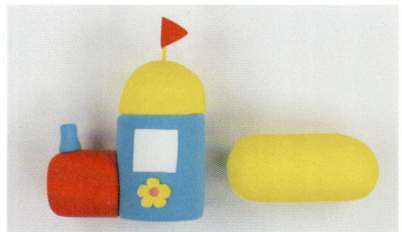

25 노란색 타원형을 준비해요.

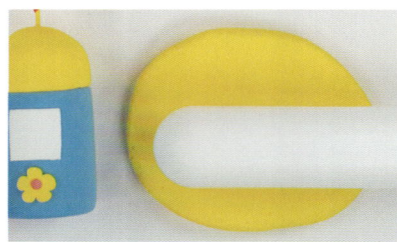

26 타원형을 밀대로 두께감 있게 밀어요.

27 피자커터나 가위를 사용해 직사각형 모양으로 잘라 줍니다.

28 직사각형을 기차 몸체 아래로 붙여 주세요.

29 빨간색 원형을 4개 만들어 납작하게 눌러서 바퀴를 준비해요.

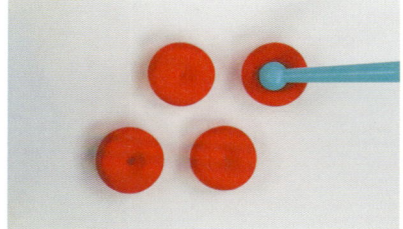

30 도트봉으로 눌러 홈을 만들어요.

31 진하늘색 원형을 바퀴의 홈에 들어갈 크기로 4개 만들어요.

32 홈 안에 붙여서 바퀴를 완성합니다.

33 기차 밑면에 바퀴를 붙여 주세요.

34 같은 방법으로 바퀴를 4개 더 만들어 반대쪽에 붙여 줍니다.

35 코와 입을 표현한 것과 같이 기차에 이름을 새겨도 좋아요.

36 기차 밑면과 같은 방법으로 노란색과 진분홍색 직사각형을 준비해요.

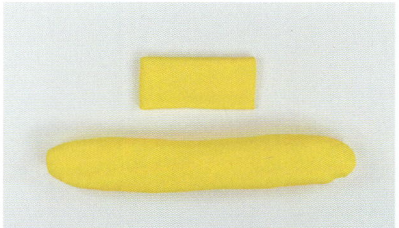

37 노란색 긴 타원형을 준비해요.

38 밀대로 밀고 피자커터나 가위로 잘라서 긴 직사각형으로 만들어요.

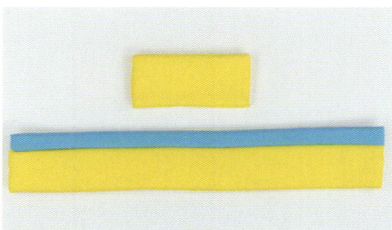

39 같은 방법으로 진하늘색 긴 직사각형을 만들어 붙여요.

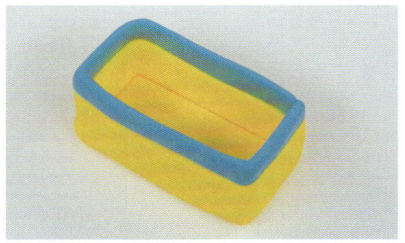

40 작은 직사각형 둘레를 따라 긴 직사각형을 둘러 붙여요.

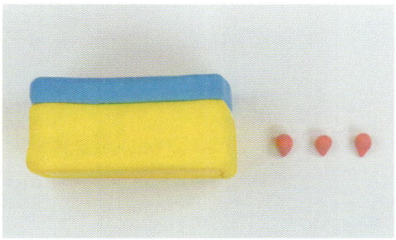

41 진분홍색 물방울을 3개 만들어요.

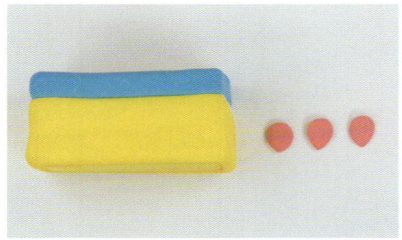

42 물방울을 납작하게 눌러요.

43 물방울의 동그란 부분을 칼 도구로 눌러 하트를 표현합니다.

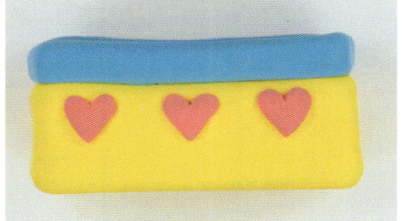

44 기차의 옆면에 하트를 붙여 장식해요.

45 같은 방법으로 바퀴를 8개 만들어 붙여 줍니다.

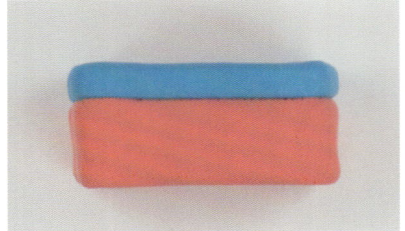

46 같은 방법으로 세 번째 칸도 만들어요.

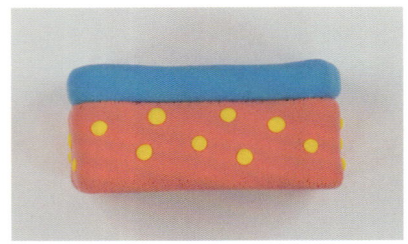

47 노란색으로 작은 원형을 여러 개 만들어 붙여 주세요.

48 같은 방법으로 바퀴를 8개 만들어 붙여 줍니다.

49 진하늘색 원형을 손가락으로 밀어 얇고 긴 줄을 만들어요.

50 창문 가장자리에 둘러 붙여 테두리를 표현해요.

51 칸을 서로 이어 줄 밝은 회색 원형을 4개 준비해요.

52 손가락으로 살짝 밀어 줄을 만들어요.

53 칸 사이를 줄로 이어 붙여요.

54 기차가 완성되었습니다.

무당벌레

소요시간 20분 내외
난이도 ★★☆☆☆

준비물 클레이, 가위, 도트봉, 칼 도구
클레이 색상 🔴 빨간색　⚫ 검은색　⚪ 흰색

1 빨간색과 검은색 원형을 같은 크기로 준비해요.

2 원형을 손가락으로 빚어서 한 면이 편평한 반구 모양으로 만들어요.

3 반구의 윗부분을 가위로 잘라 주세요.

4 빨간색은 큰 조각을, 검은색은 작은 조각을 남겨 둡니다.

5 조각을 이어 붙이면 무당벌레 몸통이 만들어져요.

6 도트봉으로 점무늬가 들어갈 홈을 5개 만들어요.

7 검은색 원형을 5개 준비해요.

8 홈 안에 검은색 원형을 넣어 붙여 무늬를 표현해요.

9 무당벌레의 등 가운데를 칼 도구로 자국 냅니다.

10 도트봉으로 눈이 들어갈 홈을 2개 만들어요.

11 흰색 원형을 2개 준비해요.

12 홈 안에 눈을 넣어 붙여 주세요.

13 검은색으로 작은 원형을 2개 준비해요.

14 흰색 눈 안에 눈동자를 붙여 주세요.

15 흰색으로 아주 작은 원형을 붙여서 눈의 반짝임을 표현해요.

16 빨간색을 손으로 쭉 늘려 긴 줄을 만들어요.

17 긴 줄을 잘라 붙여 입을 표현하면 무당벌레가 완성됩니다.

애벌레

소요시간 30분 내외
난이도 ★★☆☆☆

준비물 클레이, 도트봉, 송곳

클레이 색상
- 🟢 연두색(노란색 9 + 파란색 1)
- 🌸 분홍색(흰색 8.5 + 빨간색 1.5)
- ⚪ 흰색   🟡 노란색
- 🔵 하늘색(흰색 9 + 파란색 1)
- 🟠 주황색(노란색 8 + 빨간색 2)
- 🔴 빨간색   ⚫ 검은색

1 연두색 원형을 준비해요.

2 무당벌레(118p) 10~14번과 같이 흰색과 검은색으로 눈을 표현해요.

3 분홍색 원형을 2개 준비해요.

4 원형을 납작하게 눌러 주세요.

5 애벌레 눈 아래 붙여서 볼터치를 표현합니다.

6 입이 붙을 자리를 송곳으로 미리 스케치합니다.

7 빨간색 클레이를 쭉 늘려 긴 줄을 만들어요.

8 긴 줄을 스케치한 부분에 붙여서 입을 표현해요.

9 노란색과 연두색으로 원형을 2개씩 준비해요. 연두색은 조금 더 크게 만들어요.

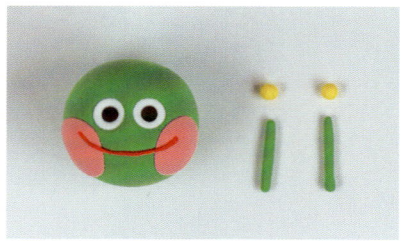

10 연두색을 손가락으로 밀어 줄을 만들어요.

11 연두색 줄 위에 노란색을 붙여 더듬이를 만들어요.

12 머리에 도트봉으로 홈을 2개 만든 다음 더듬이를 붙여서 머리를 완성합니다.

13 연두색으로 서로 다른 크기의 원형을 4개 준비해요.

14 애벌레 머리에 이어 붙여 줍니다.

15 빨간색, 주황색, 노란색, 하늘색으로 원형을 4개 준비해요.

16 애벌레 몸에 원형을 하나씩 붙이고 가운데를 도트봉으로 눌러 줍니다.

17 귀여운 애벌레가 완성되었습니다.

개미

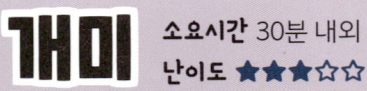

소요시간 30분 내외
난이도 ★★★☆☆

준비물 클레이, 도트봉, 송곳
클레이 색상 ● 검은색 ● 빨간색 ○ 흰색

1 검은색 원형을 준비해요.

2 무당벌레(118p) 10~15번과 같이 흰색과 검은색으로 눈을 표현해요.

3 입이 붙을 자리를 송곳으로 미리 스케치 합니다.

4 빨간색 클레이를 쭉 늘려 긴 줄을 만들어요.

5 긴 줄을 스케치한 부분에 붙여서 입을 표현해요.

6 검은색으로 서로 다른 크기의 원형을 2쌍 준비해요.

7 큰 원형을 밀어서 짧은 줄로 만들어요.

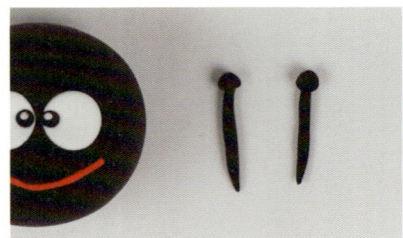

8 원형과 줄을 붙여 더듬이를 만들어요.

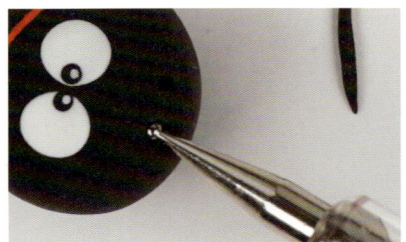

9 도트봉으로 더듬이가 들어갈 홈을 2개 만들어요.

10 홈 안에 더듬이를 붙여서 머리를 완성합니다.

11 검은색으로 서로 다른 크기의 원형을 2개 만들어요.

12 큰 원형은 양쪽 물방울 모양으로 다듬어요.

13 이어 붙이면 개미의 머리, 가슴, 배가 표현됩니다.

14 검은색 원형 6개를 준비해요.

15 손가락으로 밀어서 아주 긴 물방울으로 만들어요.

16 물방울 모양을 직각으로 구부려요.

17 가슴 한쪽에 다리를 3개 붙여 주세요.

18 반대쪽에 나머지 다리 3개를 붙여 개미를 완성합니다.

소똥구리

소요시간 30분 내외
난이도 ★★★☆☆

준비물 클레이, 가위, 칼 도구, 도트봉, 솔 도구 또는 칫솔
클레이 색상 ● 고동색(노란색 5 + 빨간색 3 + 검은색 2) ● 검은색 ○ 흰색

1 검은색 원형을 준비해요.

2 손가락으로 밀어 물방울 모양으로 만들고, 바닥에 닿는 부분을 편평하게 해요.

3 물방울의 뾰족한 부분을 가위로 잘라 냅니다.

4 남은 부분을 손으로 다듬어 주세요.

5 몸통에 칼 도구로 'T'자로 자국 내서 날개를 표현해요.

6 날개 부분을 칼 도구로 자국 내 날개의 질감을 표현합니다.

7 검은색 원형을 하나 더 준비해요.

8 원형을 손가락으로 빚어서 한 면이 편평한 반구 모양으로 만들어요.

9 두 조각을 서로 붙여 줍니다.

124

10 무당벌레(118p) 10~15번과 같이 흰색과 검은색으로 눈을 표현해요.

11 검은색으로 서로 다른 크기의 원형을 3쌍 준비해요.

12 원형을 긴 물방울 모양으로 밀고 납작하게 눌러서 다리를 만들어요.

13 몸통 양쪽에 다리를 구부려 붙여 소똥구리를 완성합니다.

14 고동색 원형을 준비해요.

15 솔 도구나 칫솔로 눌러서 소똥의 질감을 표현해요.

16 소똥에 소똥구리의 뒷다리를 붙여 완성합니다.

잠자리

소요시간 30분 내외
난이도 ★★☆☆☆

준비물 클레이, 칼 도구, 도트봉, 가위

클레이 색상
- 하늘색(흰색 9 + 파란색 1)
- 갈색(노란색 7 + 빨간색 2.5 + 검은색 0.5)
- 빨간색　● 검은색　○ 흰색
- 분홍색(흰색 8.5 + 빨간색 1.5)

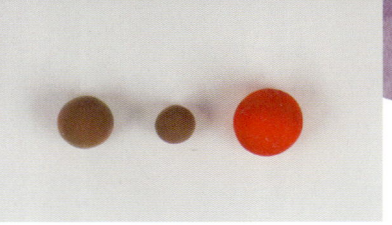

1 갈색 원형 2개, 빨간색 원형 1개를 서로 다른 크기로 준비해요.

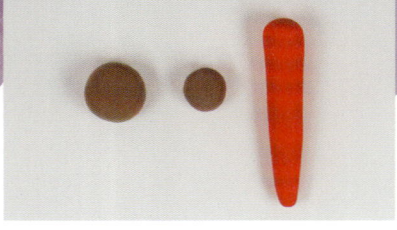

2 빨간색 원형을 긴 물방울 모양으로 만들어요.

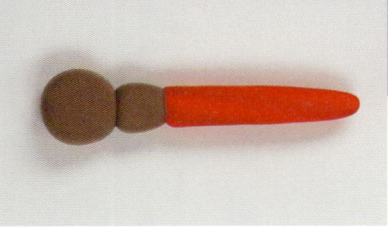

3 3개를 이어 붙이면 머리, 가슴, 배가 만들어져요.

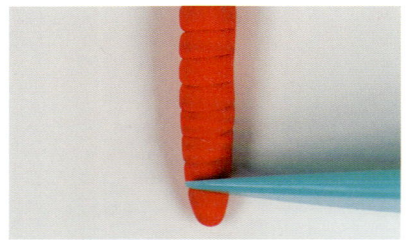

4 배 부분을 칼 도구로 자국 내서 무늬를 표현해요.

5 무당벌레(118p) 10~14번과 같이 흰색과 검은색으로 눈을 만들어요.

6 분홍색 원형을 2개 준비해요.

7 원형을 납작하게 눌러 주세요.

8 잠자리 눈 아래 붙여서 볼터치를 표현합니다.

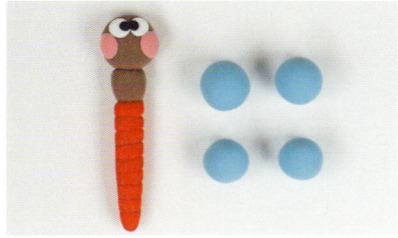

9 하늘색 원형을 서로 다른 크기로 2쌍 준비해요.

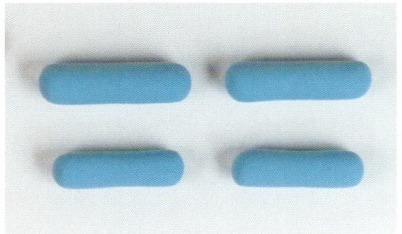

10 원형을 긴 타원형으로 만들어요.

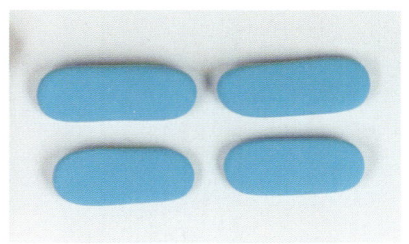

11 타원형을 납작하게 눌러 날개를 만들어요.

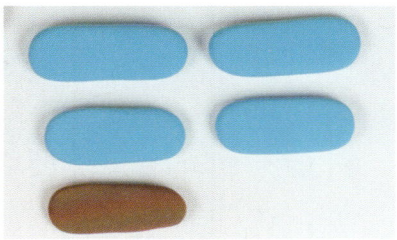

12 날개와 마찬가지로 갈색 타원형을 눌러 주세요.

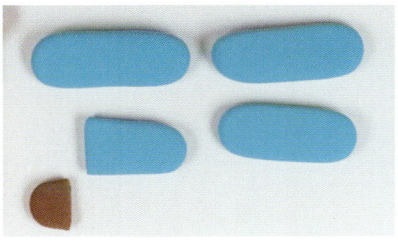

13 날개 끝을 가위로 잘라 내고, 잘린 만큼 갈색을 잘라서 준비해요.

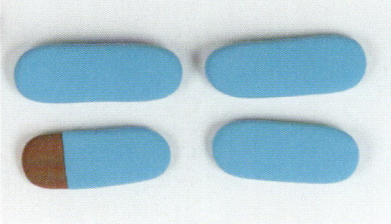

14 하늘색과 갈색을 이어 붙이면 날개가 만들어져요.

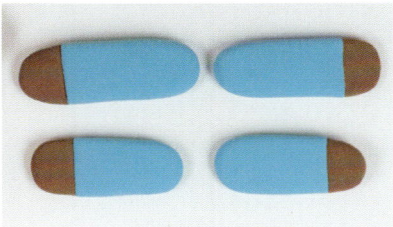

15 나머지 날개도 마찬가지로 만들어 주세요.

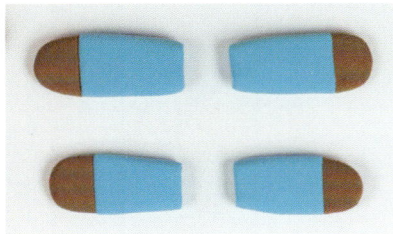

16 날개 안쪽을 잠자리 몸에 붙이기 쉽도록 가위로 편평하게 잘라 주세요.

17 잠자리의 몸 양쪽에 날개를 붙여 줍니다.

18 흰색 작은 타원형을 날개 끝에 붙여 장식하면 잠자리가 완성됩니다.

꿀벌

소요시간 30분 내외
난이도 ★★☆☆☆

준비물 클레이, 밀대, 피자커터 또는 가위, 도트봉, 가위

클레이 색상
- 레몬색(노란색 6 + 흰색 4)
- 흰색
- 흑갈색(노란색 3.5 + 빨간색 3.5 + 검은색 3)
- 하늘색(흰색 9 + 파란색 1)
- 분홍색(흰색 8.5 + 빨간색 1.5)

1 레몬색 원형을 준비해요.

2 손가락으로 밀어서 물방울 모양을 만들어요.

3 바닥과 맞닿을 부분을 편평하게 다듬어 몸통을 만들어요.

4 흑갈색 줄을 밀대로 얇게 밀어서 준비해요.

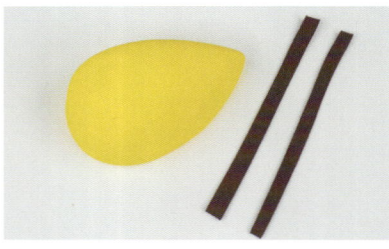

5 피자커터나 가위를 사용해 긴 직사각형 모양의 줄무늬를 만들어요.

6 꿀벌 몸통에 줄무늬를 둘러 붙여 줍니다.

7 흑갈색 원형을 준비해요.

8 원형을 원뿔 모양으로 만들어 주세요.

9 몸통의 뾰족한 부분을 가위로 잘라 편평하게 만들어요.

10 몸통에 원뿔을 붙여서 벌침을 표현합니다.

11 무당벌레(118p) 10~14번과 같이 흰색과 흑갈색으로 눈을 만들어요.

12 분홍색 원형을 2개 준비해요.

13 원형을 납작하게 눌러 주세요.

14 꿀벌 눈 아래 붙여서 볼터치를 표현합니다.

15 하늘색 원형을 4개 준비해요.

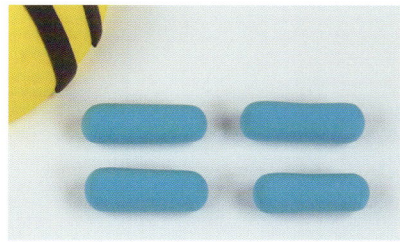
16 원형을 손가락으로 밀어 긴 타원형으로 만들어요.

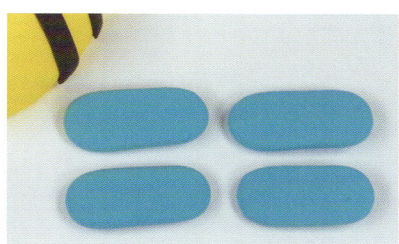
17 타원형을 납작하게 눌러 줍니다.

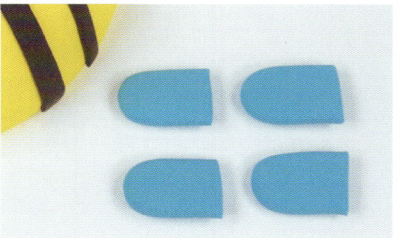
18 날개 한쪽 끝을 가위로 편평하게 잘라주세요.

19 몸통 양쪽에 날개를 붙여 줍니다.

20 나머지 날개도 붙여서 꿀벌을 완성합니다.

메뚜기

소요시간 30분 내외
난이도 ★★★☆☆

준비물 클레이, 칼 도구, 도트봉, 송곳, 가위

클레이 색상
- 연두색(노란색 9 + 파란색 1)
- 회녹색(흰색 5 + 노란색 3 + 파란색 1.5 + 검은색 0.5)
- 분홍색(흰색 8.5 + 빨간색 1.5)
- 빨간색
- 검은색

1 연두색 원형을 준비해요.

2 도트봉으로 홈을 낸 다음 검은색으로 눈을 만들어 붙여요.

3 나비(138p) 7~12번처럼 분홍색 볼터치와 빨간색 입을 표현합니다.

4 연두색 긴 물방울 모양으로 더듬이를 준비해요.

5 도트봉으로 눌러 홈을 2개 만들고 더듬이를 넣어 붙여 주세요.

6 회녹색 긴 물방울 모양을 준비해요.

7 물방울의 둥근 부분을 편평하게 눌러 기다란 원뿔 모양으로 만들어요.

8 원뿔에 칼 도구로 자국 내 몸통의 무늬를 표현합니다.

9 연두색 긴 물방울 모양을 준비해요.

10 물방울을 납작하게 눌러 줍니다.

11 칼 도구로 그어 날개의 질감을 표현해 주세요.

12 메뚜기 몸통 위에 날개를 붙여 줍니다.

13 몸통 밖으로 나온 날개는 가위로 잘라 정리해 주세요.

14 메뚜기의 머리와 몸통을 붙여 주세요.

15 연두색으로 서로 다른 크기의 원형을 3쌍 준비합니다.

16 원형을 긴 물방울 모양으로 만들어 주세요.

17 다리를 위와 같이 구부려요.

18 몸통에 다리를 붙여 메뚜기를 완성합니다.

거미

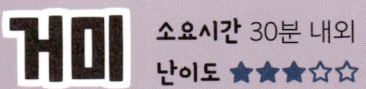

소요시간 30분 내외
난이도 ★★★☆☆

준비물 클레이, 도트봉, 송곳, 피자커터 또는 가위, 밀대

클레이 색상 ● 검은색 ● 빨간색 ○ 흰색
● 진노란색(노란색 9.8 + 빨간색 0.2)
● 진분홍색(흰색 7 + 빨간색 3)

1 검은색 원형을 준비해요.

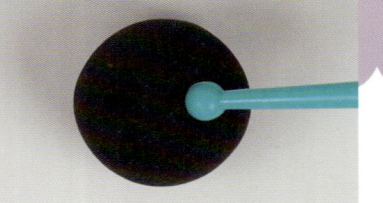

2 도트봉으로 눈이 들어갈 홈을 2개 만들어요.

3 진노란색 원형을 2개 준비해요.

4 홈 안에 눈을 넣어 붙여 주세요.

5 검은색으로 작은 원형을 2개 준비해요.

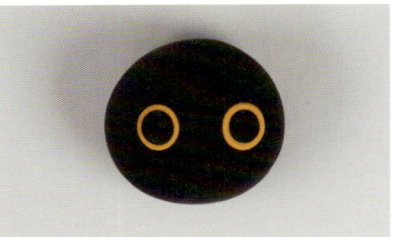

6 노란색 눈 안에 눈동자를 붙여 주세요.

7 흰색으로 아주 작은 원형을 붙여서 눈의 반짝임을 표현해요.

8 나비(138p) 7~12번과 같이 빨간색 입과 진분홍색 볼터치를 표현합니다.

9 검은색 원형을 준비합니다.

10 양쪽 물방울 모양으로 만들어 몸통을 만들어요.

11 거미의 머리와 몸통을 붙여 주세요.

12 진노란색 긴 줄을 밀대로 밀어 줄무늬를 준비합니다.

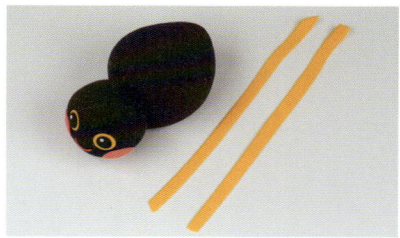
13 피자커터나 가위를 이용해 긴 직사각형 모양으로 잘라 주세요.

14 거미 몸통에 줄무늬를 둘러 붙여 줍니다.

15 검은색 원형을 6개 준비해요.

16 원형을 손가락으로 밀어 줄을 만들어요.

17 줄 위에 줄무늬를 둘러서 다리를 완성합니다.

18 다리를 직각으로 구부려 주세요.

19 다리 3개를 한데 모아서 몸통에 붙여 줍니다.

20 반대편에도 다리를 붙여서 거미를 완성합니다.

달팽이

소요시간 30분 내외
난이도 ★★★☆☆

준비물 클레이, 송곳, 도트봉
클레이 색상
- 베이지색(흰색 9.5 + 갈색* 0.5)
  * 갈색(노 : 빨 : 검 = 7 : 2.5 : 0.5)
- 연베이지색(흰색 9.9 + 갈색* 0.1)
- 분홍색(흰색 8.5 + 빨간색 1.5)
- 검은색
- 파스텔색(11p)

1 베이지색 원형을 준비해요.

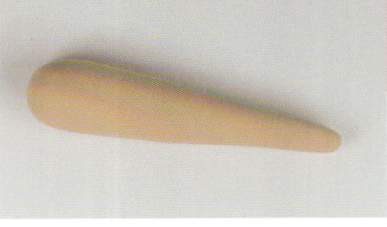

2 원형을 손바닥으로 밀어 긴 물방울 모양을 만들어요.

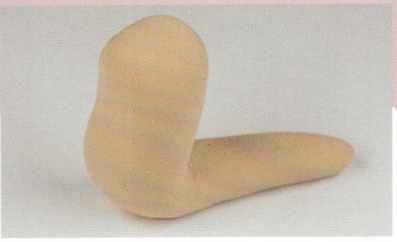

3 직각으로 구부린 후, 위쪽을 매만져 편평하게 만들어요.

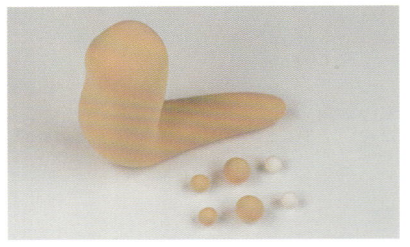

4 베이지색과 연베이지색으로 서로 다른 크기의 원형을 3쌍을 준비해요.

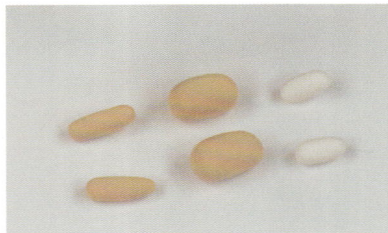

5 원형을 손가락으로 밀어 타원형으로 만들어요.

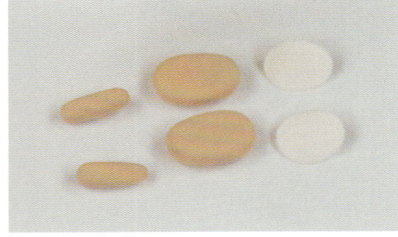

6 베이지색 작은 타원형은 그대로 두고 나머지 4개를 납작하게 눌러요.

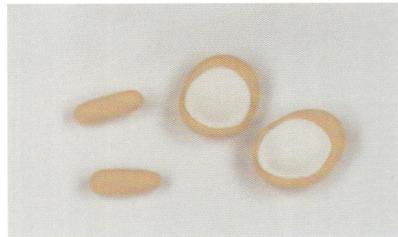

7 베이지색 납작한 타원형 위에 흰색 타원형을 붙여 눈을 만들어요.

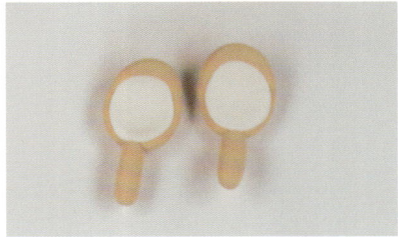

8 눈 아래로 베이지색 타원형을 붙여 줍니다.

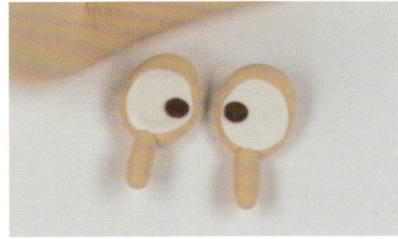

9 검은색 작은 원형을 눈에 붙여 눈동자를 만들어요.

10 직각 위쪽에 도트봉으로 홈을 내고 그 안에 눈을 넣어 붙여 주세요.

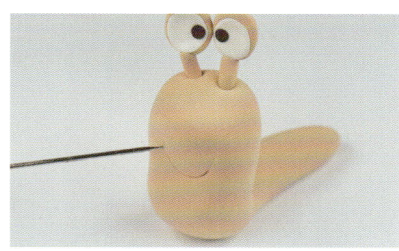

11 입이 붙을 자리를 송곳으로 미리 스케치합니다.

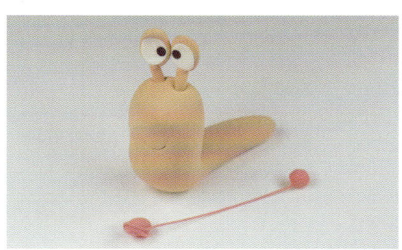

12 분홍색 클레이를 쭉 늘려 긴 줄을 만들어요.

13 긴 줄을 스케치한 부분에 붙여서 입을 표현해요.

14 파스텔색과 연베이지색을 준비해요.

15 한 덩어리로 모아요.

16 하프 믹스 기법(10p)으로 색을 섞어서 원형을 준비해요.

17 원형을 아주 긴 물방울 모양으로 만들어요.

18 긴 물방울을 뾰족한 부분에서부터 돌돌 말아서 집을 만들어요.

19 달팽이 몸에 집을 얹으면 완성됩니다.

개구리

소요시간 30분 내외
난이도 ★★★☆☆

준비물 클레이, 가위, 도트봉, 송곳

클레이 색상
- 연두색(노란색 9 + 파란색 1)
- 흰색
- 빨간색
- 검은색
- 분홍색(흰색 8.5 + 빨간색 1.5)

1 연두색 타원형으로 얼굴을 준비해요.

2 연두색과 흰색으로 크기가 다른 원형을 2개씩 만들어요.

3 원형을 타원형으로 만든 다음 납작하게 눌러 줍니다.

4 연두색 위에 흰색을 붙여 주세요.

5 타원형 아랫부분을 가위로 잘라서 눈을 만들어요.

6 검은색 작은 원형을 붙인 다음 얼굴 위에 붙여 줍니다.

7 도트봉으로 눌러 콧구멍을 만들어요.

8 불가사리(166p) 11~13번처럼 분홍색 볼터치를 만들어요.

9 불가사리(166p) 14~16번처럼 빨간색 입을 표현합니다.

10 연두색과 흰색 원형을 서로 다른 크기로 준비해요.

11 원형을 긴 물방울 모양으로 만들어요.

12 흰색 물방울을 납작하게 눌러 줍니다.

13 연두색 위에 흰색을 붙인 다음 뾰족한 부분을 가위로 잘라요.

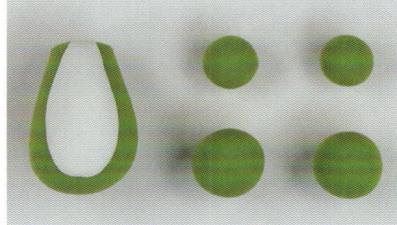

14 연두색 원형을 서로 다른 크기로 2쌍 준비해요.

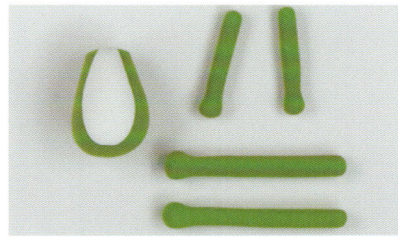

15 원형을 긴 마이크 모양으로 만들어요.

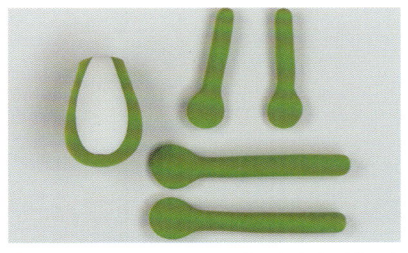

16 마이크의 둥근 부분을 납작하게 눌러서 팔다리를 만들어요.

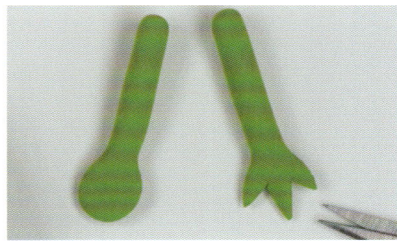

17 둥근 부분을 가위로 오려 손가락, 발가락을 표현합니다.

18 긴 다리 한 쌍을 구부려 주세요.

19 개구리 몸통 양쪽에 다리를 붙여 주세요.

20 몸통 윗부분에 팔을 붙여 줍니다.

21 몸통과 얼굴을 이어 붙여 개구리를 완성합니다.

나비

소요시간 30분 내외
난이도 ★★☆☆☆

준비물 클레이, 칼 도구, 도트봉, 송곳, 가위

클레이 색상
- 🔴 진분홍색(흰색 7 + 빨간색 3)
- 🟡 레몬색(노란색 6 + 흰색 4)
- 🟠 분홍색(흰색 8.5 + 빨간색 1.5)
- ⚪ 흰색
- 🔵 하늘색(흰색 9 + 파란색 1)
- 🔷 밝은 파란색(흰색 7 + 파란색 2.5 + 노란색 0.5)
- 🌈 무지개색(11p)

1 레몬색 원형을 납작하게 눌러서 머리를 준비해요.

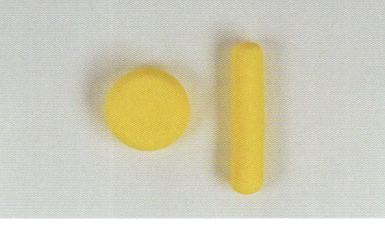

2 레몬색 원형을 또 하나 준비하여 긴 줄로 만들어요.

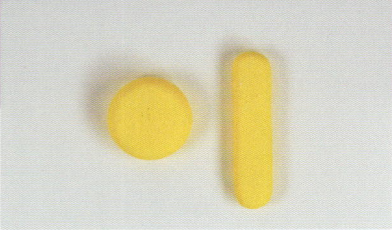

3 긴 줄을 납작하게 눌러서 몸통을 준비합니다.

4 몸통 부분을 칼 도구로 눌러서 무늬를 표현해요.

5 머리와 몸통을 붙여 주세요.

6 무당벌레(118p) 10~14번과 같은 방법으로 흰색, 하늘색으로 눈을 표현합니다.

7 분홍색 원형을 2개 준비해요.

8 원형을 납작하게 눌러 주세요.

9 나비 눈 아래 붙여서 볼터치를 표현합니다.

10 입이 붙을 자리를 송곳으로 미리 스케치 합니다.

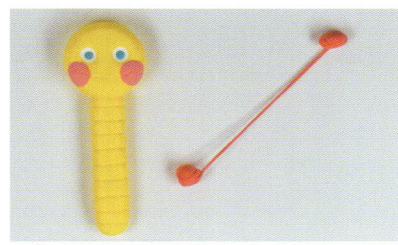
11 진분홍색 클레이를 쭉 늘려 긴 줄을 만들어요.

12 긴 줄을 스케치한 부분에 붙여서 입을 표현해요.

13 분홍색과 레몬색으로 크기가 다른 원형을 2개씩 준비해요.

14 레몬색 원형을 손가락으로 밀어 줄을 만들어요.

15 분홍색 원형과 레몬색 줄을 붙여서 더듬이를 완성해요.

16 도트봉으로 머리에 홈을 내고 그 안에 더듬이를 붙여 줍니다.

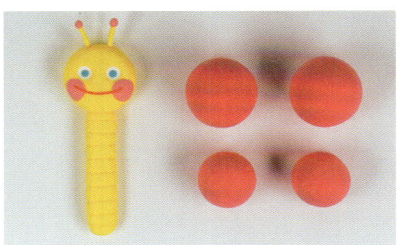
17 진분홍색으로 크기가 다른 원형을 2쌍 준비해요.

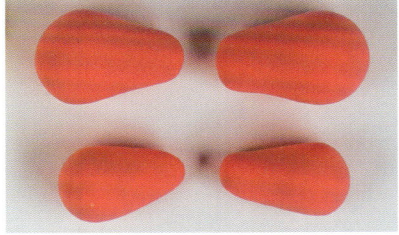
18 원형을 물방울 모양으로 빚어 줍니다.

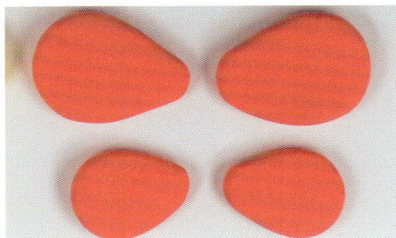
19 물방울을 납작하게 눌러서 날개를 만들어요.

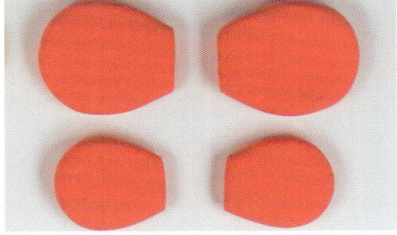
20 날개 안쪽을 나비 몸에 붙이기 쉽도록 가위로 편평하게 잘라 주세요.

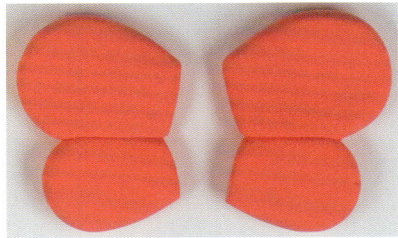
21 날개를 위아래로 이어 붙여요.

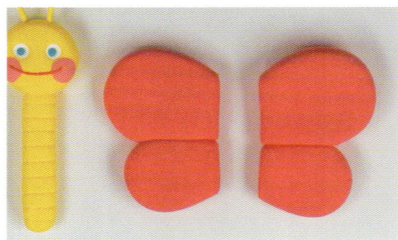

22 날개 안쪽을 한 번 더 가위로 잘라요.

23 나비 몸통에 날개를 붙여 주세요.

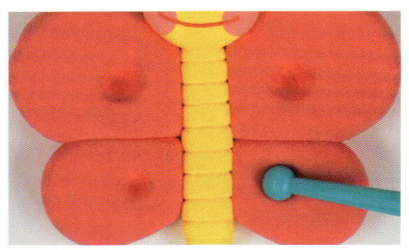

24 도트봉으로 날개 가운데를 눌러 홈을 4개 만들어요.

25 흰색 원형을 날개 홈에 들어갈 크기로 4개 준비해요.

26 홈 안에 붙여서 날개 무늬를 표현합니다.

27 날개를 꾸밀 무지개색 원형을 6쌍 준비해요.

28 양쪽 날개 끝에 붙여서 꾸며 줍니다.

29 노란색 원형을 4개 준비해요.

30 흰색 무늬 안에 노란색 원형을 붙여 줍니다.

31 밝은 파란색 원형을 한 번 더 붙여서 나비를 완성합니다.

Part 7
형형색색 화려한 꽃 세상 속으로

튤립

소요시간 20분 내외
난이도 ★★☆☆☆

준비물 클레이, 칼 도구
클레이 색상 ● 빨간색
● 초록색(노란색 6 + 파란색 4)

1 빨간색 원형 5개를 준비해요.

2 원형을 긴 물방울 모양으로 만들어요.

3 물방울을 납작하게 눌러 꽃잎 모양으로 만들어 주세요.

4 빨간색 원형을 또 하나 준비해요.

5 원형을 물방울 모양으로 만들어 심재를 준비합니다.

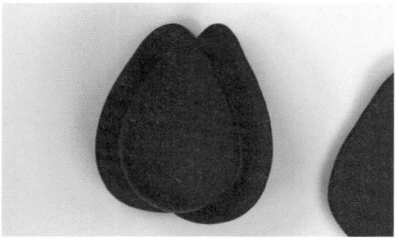

6 심재 뒷면에 꽃잎 2장을 살짝 겹쳐서 붙여 주세요.

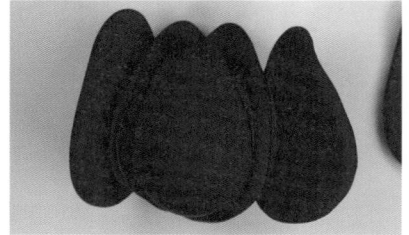

7 붙여 둔 꽃잎 양쪽에 꽃잎을 1장씩 살짝 겹쳐서 붙여 주세요.

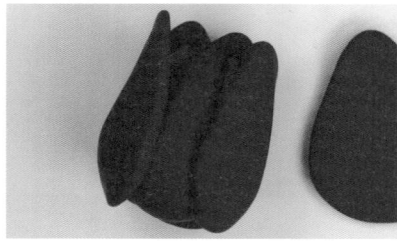

8 방금 붙인 꽃잎을 오므려 심재에 붙여 줍니다.

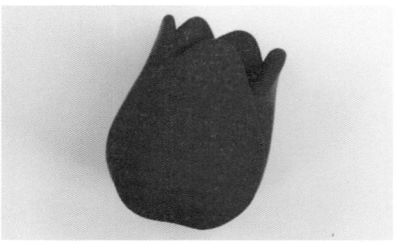

9 마지막 꽃잎을 맨 위에 붙여 꽃을 완성해요.

10 초록색 원형을 서로 다른 크기로 3개 준비해요.

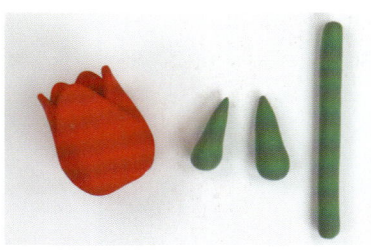

11 큰 원형은 긴 줄로 만들고 나머지는 물방울 모양으로 만들어요.

12 물방울을 납작하게 눌러서 잎을 만들어요.

13 잎을 칼 도구로 그어 잎맥을 표현합니다.

14 꽃 아래 긴 줄을 붙여서 줄기를 만들어요.

15 줄기 한쪽에 잎 1장을 감싸듯 붙여 주세요.

16 반대쪽에 나머지 잎을 감싸듯 붙여 완성합니다.

국화

소요시간 45분 내외
난이도 ★★★★☆

준비물 클레이, 칼 도구, 빨대

클레이 색상
- 우유색 (흰색 9.9 + 노란색 0.1)
- 초록색 (노란색 6 + 파란색 4)
- 연한 노란색 (흰색 9.4 + 노란색 0.5 + 빨간색 0.1)

1 연한 노란색과 초록색 원형을 서로 다른 크기로 준비해요.

2 그라데이션 기법(10p)으로 섞어서 원형을 만들어요.

3 원형을 납작하게 눌러 수술을 만들어요.

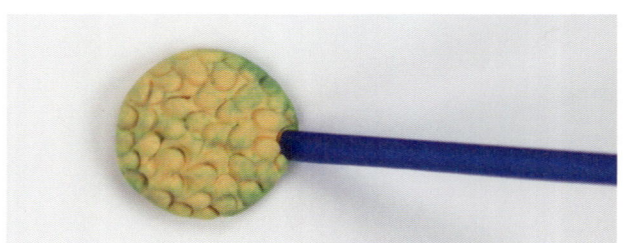

4 작은 빨대를 사용해 수술 하나하나를 표현해요.

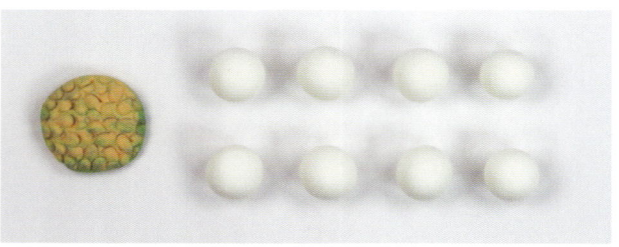

5 우유색 원형을 8개 준비해요.

6 원형을 양쪽 물방울 모양으로 만들어요.

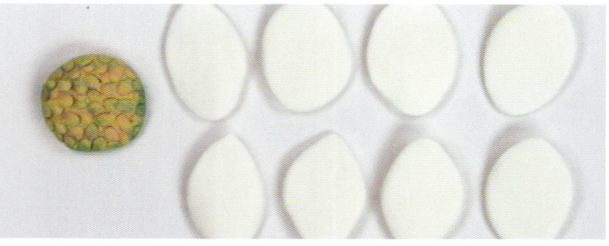

7 양쪽 물방울을 납작하게 눌러 꽃잎을 만들어요.

8 꽃잎 한쪽 끝을 오므려 붙여 주세요.

9 수술에 꽃잎 4개를 열십자로 붙여 주세요.

10 먼저 붙인 꽃잎 사이에 나머지 꽃잎을 붙여요.

11 꽃잎을 8개 더 준비합니다.

12 먼저 붙인 꽃잎 아래로 8개의 꽃잎을 사이사이에 붙여 주세요.

13 초록색 원형을 서로 다른 크기로 2개 준비해요.

14 원형을 긴 물방울 모양으로 만들어요.

15 물방울을 납작하게 눌러서 잎을 만들어요.

16 칼 도구로 잎의 가장자리를 눌러서 올록볼록하게 만들어요.

17 칼 도구로 눌러서 잎맥을 표현합니다.

18 국화꽃 뒷면에 큰 잎을 붙여 주세요.

19 큰 잎 옆에 작은 잎을 붙여 국화를 완성합니다.

해바라기

소요시간 1시간 내외
난이도 ★★★★☆

준비물 클레이, 빨대, 도트봉, 붓, 파스텔

클레이 색상
- 연주황색(노란색 9.5 + 빨간색 0.5)
- 황토색(흰색 9 + 갈색* 1)
  * 갈색(노 : 빨 : 검 = 7 : 2.5 : 0.5)
- 카키색(노란색 9 + 검은색 1)

1 카키색과 황토색 원형을 서로 다른 크기로 준비해요.

2 그라데이션 기법(10p)으로 섞어서 원형을 만들어요.

3 원형을 손가락으로 빚어서 납작한 반구 모양의 수술을 만들어요.

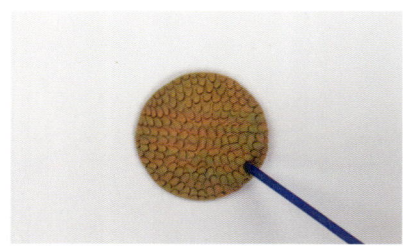

4 작은 빨대를 사용해 수술 하나하나를 표현해요.

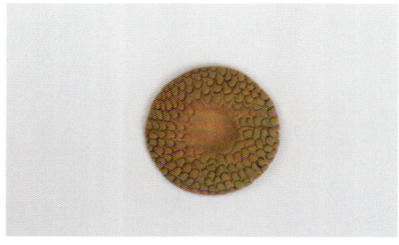

5 수술 가운데를 도트봉으로 눌러 움푹 들어가게 합니다.

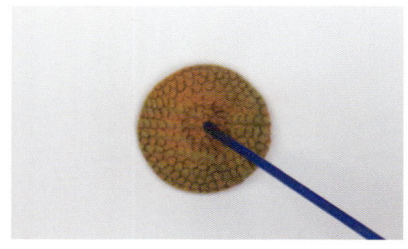

6 홈 안쪽도 빨대로 다시 자국을 냅니다.

7 연주황색 원형을 16개 준비해요.

8 원형을 긴 양쪽 물방울 모양으로 만들어요.

9 양쪽 물방울을 납작하게 눌러 꽃잎을 만들어 줍니다.

10 꽃잎 한쪽 끝을 오므려 붙여 주세요.

11 해바라기 수술에 열십자로 꽃잎을 4개 붙여 주세요.

12 열십자로 붙인 가운데에 꽃잎을 하나씩 붙여 줍니다.

13 나머지 꽃잎을 사이사이에 붙여 주세요.

14 꽃잎을 16개 더 준비합니다.

15 먼저 붙인 꽃잎 아래로 16개의 꽃잎을 사이사이에 붙여 주세요.

16 붓에 갈색 파스텔을 묻혀서 수술 가운데와 가장자리를 칠해요.

17 해바라기가 완성되었습니다.

무궁화

소요시간 30분 내외
난이도 ★★★☆☆

준비물 클레이, 도트봉, 칼 도구, 솔 도구 또는 칫솔

클레이 색상
- 분홍색 (흰색 8.5 + 빨간색 1.5)
- 연두색 (노란색 9 + 파란색 1)
- 연노란색 (흰색 9 + 노란색 1)
- 선홍색 (빨간색 7 + 흰색 3)

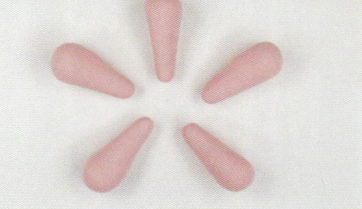

1 분홍색 물방울 모양을 5개 준비해요.

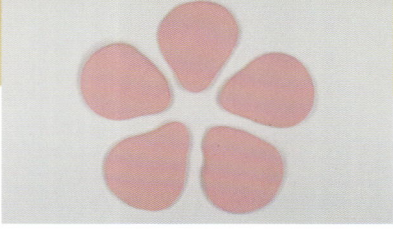

2 물방울을 납작하게 눌러서 꽃잎을 만들어요.

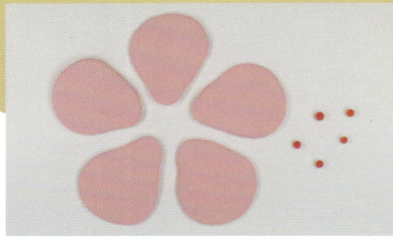

3 선홍색 원형을 5개 준비해요.

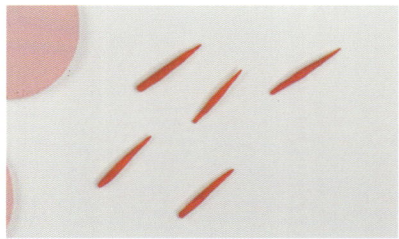

4 원형을 긴 물방울 모양으로 만들어요.

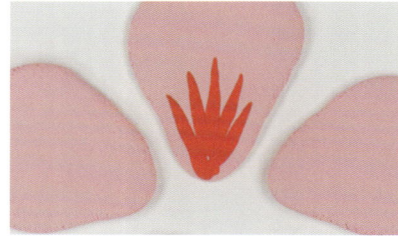

5 꽃잎의 뾰족한 부분에 모아 붙여서 무늬를 만들어요.

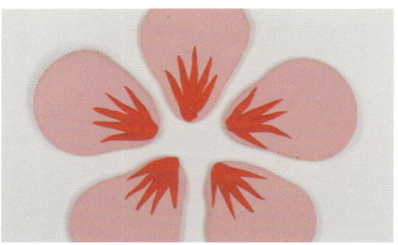

6 같은 방법으로 나머지 꽃잎을 꾸며 주세요.

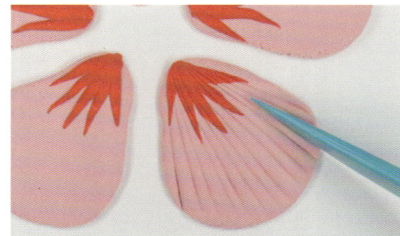

7 꽃잎 위를 칼 도구로 자국 내어 표면의 질감을 표현합니다.

8 꽃잎의 동그란 부분을 칼 도구로 눌러서 물결 모양으로 만들어요.

9 꽃잎의 뾰족한 부분을 빙 둘러서 살짝 겹치게 붙입니다.

10 꽃 가운데를 도트봉으로 눌러 홈을 만들어요.

11 연노란색 긴 물방울 모양을 준비해요.

12 물방울을 솔 도구나 칫솔로 눌러 수술의 거친 질감을 표현합니다.

13 꽃의 홈 안에 수술을 붙여 주세요.

14 연두색 물방울 모양을 2개 준비해요.

15 물방울을 납작하게 눌러 줍니다.

16 칼 도구로 눌러서 잎맥을 표현해 주세요.

17 잎을 꽃의 뒷부분에 붙여 완성합니다.

코스모스

소요시간 30분 내외
난이도 ★★★☆☆

준비물 클레이, 빨대, 칼 도구

클레이 색상
- 분홍색(흰색 8.5 + 빨간색 1.5)
- 연두색(노란색 9 + 파란색 1)
- 진노란색(노란색 9.8 + 빨간색 0.2)

1 진노란색 원형을 준비해요.

2 원형을 손가락으로 빚어서 한 면이 편평한 반구 모양으로 만들어요.

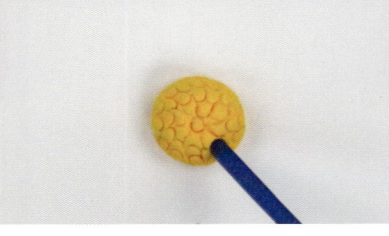

3 반구의 동그란 부분을 작은 빨대로 찍어 수술 하나하나를 표현해요.

4 분홍색 원형을 8개 준비해요.

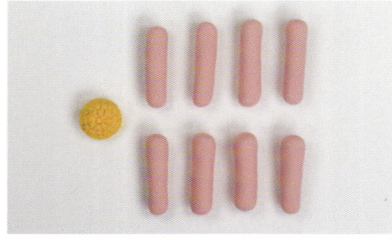

5 원형을 손가락으로 밀어 긴 타원형으로 만들어요.

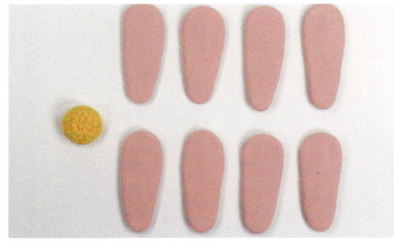

6 타원형을 납작하게 눌러 주세요.

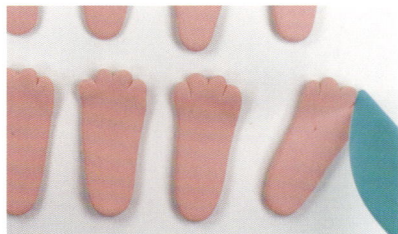

7 타원형 윗부분을 칼 도구로 눌러 물결 모양을 만들어요.

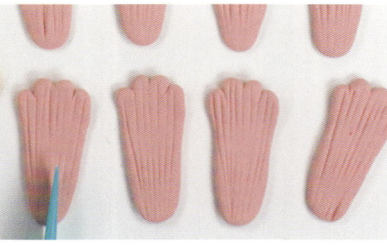

8 꽃잎에 칼 도구로 자국 내어 꽃잎을 완성합니다.

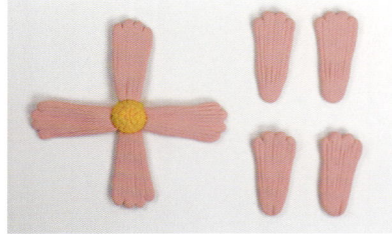

9 코스모스 수술에 열십자로 꽃잎을 4개 붙여 주세요.

10 먼저 붙인 꽃잎 사이에 나머지 꽃잎을 붙여요.

11 연두색으로 서로 다른 크기의 원형을 5개 준비해요.

12 원형을 긴 물방울 모양으로 만들어요.

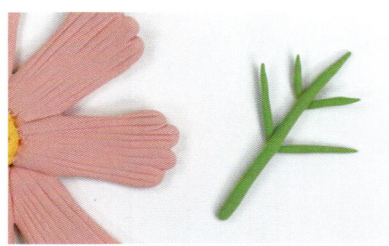

13 제일 긴 물방울에 작은 물방울을 양쪽으로 붙이면 잎이 만들어져요.

14 같은 방법으로 조금 더 큰 잎을 만들어 주세요.

15 코스모스 뒷면에 큰 잎을 붙여 주세요.

16 작은 잎을 그 옆에 붙여 코스모스를 완성합니다.

포인세티아

소요시간 45분 내외
난이도 ★★★★☆

준비물 클레이, 칼 도구, 붓, 파스텔

클레이 색상
- 🔴 빨간색
- 🟢 진초록색(초록색* 9.5 + 검은색 0.5)
  * 초록색(노 : 파 = 6 : 4)
- 🟢 연두색(노란색 9 + 파란색 1)

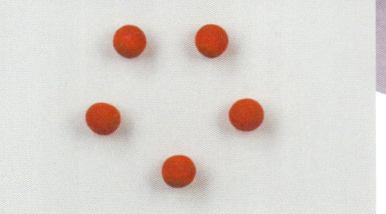

1 빨간색 원형을 5개 준비해요.

2 원형을 양쪽 물방울 모양으로 만들어요.

3 양쪽 물방울을 납작하게 눌러 꽃잎을 만들어요.

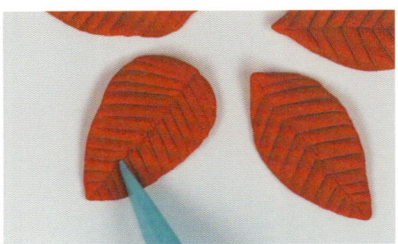

4 꽃잎에 칼 도구로 자국 내어 무늬를 만들어요.

5 꽃잎 양쪽 끝을 오므려 붙여서 꽃잎을 완성합니다.

6 연두색 원형을 준비해요.

7 원형을 납작하게 눌러서 심재를 만들어요.

8 심재 위에 꽃잎의 한쪽 끝을 붙여 줍니다.

9 나머지 꽃잎도 붙여 주세요.

10 연두색 원형을 서로 다른 크기로 준비해요.

11 심재 위에 붙여서 수술을 표현합니다.

12 꽃잎 5개를 이전보다 좀 더 크게 만들어요.

13 먼저 붙인 꽃잎 아래로 사이사이에 붙여 주세요.

14 꽃잎과 같은 방법으로 진초록색 잎을 5개 준비해요.

15 꽃잎 아래로 잎을 사이사이에 붙여 주세요.

16 붓에 붉은 계열의 파스텔을 묻혀서 수술 위에 칠해요.

17 예쁜 포인세티아가 완성되었어요.

153

선인장

소요시간 1시간 내외
난이도 ★★★★☆

준비물 클레이, 칼 도구, 송곳, 밀대, 가위, 피자커터 또는 가위

클레이 색상
- 황토색(흰색 9 + 갈색* 1)
  * 갈색(노 : 빨 : 검 = 7 : 2.5 : 0.5)
- 밝은 초록색(노란색 8.5 + 파란색 1.5)
- 고동색(노란색 5 + 빨간색 3 + 검은색 2)
- 빨간색   흰색
- 진한 백옥색(흰색 9.5 + 노란색 0.3 + 파란색 0.2)

1 황토색 원기둥을 준비해요.

2 황토색 원형을 밀대로 길게 밀어요.

3 납작하게 누르고 피자커터나 가위로 잘라서 긴 직사각형을 만들어요.

4 원기둥보다 위로 올라오게 둘러 붙여서 화분을 완성합니다.

5 밝은 초록색 원형을 끝이 동그란 물방울 모양으로 만들어요.

6 물방울 위를 칼 도구로 자국 내 선인장 무늬를 표현해요.

7 선인장을 화분에 붙여 주세요.

8 밝은 초록색 긴 타원형을 2개 준비해요.

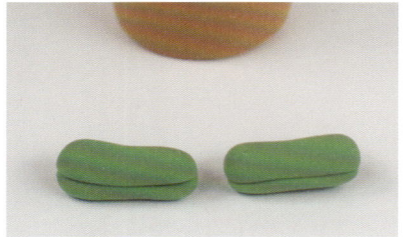

9 타원형 위를 칼 도구로 자국 내 주세요.

10 타원형을 구부려 양쪽에 붙여 주세요.

11 진한 백옥색으로 작은 원형을 여러 개 준비해요.

12 원형을 끝이 아주 뾰족한 물방울 모양의 가시로 만들어요.

13 가시의 동그란 부분을 송곳으로 찍어서 선인장에 꽂아 줍니다.

14 마찬가지로 선인장 여기저기에 가시를 붙여 주세요.

15 흰색과 빨간색 원형을 서로 다른 크기로 준비해요.

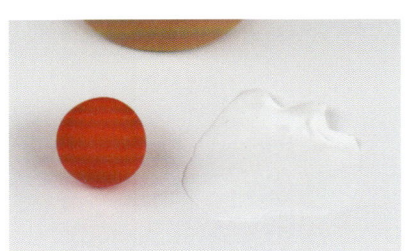
16 흰색 원형을 밀대로 아주 얇게 밀어요.

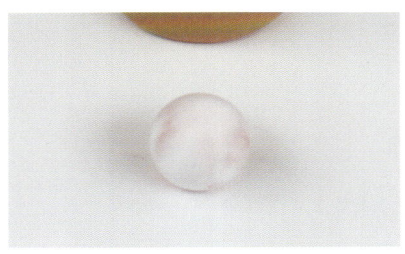
17 흰색 위에 빨간색 원형을 넣고 감싸 주세요.

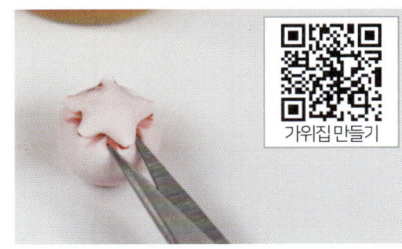
18 윗부분을 돌아가며 가위집을 만들어요.

19 아랫부분까지 가위집을 낸 다음 선인장 위에 붙여서 꽃을 표현합니다.

20 고동색으로 작은 원형을 여러 개 준비해요.

21 화분 안에 넣어서 선인장을 완성합니다.

155

카네이션

소요시간 1시간 내외
난이도 ★★★★☆

준비물 클레이, 밀대, 피자커터 또는 가위, 빗, 칼 도구, 가위

클레이 색상
● 빨간색
● 초록색(노란색 6 + 파란색 4)
○ 흰색

1 빨간색 원형을 준비해요.

2 원형을 긴 줄로 만들어요.

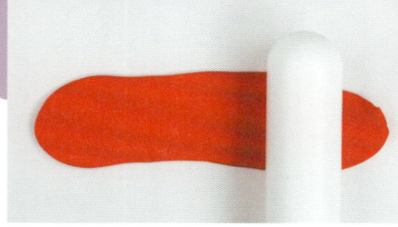

3 긴 줄을 밀대를 사용해 얇게 밀어요.

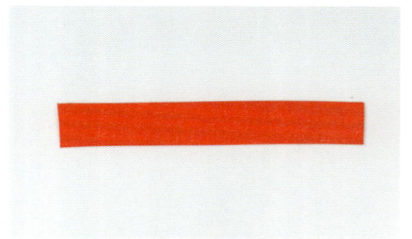

4 피자커터나 가위를 이용해 긴 직사각형 모양으로 잘라 주세요.

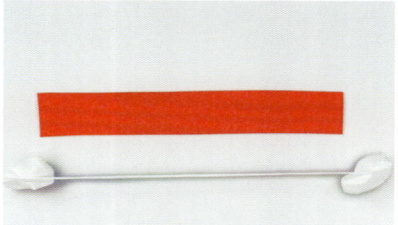

5 흰색 클레이를 손으로 쭉 늘려 긴 줄을 만들어요.

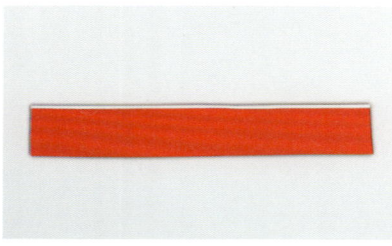

6 직사각형 위에 긴 줄을 붙여요.

7 촘촘한 빗에 오일을 바른 다음 6을 올리고, 꾹 눌러서 자국을 만들어요.

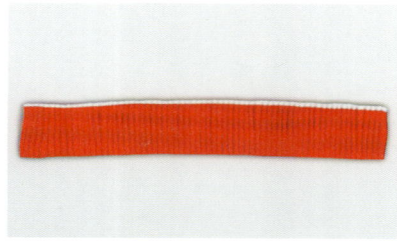

8 빗에서 조심스레 떼어 냅니다.

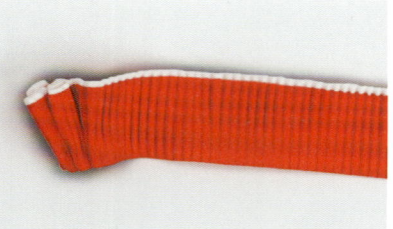

9 프릴이 만들어진 클레이를 한쪽 끝에서부터 주름 잡아 주세요.

10 끝까지 주름 잡은 다음 오므려요.

11 아래쪽을 엄지와 검지로 꼬집듯 매만져서 좀 더 뾰족하게 다듬어요.

12 같은 방법으로 꽃잎을 여러 개 만들어요.

13 꽃잎을 뾰족한 부분끼리 이어 붙여요.

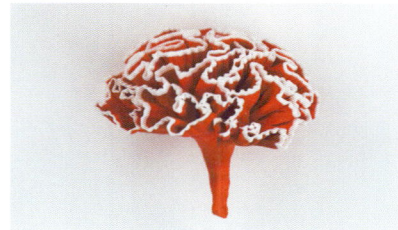

14 모든 꽃잎을 모아 붙인 다음 끝을 뾰족하게 만들어요.

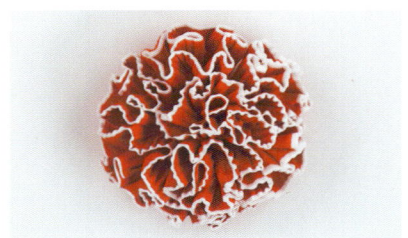

15 뾰족한 끝을 가위로 잘라 편평하게 만들어요.

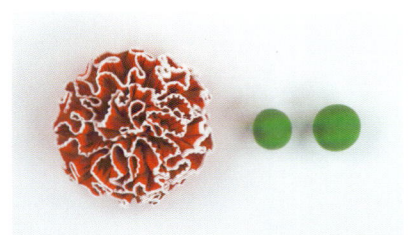

16 초록색으로 서로 다른 크기의 원형을 2개 준비해요.

17 원형을 긴 물방울 모양으로 만들어요.

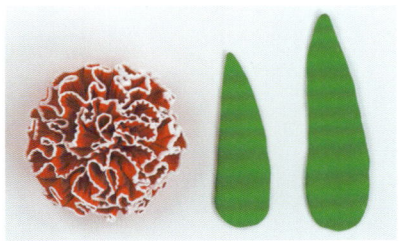

18 물방울을 납작하게 눌러 잎을 만들어요.

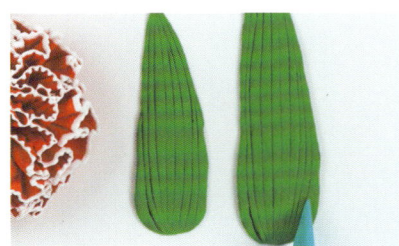

19 잎을 칼 도구로 그어 잎맥을 표현합니다.

20 카네이션 꽃잎 뒤에 작은 잎을 붙여 주세요.

21 큰 잎을 마저 붙여 완성합니다. 브로치를 붙이면 어버이날 선물로 좋아요.

157

장미

소요시간 45분 내외
난이도 ★★★★☆

준비물 클레이, 칼 도구

클레이 색상
- 🔴 진분홍색 (흰색 7 + 빨간색 3)
- 🟢 진한 파스텔 연두색 (흰색 7 + 연두색* 3)
  * 연두색 (노 : 파 = 9 : 1)

1 진분홍색 원형을 준비해요.

2 원형을 물방울 모양의 심재로 만들어요.

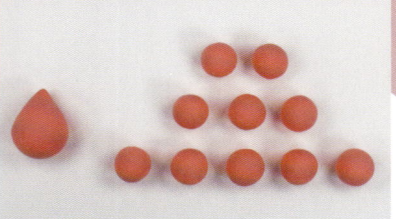

3 진 분홍색 원형을 다시 10개 준비해요.

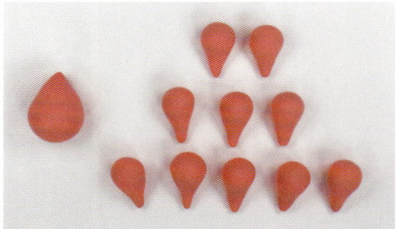

4 원형을 물방울 모양으로 만들어요.

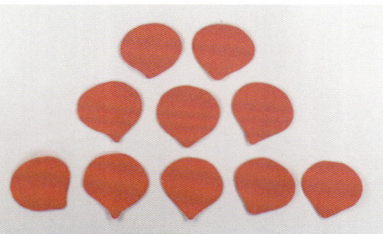

5 물방울 모양을 동그란 부분이 넓어지도록 납작하게 눌러 주세요.

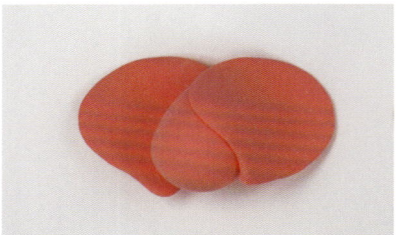

6 심재에 꽃잎 2장을 위와 같이 걸쳐서 붙여 주세요.

7 꽃잎을 오른쪽으로 돌려서 끝을 붙여요.

8 꽃잎 3장을 위와 같이 붙여 줍니다.

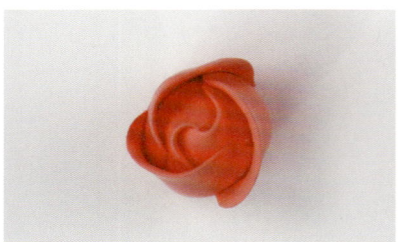

9 이번에는 꽃잎을 왼쪽으로 돌려서 끝을 붙여요.

10 남은 꽃잎 5장을 위와 같이 붙여 주세요.

11 꽃잎을 오른쪽으로 돌려서 끝을 살짝만 붙여요.

12 꽃잎 윗부분을 바깥으로 구부려서 입체감 있게 합니다.

13 진한 파스텔 연두색 원형을 서로 다른 크기로 2개 준비해요.

14 원형을 긴 물방울 모양으로 만들어요.

15 물방울을 납작하게 눌러 잎을 만들어요.

16 잎에 칼 도구로 자국 내 잎맥을 표현합니다.

17 잎의 한쪽 끝을 오므려 붙여 주세요.

18 장미꽃 아래로 작은 잎을 붙여요.

19 큰 잎도 붙여서 장미꽃을 완성합니다.

개나리

소요시간 30분 내외
난이도 ★★☆☆☆

준비물 클레이, 도트봉, 칼 도구
클레이 색상
● 연두색(노란색 9 + 파란색 1)
● 노란색
● 고동색(노란색 5 + 빨간색 3 + 검은색 2)

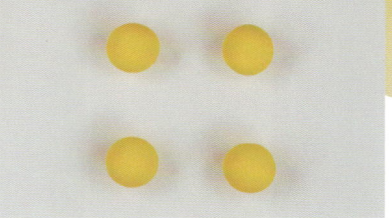

1 노란색 원형을 같은 크기로 4개 준비해요.

2 원형을 양쪽 물방울 모양으로 만들어요.

3 양쪽 물방울을 납작하게 눌러서 꽃잎을 만들어요.

4 꽃잎 끝을 모아 붙여요.

5 가운데를 도트봉으로 눌러 홈을 만들어요.

6 노란색 원형을 준비해요.

7 홈 안에 넣어서 수술을 표현합니다.

8 같은 방법으로 개나리꽃을 몇 개 더 만들어요.

9 연두색 물방울 모양을 준비해요.

10 물방울을 납작하게 눌러서 입을 만들어요.

11 잎에 칼 도구로 자국을 만들어 잎맥을 표현합니다.

12 같은 방법으로 잎을 여러 개 만들어요.

13 고동색 원형을 서로 다른 크기로 준비해요.

14 원형을 아주 긴 물방울 모양으로 만들어요.

15 물방울을 이어 붙여 가지를 표현합니다.

16 가지 위에 개나리꽃을 붙여 줍니다.

17 가지의 곳곳에 잎을 붙여서 완성합니다.

벚꽃

소요시간 45분 내외
난이도 ★★★☆☆

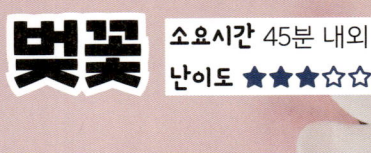

준비물 클레이, 칼 도구, 붓, 파스텔
클레이 색상
● 흑갈색(노란색 3.5 + 빨간색 3.5 + 검은색 3)
○ 흰분홍색(흰색 9.9 + 빨간색 0.1)
● 연두색(노란색 9 + 파란색 1)
● 진노란색(노란색 9.8 + 빨간색 0.2)

1 흰분홍색 원형을 5개 준비해요.

2 원형을 물방울 모양으로 만들어요.

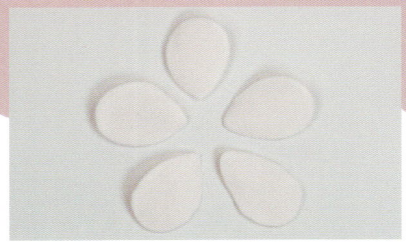

3 물방울을 납작하게 눌러 꽃잎을 만들어요.

4 뾰족한 부분을 모아 붙여 줍니다.

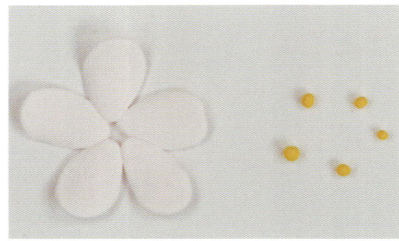

5 진노란색으로 서로 다른 크기의 원형을 여러 개 준비해요.

6 꽃잎 가운데 붙여서 수술을 표현합니다.

7 꽃잎 끝을 살짝 구부려 주세요.

8 같은 방법으로 2송이 더 만들어요.

9 흰분홍색 물방울을 준비해요.

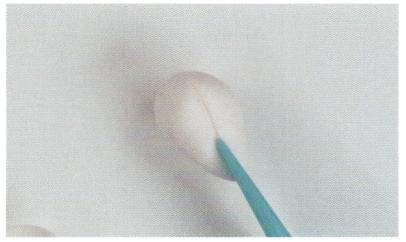
10 물방울 위를 칼 도구로 자국 내 주세요.

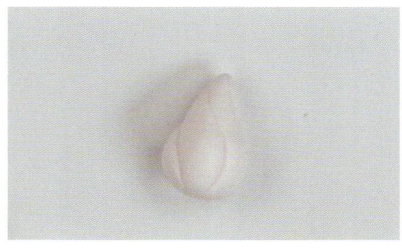
11 물방울의 뾰족한 부분을 잡고 살짝 비틀면 꽃봉오리가 만들어져요.

12 연두색으로 서로 다른 크기의 원형을 6개 준비해요.

13 큰 원형은 긴 줄로 만들고, 나머지는 물방울 모양으로 만들어요.

14 물방울을 납작하게 눌러 주세요.

15 꽃봉오리 아래쪽에 물방울로 꽃받침을 만들고, 그 아래로 긴 줄을 붙여요.

16 흑갈색 원형을 서로 다른 크기로 3개 준비해요.

17 원형을 끝이 뾰족한 줄 모양으로 만들어요.

18 긴 줄에 작은 줄들을 붙이고 구부려서 가지를 표현합니다.

19 가지 위에 벚꽃과 봉오리를 붙여 줍니다.

20 붓에 분홍색 파스텔을 묻혀서 꽃봉오리 끝을 칠해요.

21 예쁜 벚꽃이 완성되었어요.

사과나무

소요시간 20분 내외
난이도 ★★☆☆☆

준비물 클레이, 칼 도구

클레이 색상
- 🟢 연두색(노란색 9 + 파란색 1)
- 🟤 갈색(노란색 7 + 빨간색 2.5 + 검은색 0.5)
- 🔴 빨간색

1 연두색 원형을 준비해요.

2 원형을 납작하게 눌러 주세요.

3 가장자리를 칼 도구로 눌러 올록볼록하게 표현해요.

4 갈색 원형을 서로 다른 크기로 3개 준비해요.

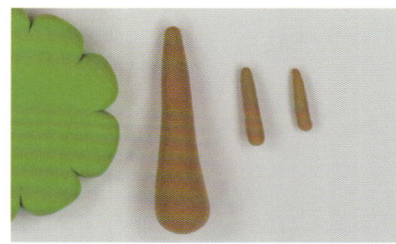

5 원형을 긴 물방울 모양으로 만들어요.

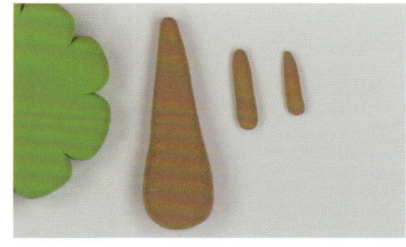

6 물방울을 납작하게 눌러서 기둥과 가지로 만들어요.

7 연두색 위에 기둥을 먼저 붙인 다음 양옆으로 가지를 붙여요.

8 빨간색 원형을 여러 개 준비해요.

9 나무 위에 붙여서 사과나무를 완성합니다.

Part 8
귀욤미 뿜뿜
바다 생물과 함께

불가사리

소요시간 30분 내외
난이도 ★★☆☆☆

준비물 클레이, 칼 도구, 도트봉, 송곳

클레이 색상
- 🔴 선홍색(빨간색 7 + 흰색 3)
- ⚪ 흰색
- 🔴 빨간색
- 🟡 레몬색(노란색 6 + 흰색 4)
- 🩷 분홍색(흰색 8.5 + 빨간색 1.5)
- 🔵 하늘색(흰색 9 + 파란색 1)

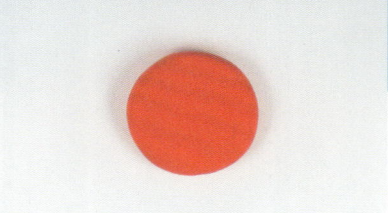

1 선홍색 원형을 납작하게 눌러 주세요.

2 칼 도구로 가장자리 5곳을 간격 맞춰 눌러 주세요.

3 손가락으로 매만져 뾰족한 별 모양을 만들어요.

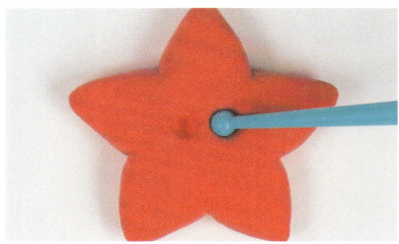

4 도트봉으로 눈이 들어갈 홈을 2개 만들어요.

5 흰색 원형을 2개 준비해요.

6 홈 안에 눈을 넣어 붙여 줍니다.

7 도트봉으로 눈동자가 들어갈 홈을 2개 만들어요.

8 하늘색 원형을 2개 준비해요.

9 홈 안에 눈동자를 넣어 붙여 주세요.

10 눈동자 위에 흰색 작은 원형을 붙여서 반짝임을 표현합니다.

11 분홍색 원형을 2개 준비합니다.

12 원형을 납작하게 눌러 주세요.

13 불가사리 양쪽 볼에 붙여서 볼터치를 표현합니다.

14 입이 붙을 자리를 송곳으로 미리 스케치합니다.

15 빨간색 클레이를 쭉 늘려 긴 줄을 만들어요.

16 긴 줄을 스케치한 부분에 붙여서 입을 표현해요.

17 레몬색으로 서로 다른 크기의 원형 3개를 준비해요.

18 불가사리 다리에 붙여서 무늬를 표현합니다.

19 같은 방법으로 무늬를 붙여서 불가사리를 완성합니다.

성게

소요시간 20분 내외
난이도 ★★☆☆☆

준비물 클레이, 칼 도구, 도트봉, 송곳

클레이 색상 ● 검은색　○ 흰색　● 분홍색(흰색 8.5 + 빨간색 1.5)
　　　　　　● 하늘색(흰색 9 + 파란색 1)　● 진분홍색(흰색 7 + 빨간색 3)

1 검은색 원형을 준비해요.

2 원형을 납작하게 눌러 주세요.

3 가장자리를 칼 도구로 눌러 주세요.

4 손가락으로 꼬집어 뾰족하게 만들어 줍니다.

5 불가사리(166p) 4~9번과 같이 흰색과 하늘색으로 눈을 만들어요.

6 불가사리(166p) 11~13번과 같이 분홍색 볼터치를 만들어요.

7 불가사리(166p) 14~16번과 같이 진분홍색 입을 만들어요.

8 눈동자 위에 흰색 작은 원형을 붙이면 완성됩니다.

소요시간 20분 내외
난이도 ★★☆☆☆
오징어

준비물 클레이, 가위

클레이 색상 ● 황토색(흰색 9 + 갈색* 1)
　　　　　　　　 * 갈색(노 : 빨 : 검 = 7 : 2.5 : 0.5)
　　　　　　　 ● 검은색

1 황토색 물방울을 서로 다른 크기로 2개 준비해요.

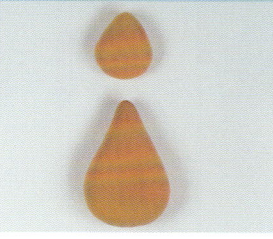

2 물방울을 납작하게 눌러 줍니다.

3 물방울을 매만져 삼각형 모양으로 만들어요.

4 큰 삼각형 끝을 가위로 자르고 위아래로 붙여 주세요.

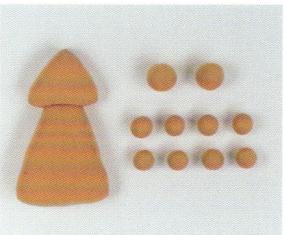

5 황토색 원형을 2개는 크게, 8개는 작게 만들어요.

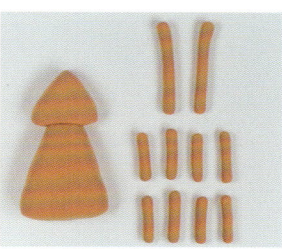

6 원형을 손가락으로 밀어 긴 줄을 만들어요.

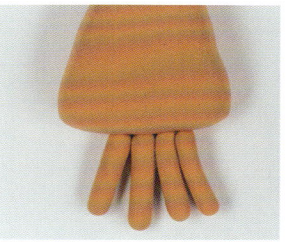

7 몸통 아래로 짧은 다리를 4개 붙여 줍니다.

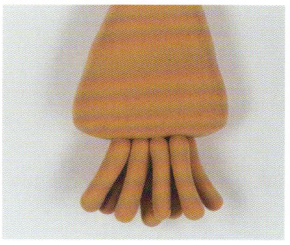

8 먼저 붙인 다리 위에 짧은 다리 4개를 더 붙여 주세요.

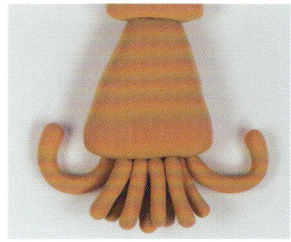

9 긴 다리 2개는 양옆에 살짝 구부려 붙여 주세요.

10 검은색 클레이를 쭉 늘려 긴 줄을 만들어요.

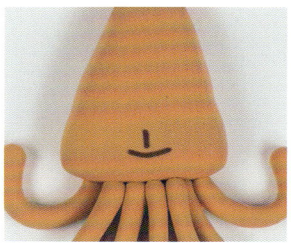

11 긴 줄을 잘라 붙여서 코와 입을 표현합니다.

12 검은색 작은 원형 2개를 만들어 붙여서 완성합니다.

 # 꽃게
소요시간 30분 내외
난이도 ★★★☆☆

준비물 클레이, 칼 도구, 가위, 송곳

클레이 색상
- 🔴 빨간색
- ⚪ 흰색
- 🟠 다홍색(노란색 6 + 빨간색 4)
- 🔵 하늘색(흰색 9 + 파란색 1)
- 🌸 분홍색(흰색 8.5 + 빨간색 1.5)
- 🟧 주황색(노란색 8 + 빨간색 2)

1 빨간색 타원형을 준비해요.

2 타원형을 납작하게 눌러 몸통을 만들어요.

3 다홍색 타원형을 준비합니다.

4 타원형을 아주 납작하게 눌러요.

5 몸통 아래쪽에 붙여서 배딱지를 표현합니다.

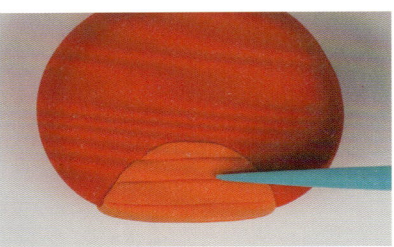

6 배딱지 위를 칼 도구로 눌러서 무늬를 만들어요.

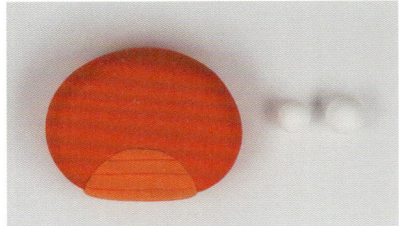

7 흰색 원형을 서로 다른 크기로 준비해요.

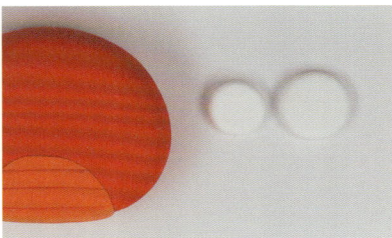

8 원형을 납작하게 눌러서 눈을 만들어요.

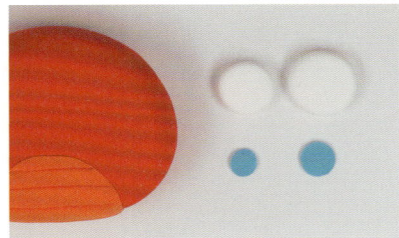

9 하늘색 원형을 납작하게 눌러서 눈동자를 준비합니다.

10 눈 위에 눈동자를 붙여 주세요.

11 몸통에 눈을 붙여요. 이때 몸통을 살짝 벗어나게 합니다.

12 불가사리(166p) 14~16번과 같이 분홍색 입을 만들어요.

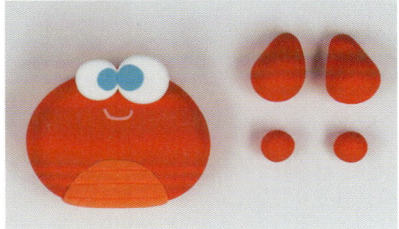

13 빨간색으로 2개는 물방울 모양, 2개는 원형을 준비해요.

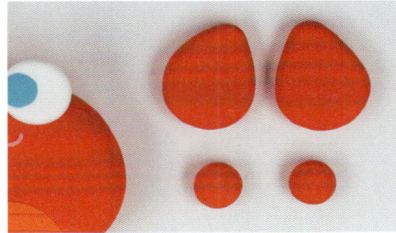

14 물방울을 납작하게 눌러 줍니다.

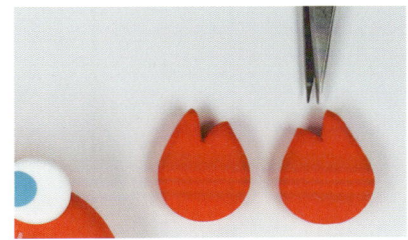

15 물방울의 뾰족한 끝을 가위집 내어 집게를 만들어요.

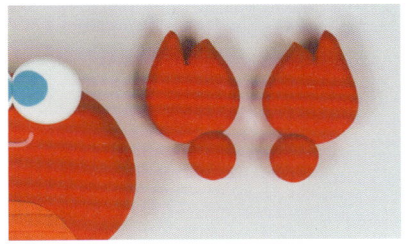

16 집게 아래쪽에 원형을 이어 붙여 집게발을 완성합니다.

17 몸통 양쪽 위로 집게발을 붙여 주세요.

18 빨간색으로 긴 물방울 6개를 준비해요.

19 몸통 양쪽에 다리를 붙여 줍니다.

20 주황색 작은 원형을 집게발과 몸통에 붙여서 꾸며 주세요.

21 눈동자 위에 흰색으로 아주 작은 원형을 붙여서 완성합니다.

복어

소요시간 30분 내외
난이도 ★★★☆☆

준비물 클레이, 도트봉, 칼 도구, 가위
클레이 색상
- 진노란색(노란색 9.8 + 빨간색 0.2)
- 흰색
- 빨간색
- 하늘색(흰색 9 + 파란색 1)

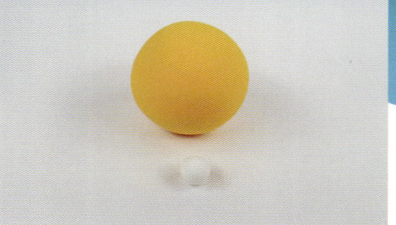

1. 진노란색과 흰색 원형을 서로 다른 크기로 준비해요.

2. 흰색 원형을 납작하게 눌러 주세요.

3. 노란색 아래로 납작하게 누른 흰색을 붙여 줍니다.

4. 불가사리(166p) 4~10번과 같이 눈을 만들어요.

5. 빨간색 원형을 준비해요.

6. 눈 아래 붙여서 입을 만들어요.

7. 입을 도트봉으로 눌러서 놀란 모습을 표현합니다.

8. 진노란색 원형을 물방울 모양으로 만들어요.

9. 물방울을 납작하게 눌러 줍니다.

10 둥근 부분을 칼 도구로 눌러서 꼬리지느러미를 완성합니다.

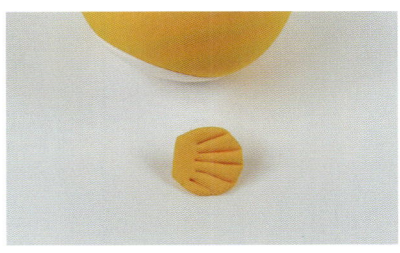

11 꼬리지느러미의 뾰족한 부분을 가위로 잘라 주세요.

12 몸통 뒤편에 꼬리지느러미를 붙여 주세요.

13 하늘색 원형을 서로 다른 크기로 3개 준비해요.

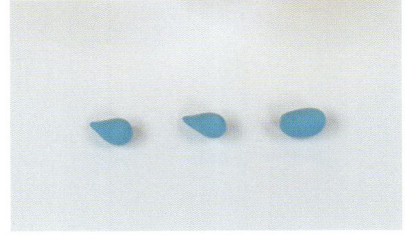

14 큰 원형은 타원형으로 만들고 나머지는 물방울 모양으로 만들어요.

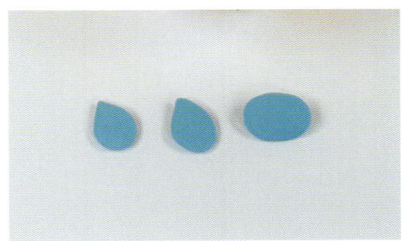

15 납작하게 눌러서 지느러미를 만들어 주세요.

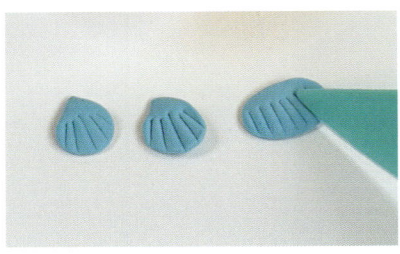

16 칼 도구로 눌러서 지느러미를 표현합니다.

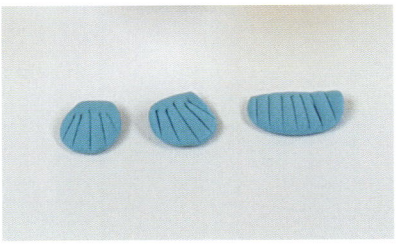

17 지느러미 한쪽 끝을 가위로 잘라 편평하게 만들어요.

18 몸통 양옆과 머리 위에 지느러미를 붙여 주세요.

19 흰색 작은 원형을 여러 개 만들어 돌기를 준비해요.

20 몸통 위에 돌기를 붙여요.

21 복어가 완성되었습니다.

문어

소요시간 30분 내외
난이도 ★★★☆☆

준비물 클레이, 도트봉

클레이 색상
- 분홍색(흰색 8.5 + 빨간색 1.5)
- 흰색
- 진분홍색(흰색 7 + 빨간색 3)
- 하늘색(흰색 9 + 파란색 1)

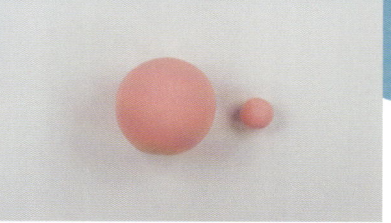

1 분홍색 원형을 서로 다른 크기로 2개 준비해요.

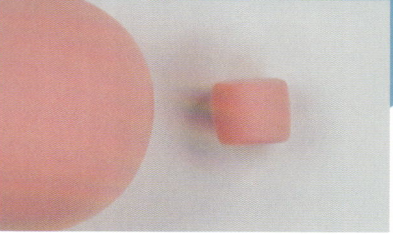

2 작은 원형을 원기둥 모양으로 만들어요.

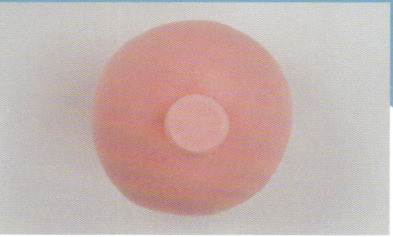

3 원형 앞에 원기둥 모양의 입을 붙여 주세요.

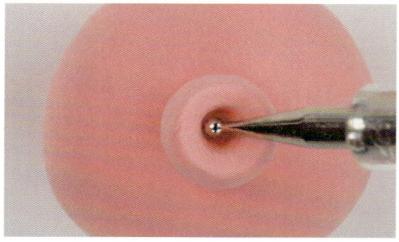

4 입 가운데를 도트봉으로 눌러 오목하게 합니다.

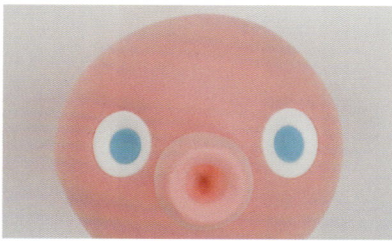

5 불가사리(166p) 4~9번과 같이 흰색과 하늘색으로 눈을 만들어요.

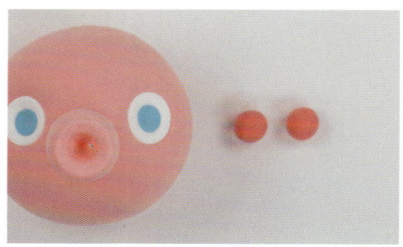

6 진분홍색 원형을 2개 준비합니다.

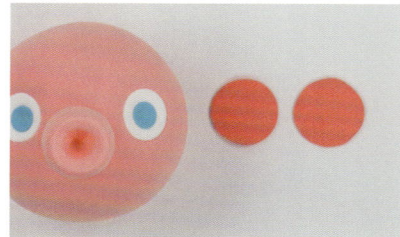

7 원형을 납작하게 눌러 주세요.

8 문어 양쪽 볼에 붙여서 볼터치를 표현합니다.

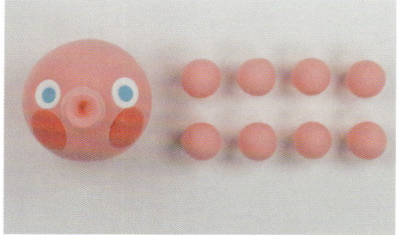

9 분홍색 원형을 8개 준비해요.

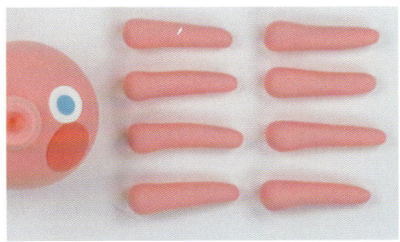

10 원형을 긴 물방울 모양으로 만들어요.

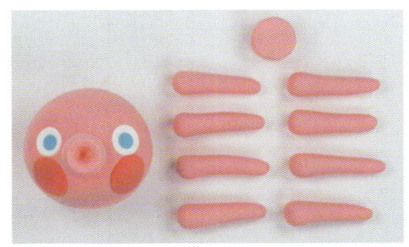

11 분홍색 원형을 납작하게 눌러 지지대를 준비합니다.

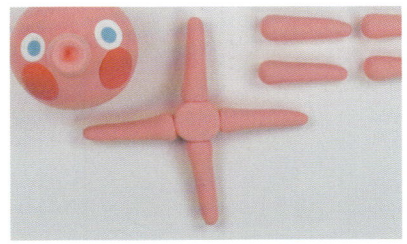

12 지지대에 다리 4개를 열십자로 붙여 주세요.

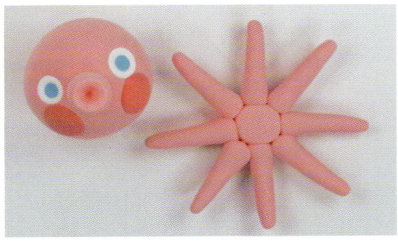

13 먼저 붙인 다리 사이사이에 나머지 다리를 붙여요.

14 완성된 다리 위에 문어 얼굴을 붙여 줍니다.

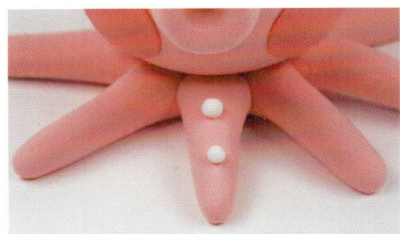

15 흰색 작은 원형을 다리 위에 붙여서 빨판을 표현해요.

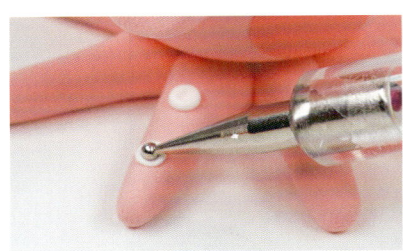

16 빨판 가운데를 도트봉으로 눌러 주세요.

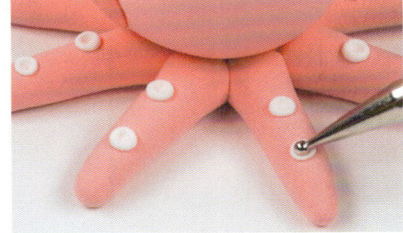

17 같은 방법으로 다리마다 빨판을 만들어요.

18 문어가 완성되었습니다.

고래

소요시간 45분 내외
난이도 ★★★☆☆

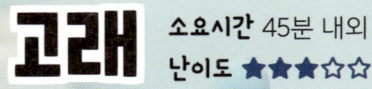

준비물 클레이, 도트봉, 가위
클레이 색상
- 밝은 파란색(흰색 5 + 파란색 5)
- 연하늘색(흰색 9.5 + 파란색 0.5)
- 흰색
- 검은색
- 분홍색(흰색 8.5 + 빨간색 1.5)

1. 밝은 파란색 물방울 모양을 준비해요.

2. 물방울 바닥 부분을 편평하게 한 후, 뾰족한 부분을 위로 구부려 주세요.

3. 밝은 파란색으로 양쪽 물방울 모양을 준비해요.

4. 양쪽 물방울을 납작하게 누르고 구부려서 꼬리 모양으로 만들어요.

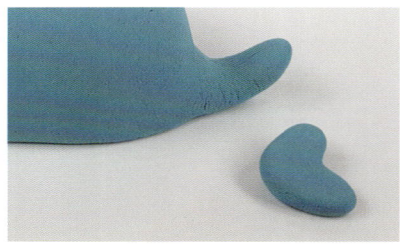

5. 고래 몸통 뒷부분에 꼬리를 붙여요.

6. 흰색 타원형을 준비해요.

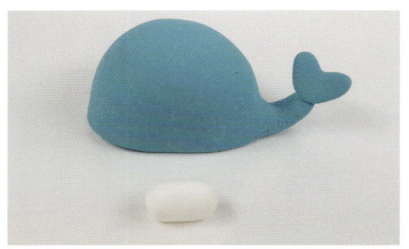

7. 타원형을 납작하게 눌러 배를 만들어요.

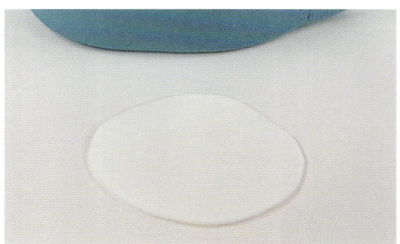

8. 연하늘색 클레이를 쭉 늘려 긴 줄을 만들어요.

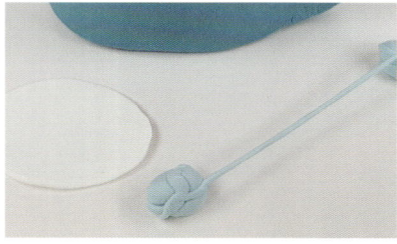

9. 배 위에 긴 줄을 붙여 무늬를 표현해요.

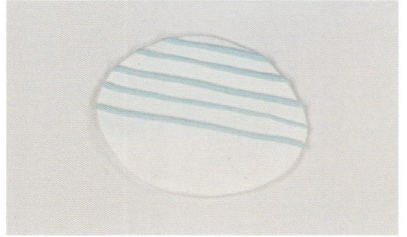

10 고래 몸통 아래쪽에 배를 붙여 주세요.

11 불가사리(166p) 4~10번과 같이 흰색과 검은색으로 눈을 만들어요.

12 불가사리(166p) 11~13번과 같이 분홍색 볼터치를 만들어요.

13 밝은 파란색으로 물방울 모양을 준비해요.

14 물방울을 납작하게 눌러 주세요.

15 둥근 부분을 가위로 잘라 낸 후 배에 붙이면 지느러미가 표현됩니다.

16 연하늘색 긴 물방울 모양을 준비해요.

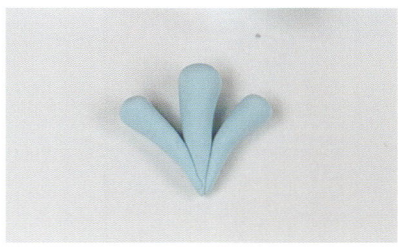
17 긴 물방울의 뾰족한 부분끼리 이어 붙여 물줄기를 만들어요.

18 도트봉으로 물줄기가 들어갈 홈을 만들어요.

19 홈 안에 물줄기를 넣어 붙여 고래를 완성합니다.

소요시간 45분 내외
난이도 ★★★★☆

준비물 클레이, 도트봉, 가위, 칼 도구
클레이 색상
- 하늘색(흰색 9 + 파란색 1)
- 분홍색(흰색 8.5 + 빨간색 1.5)
- 레몬색(노란색 6 + 흰색 4)
- 흰색
- 연갈색(흰색 5 + 갈색* 5)

* 갈색(노 : 빨 : 검 = 7 : 2.5 : 0.5)

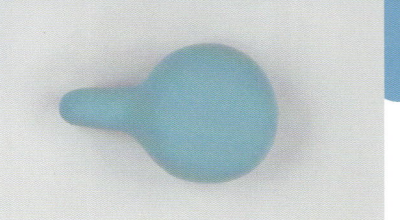

1 하늘색으로 머리가 큰 마이크 모양을 만든 다음, 머리를 납작하게 눌러 줍니다.

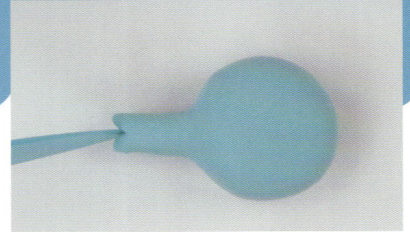

1 끝을 칼 도구로 눌러 해마의 입을 표현해요.

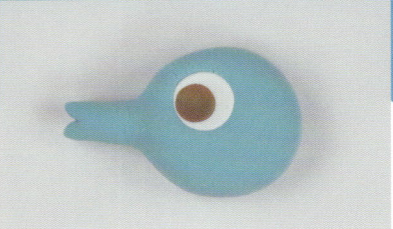

3 불가사리(166p) 4~9번과 같이 흰색과 연갈색으로 눈을 만들어요.

4 불가사리(166p) 11~13번처럼 분홍색 볼터치를 붙여요.

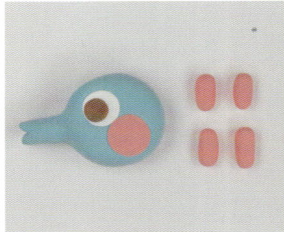

5 분홍색 타원형을 4개 준비해요.

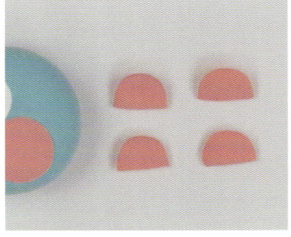

6 타원형을 납작하게 누르고 가위로 둥근 부분을 잘라요.

7 잘라낸 둥근 부분을 머리 위부터 아래까지 붙여 줍니다.

8 흰색 작은 원형을 얼굴에 붙여 무늬를 표현해요.

9 눈동자 위에 흰색 작은 원형을 붙여 주세요.

10 하늘색 양쪽 물방울 모양을 준비해요.

11 물방울 아래쪽을 매만져서 더 길게 만들어 주세요.

12 레몬색 양쪽 물방울을 준비해요.

13 양쪽 물방울을 납작하게 눌러 배를 만들어요.

14 해마의 몸 한쪽에 배를 붙여 줍니다.

15 배 위를 칼 도구로 자국 내서 배의 무늬를 표현해요.

16 배 아랫부분을 구부려 해마 몸을 완성합니다.

17 해마의 얼굴과 몸을 붙여 주세요.

18 분홍색 물방울 모양을 준비해요.

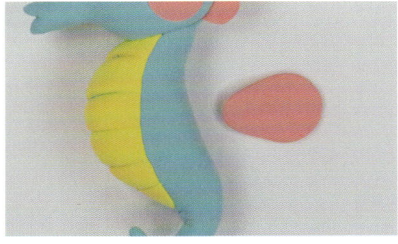

19 물방울을 납작하게 눌러 줍니다.

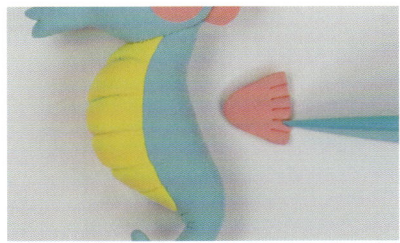

20 물방울의 동그란 부분을 자르고 칼 도구로 눌러서 지느러미를 표현합니다.

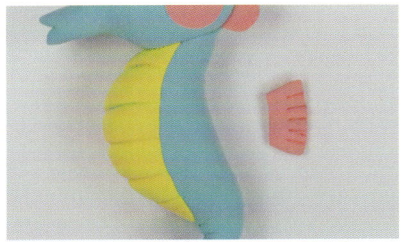

21 반대편도 가위로 잘라 편평하게 만들어요.

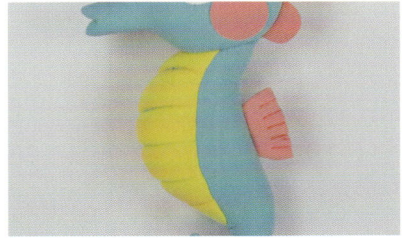

22 해마의 등에 지느러미를 붙여 주세요.

23 흰색 작은 원형을 몸에 장식하여 완성합니다.

돌고래&상어

소요시간 45분 내외
난이도 ★★★★☆

준비물 클레이, 도트봉, 가위

클레이 색상
- 회청색(흰색 7.5 + 남색* 2 + 빨간색 0.5)
  * 남색(파 : 검 = 6 : 4)
- 밝은 비둘기색(흰색 9.6 + 남색* 0.3 + 빨간색 0.1)
- 진분홍색(흰색 7 + 빨간색 3)
- 흰색
- 분홍색(흰색 8.5 + 빨간색 1.5)
- 하늘색(흰색 9 + 파란색 1)

1 회청색 양쪽 물방울 모양을 준비해요.

2 밝은 비둘기색으로 양쪽 물방울 모양을 준비해요.

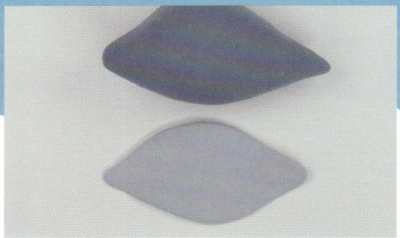

3 밝은 비둘기색을 납작하게 눌러 주세요.

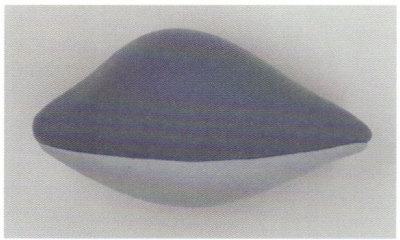

4 회청색 아래에 둘러 붙여서 돌고래 몸통을 만들어요.

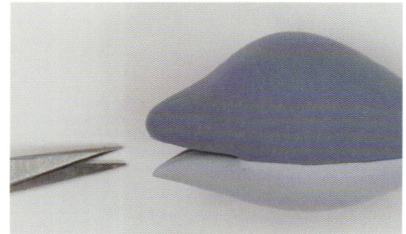

5 한쪽 끝을 가위로 잘라서 입을 표현합니다.

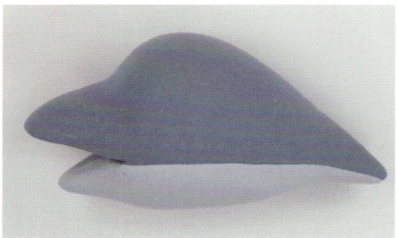

6 입 윗부분이 더 길게 나오도록 매만져 주세요.

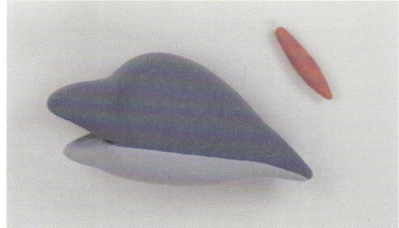

7 진분홍색 타원형을 준비해요.

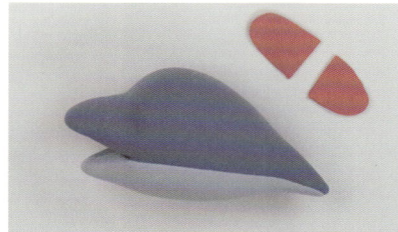

8 타원형을 납작하게 누른 다음 반으로 잘라 주세요.

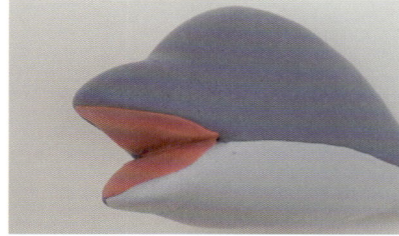

9 돌고래 입 안쪽에 반으로 자른 타원형을 위아래로 붙여요.

10 불가사리(166p) 4~10번과 같이 흰색과 하늘색으로 눈을 만들어요.

11 불가사리(166p) 11~13번과 같이 분홍색 볼터치를 만들어요.

12 회청색 양쪽 물방울 모양을 준비해요.

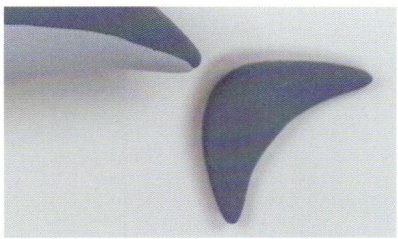

13 양쪽 물방울을 납작하게 누르고 구부려서 꼬리 모양으로 만들어요.

14 돌고래 몸통 끝에 꼬리를 붙여 줍니다.

15 회청색 물방울 모양을 서로 다른 크기로 3개 준비해요.

16 물방울을 납작하게 눌러 주세요.

17 작은 물방울의 동그란 부분을 가위로 편평하게 자른 후 등에 붙여요.

18 나머지 물방울도 잘라서 몸통 양쪽에 붙이면 완성됩니다.

상어

1 돌고래 1~10번까지 만든 다음, 흰색 물방울로 이빨을 만들어 붙여요. 이때 입은 위로 살짝 향하게 합니다.

2 돌고래 12~18번처럼 지느러미와 꼬리를 만들어요. 단, 더욱 날카롭게 만들어 주세요.

3 진분홍색 양쪽 물방울 3개로 아가미를 붙여 완성합니다.

소라게

소요시간 45분 내외
난이도 ★★★★☆

준비물 클레이, 칼 도구, 송곳

클레이 색상 ● 빨간색 ○ 흰색 ● 검은색
● 밝은 황토색(흰색 9.3 + 갈색* 0.7)
*갈색(노 : 빨 : 검 = 7 : 2.5 : 0.5)

1 흰색과 밝은 황토색 원형을 준비해요.

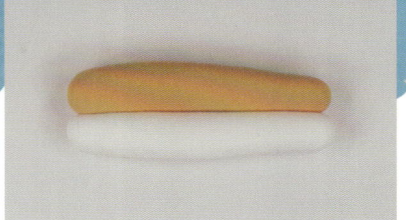

2 긴 줄로 만들어 붙여 주세요.

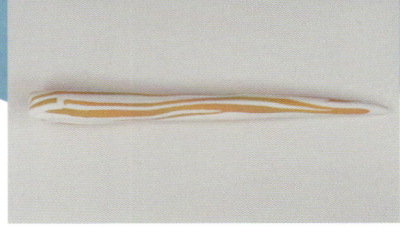

3 하프 믹스 기법(00p)으로 섞어서 한쪽이 뾰족한 긴 줄로 만들어요.

4 긴 줄의 두꺼운 부분부터 돌돌 말아 소라 껍데기를 완성합니다.

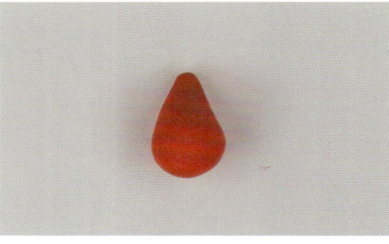

5 빨간색 물방울 모양을 만들어 소라 머리를 준비해요.

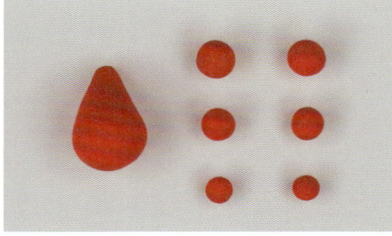

6 서로 다른 크기의 원형을 3쌍 준비해요.

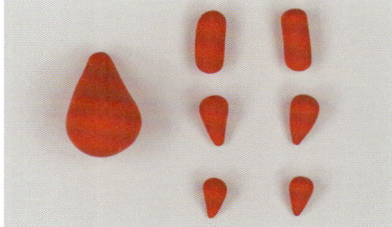

7 제일 큰 원형은 타원형으로, 나머지 원형은 물방울 모양으로 만들어요.

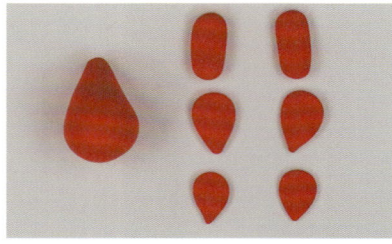

8 타원형과 물방울을 납작하게 눌러 줍니다.

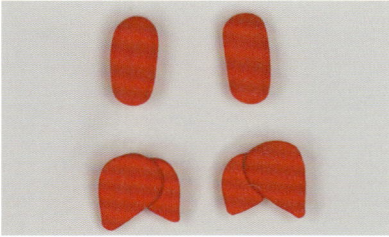

9 물방울끼리 이어 붙여서 집게를 만들어요.

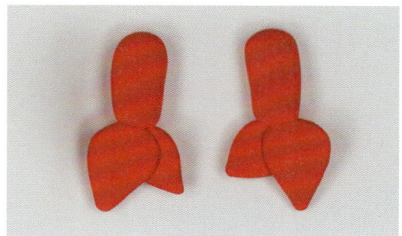

10 타원형의 끝에 집게를 붙여요.

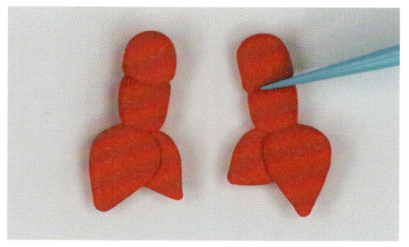

11 타원형 위를 칼 도구로 자국 내서 집게 발을 완성합니다.

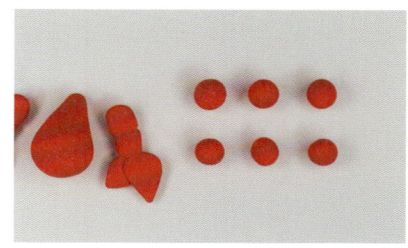

12 빨간색 원형을 6개 준비해요.

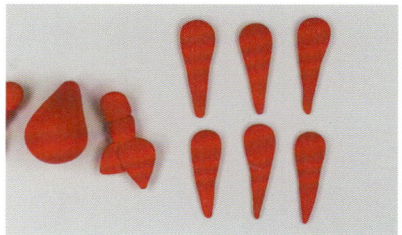

13 원형을 긴 물방울 모양으로 만든 다음 납작하게 눌러요.

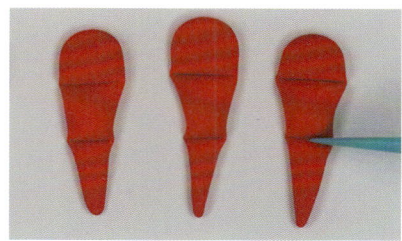

14 납작해진 물방울을 칼 도구로 자국 내서 소라게의 발을 만들어요.

15 물방울 양옆에 집게발을 붙여요.

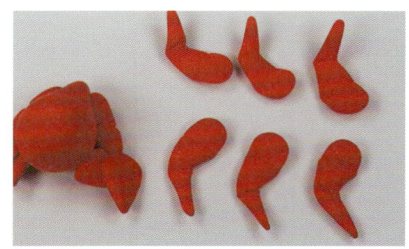

16 발을 직각으로 구부려 준비합니다.

17 집게발 뒤로 발을 좌우로 3개씩 붙여 주세요.

18 소라게 위로 소라껍데기를 붙여요.

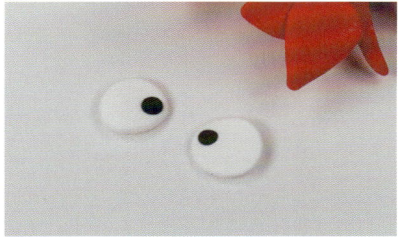

19 흰색 원형을 누르고 그 위에 검은색 작은 원형을 붙여 주세요.

20 소라게 머리에 붙여서 눈을 표현합니다.

21 불가사리(166p) 14~16번처럼 검은색 입을 만들어 완성합니다.

183

조개   소요시간 20분 내외
난이도 ★★☆☆☆

준비물 클레이, 칼 도구

클레이 색상 ○ 흰색   ● 분홍색(흰색 8.5 + 빨간색 1.5)
● 연보라색(흰색 9.3 + 보라색* 0.7)
*보라색(빨 : 파 = 6 : 4)

1 흰색, 연보라색, 분홍색 원형을 모아서 붙여요.

2 하프 믹스 기법(00p)으로 섞어서 서로 다른 크기의 원형을 2개 만들어요.

3 큰 원형은 물방울 모양으로, 작은 원형은 타원형으로 만들어요.

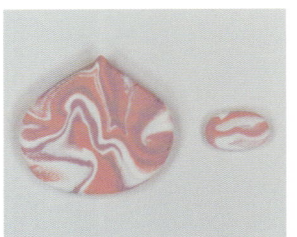

4 물방울과 타원형을 납작하게 눌러 주세요.

5 칼 도구로 조개껍데기의 빗살무늬와 윤곽을 표현해요.

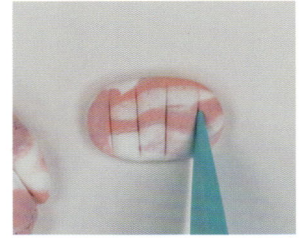

6 납작한 타원형 위를 칼 도구로 자국 냅니다.

7 조개껍데기 좁은 부분 밑으로 타원형을 붙여 주세요.

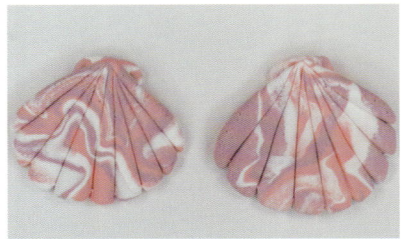

8 같은 방법으로 조개껍데기를 하나 더 만들어요.

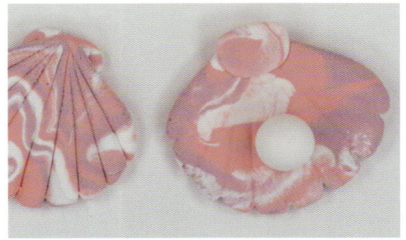

9 조개껍데기 하나를 뒤집고 흰색 원형을 올려서 진주를 표현합니다.

10 조개껍데기의 좁은 부분을 서로 붙여서 조개를 완성합니다.

소요시간 20분 내외
난이도 ★☆☆☆☆

바위와 수초

준비물 클레이, 칼 도구, 솔 도구 또는 칫솔

클레이 색상
- 회색(흰색 9 + 검은색 1)
- 밝은 초록색(노란색 8.5 + 파란색 1.5)
- 연두색(노란색 9 + 파란색 1)

1 회색 타원형을 준비해요.

2 타원형을 납작하게 누른 다음 아래쪽을 편평하게 만들어요.

3 타원형 외곽을 칼 도구로 눌러 바위 모양으로 만들어요.

4 바위 표면을 솔 도구나 칫솔로 눌러 거친 질감을 표현합니다.

5 밝은 초록색 원형을 준비해요.

6 긴 물방울 모양으로 만든 다음 납작하게 눌러 줍니다.

7 물방울 위를 칼 도구로 자국 내서 잎맥을 표현해요.

8 가장자리를 칼 도구로 눌러 수초 모양을 만들어요.

9 같은 방법으로 연두색 수초를 만들고 바위 뒤에 붙여 완성합니다.

거북

소요시간 1시간 이상
난이도 ★★★★★

준비물 클레이, 밀대, 칼 도구, 송곳

클레이 색상
- 연한 카키색(흰색 7 + 카키색* 3)
  * 카키색(노 : 검 = 9 : 1)
- 국방색(초록색* 8 + 검은색 2)
  * 초록색(노 : 파 = 6 : 4)
- 하늘색(흰색 9 + 파란색 1)
- 흰색
- 분홍색(흰색 8.5 + 빨간색 1.5)
- 진분홍색(흰색 7 + 빨간색 3)

1 연한 카키색 원형을 준비해요.

2 불가사리(166p) 4~10번과 같이 흰색과 하늘색으로 눈을 만들어요.

3 불가사리(166p) 11~13번처럼 분홍색 볼터치를 만들어요.

4 불가사리(166p) 14~16번처럼 진분홍색 입을 만들어요.

5 자투리 색을 모아서 원형을 준비해요. 등 껍질 심재이므로 아무 색이나 괜찮아요.

6 원형을 손가락으로 빚어서 한 면이 편평한 반구 모양으로 만들어요.

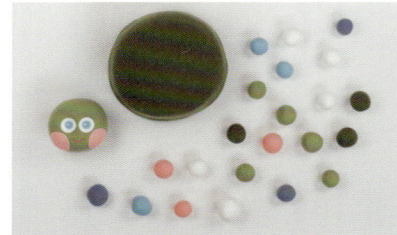

7 알록달록한 색으로 작은 원형을 여러 개 만들어요.

8 작은 원형을 긴 줄로 밀어서 서로 붙여줍니다.

9 커버 그라데이션 기법(11p)으로 섞어요.

10 반구를 커버 그라데이션으로 감싸서 등껍질을 만들어요.

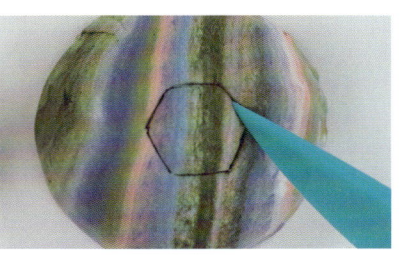

11 등껍질 위를 칼 도구로 눌러서 육각형 모양으로 자국을 냅니다.

12 등껍질 전체를 육각형으로 채워서 등껍질의 질감을 표현해요.

13 연한 카키색 원형을 준비합니다.

14 등껍질 지름과 같아지도록 납작하게 눌러서 배를 만들어요.

15 등껍질 아래 배를 붙여 주세요.

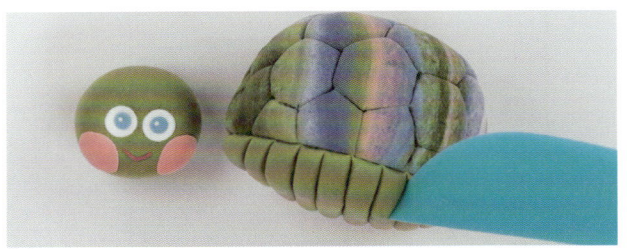

16 배를 칼 도구로 자국 내서 배의 질감을 표현해요.

17 국방색 원형을 준비해요.

18 원형을 긴 줄로 만들어요.

19 긴 줄을 등껍질과 배의 경계에 둘러 주세요.

20 연한 카키색으로 작은 원형 1개와 큰 원형 4개를 준비해요.

21 큰 원형은 원기둥 모양으로, 작은 원형은 긴 물방울 모양으로 만들어요.

22 등껍질 앞에 얼굴을 붙여 주세요.

23 배 아래에 원기둥을 붙여 발을 만들고, 뒤에 긴 물방울로 꼬리를 표현합니다.

24 발끝을 칼 도구로 자국 내서 발가락을 만들어요.

25 거북이가 완성되었습니다.

Part 9
옹기종기 함께 살아요
농장·애완동물

오리

소요시간 30분 내외
난이도 ★★★☆☆

준비물 클레이, 도트봉
클레이 색상
- 노란색
- 주황색(노란색 8 + 빨간색 2)
- 분홍색(흰색 8.5 + 빨간색 1.5)
- 검은색

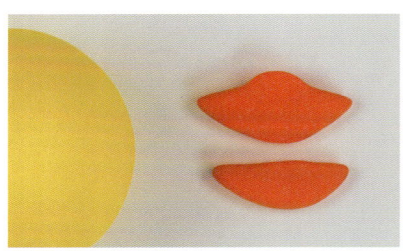

1 노란색 원형으로 오리 얼굴을 준비해요.

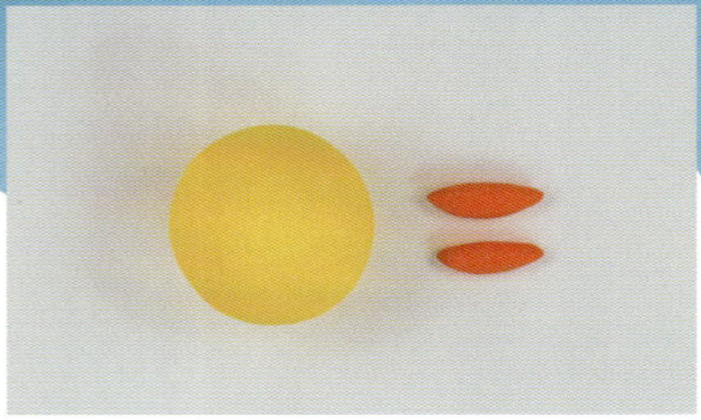

2 주황색 양쪽 물방울 2개를 준비해요.

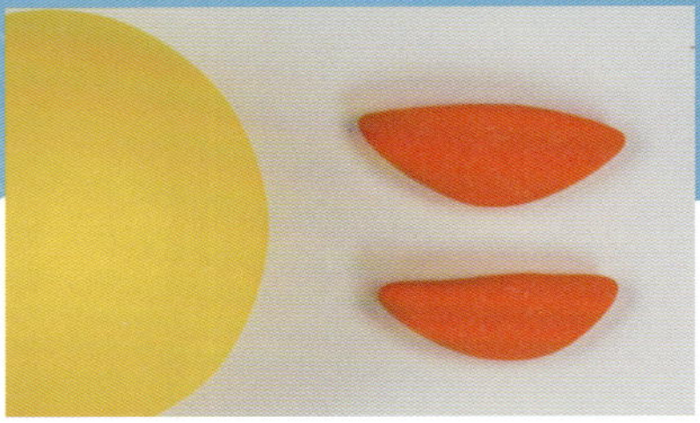

3 양쪽 물방울을 납작하게 눌러 주세요.

4 양쪽 물방울 하나는 위쪽을 손가락으로 잡아당겨요.

5 양쪽 물방울을 서로 이어 붙여 부리를 완성합니다.

6 오리 얼굴에 부리를 붙여요.

7 도트봉으로 홈을 낸 다음 검은색으로 눈을 만들어 붙여요.

8 불가사리(166p) 11~13번과 같이 분홍색 볼터치를 만들어요.

9 노란색 물방울 모양 2개를 준비해요.

10 물방울을 한데 모아 붙여서 볏을 완성해요.

11 오리 얼굴 위로 볏을 붙여 주세요.

12 노란색 물방울 모양을 준비해요.

13 물방울의 뾰족한 부분을 살짝 구부려 주세요.

14 얼굴과 몸을 붙여요.

15 노란색 물방울 모양을 2개 준비해요.

16 물방울 모양을 납작하게 눌러서 날개를 만들어요.

17 몸 양쪽에 날개를 붙여 완성합니다.

닭

소요시간 20분 내외
난이도 ★★☆☆☆

준비물 클레이, 가위, 칼 도구
클레이 색상 흰색, 빨간색, 노란색, 검은색

1 흰색 원형을 끝이 둥근 물방울 모양으로 만들어요.

2 노란색 원형을 원뿔 모양의 부리로 만들어요.

3 흰색 몸통에 부리를 붙여 주세요.

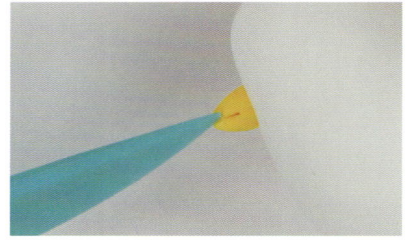

4 칼 도구로 부리에 자국을 냅니다.

5 부리 위에 도트봉으로 홈을 낸 다음 검은색으로 눈을 만들어 붙여요.

6 빨간색 물방울 모양을 2개 준비해요.

7 부리 아래 모아 붙여서 아랫볏을 표현합니다.

8 빨간색 물방울 모양을 다시 3개 준비해요.

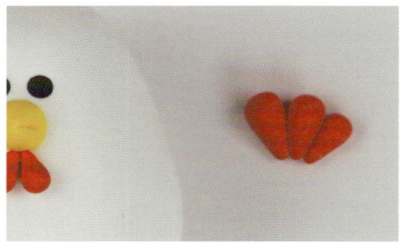

9 물방울을 한데 모아 붙여서 볏을 완성해요.

10 닭 몸통 위에 볏을 붙여 주세요.

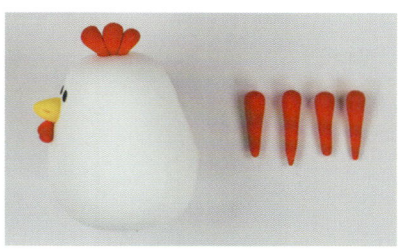

11 빨간색 긴 물방울 모양을 4개 준비해요.

12 물방울을 한데 모아 붙여서 꼬리를 완성해요.

13 몸통과 맞닿을 부분을 가로로 잘라 편평하게 만들어요.

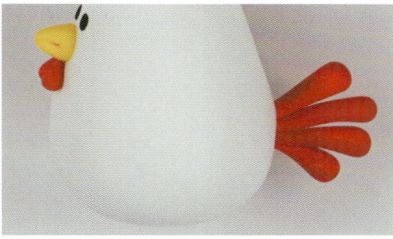

14 몸통 뒤편에 꼬리를 붙여요.

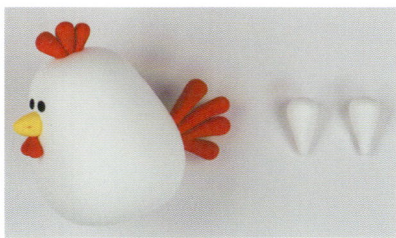

15 흰색 물방울 모양을 2개 준비해요.

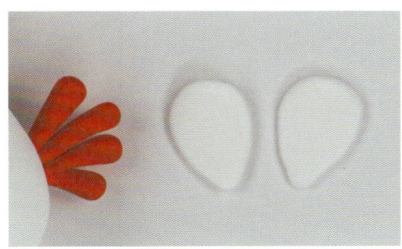

16 물방울을 납작하게 눌러 줍니다.

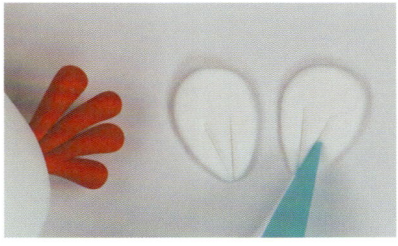

17 물방울 위를 칼 도구로 자국 내서 날개 무늬를 만들어요.

18 몸통 양쪽에 날개를 붙이면 닭이 완성됩니다.

병아리

소요시간 20분 내외
난이도 ★★☆☆☆

준비물 클레이, 가위
클레이 색상 🟡 노란색　⚫ 검은색
🟠 주황색(노란색 8 + 빨간색 2)

1 노란색 원형을 끝이 둥근 물방울 모양으로 만들어요.

2 주황색 원형을 삼각형 모양의 부리로 만들어요.

3 노란 몸통에 부리를 붙여 주세요.

4 도트봉으로 누른 후 검은색 원형을 붙여 눈을 만들어요.

5 부리 아래쪽에 가위집을 내어 날개를 만들어요.

6 노란색 물방울 모양을 2개 준비해요.

7 물방울을 서로 이어 붙여서 볏을 완성해요.

8 병아리 몸통 위로 볏을 붙여요.

9 주황색 클레이를 손으로 쭉 늘려 긴 줄을 만들어요.

10 긴 줄을 잘라 짧은 줄 6개를 준비합니다.

11 짧은 줄을 3개씩 이어 붙여서 발을 만들어요.

12 몸통 아랫부분에 발을 붙여 병아리를 완성합니다.

 소요시간 45분 내외
 쥐
난이도 ★★★★☆

준비물 클레이, 도트봉, 칼 도구, 가위, 송곳
클레이 색상
○ 밝은 회색(흰색 9.7 + 검은색 0.3)
○ 연분홍색(흰색 9.5 + 빨간색 0.5)
● 검은색 ○ 흰색

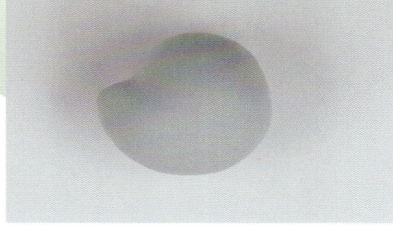

1 밝은 회색 물방울 모양을 준비해요.

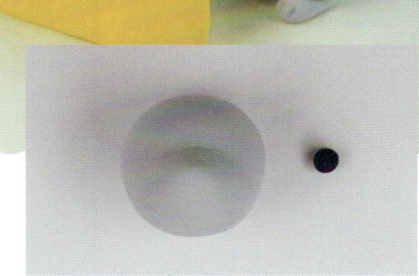

2 물방울의 뾰족한 부분을 손으로 매만져 콧잔등 부분을 표현해요.

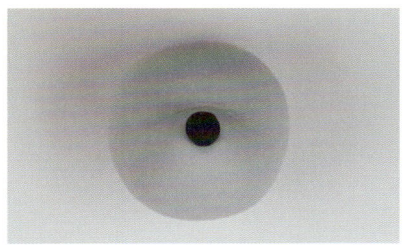

3 검은색 원형을 준비해요.

4 콧잔등에 코를 붙여 주세요.

5 도트봉으로 눌러 홈을 낸 다음 검은색으로 눈을 만들어 붙여요.

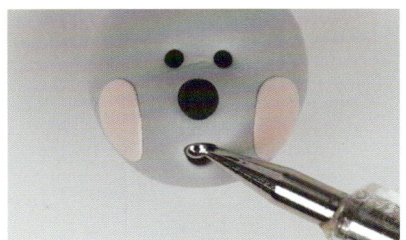

6 불가사리(166p) 11~13번과 같이 연분홍색 볼터치를 만들어요.

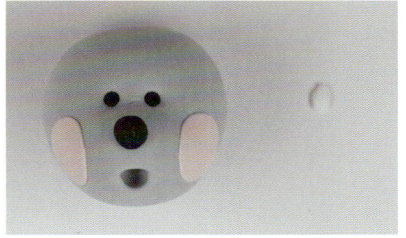

7 도트봉으로 코 아래 홈을 만들어 입을 표현해요.

8 흰색 타원형을 빚어 이빨을 준비해요.

9 타원형 가운데 자국을 내고 송곳으로 입 안쪽에 넣어 붙여요.

195

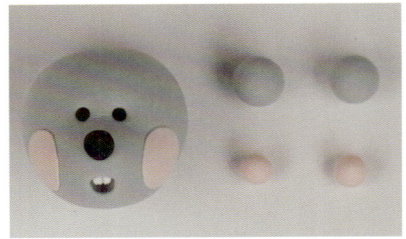

10 밝은 회색과 연분홍색 원형을 서로 다른 크기로 2개씩 준비해요.

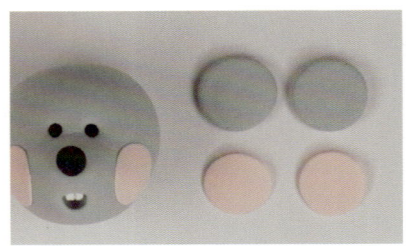

11 원형을 납작하게 눌러 주세요.

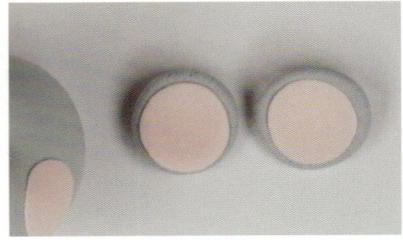

12 밝은 회색 위에 연분홍색 원형을 붙여 귀를 만들어요.

13 귀 안쪽에 칼 도구로 자국을 낸 다음, 머리에 붙여 주세요.

14 흰색으로 아주 작은 원형을 만들어 붙여 눈의 반짝임을 표현합니다.

15 밝은 회색 원형을 준비해요.

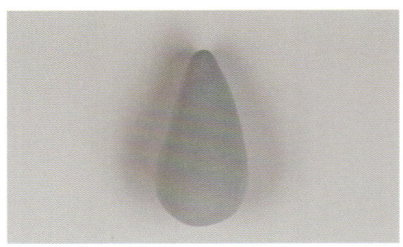

16 원형을 긴 물방울 모양으로 만들어요.

17 물방울의 뾰족한 부분을 가위로 잘라서 몸통을 만들어요.

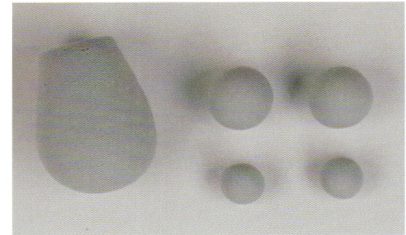

18 밝은 회색으로 크기가 다른 원형을 2쌍 준비해요.

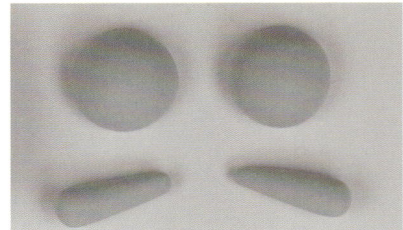

19 큰 원형은 반구 모양으로 만들고, 작은 원형은 긴 물방울 모양으로 만들어요.

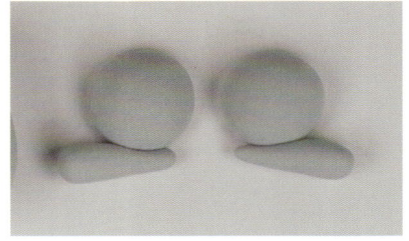

20 반구 아래로 물방울 모양을 붙여서 쥐의 다리를 완성합니다.

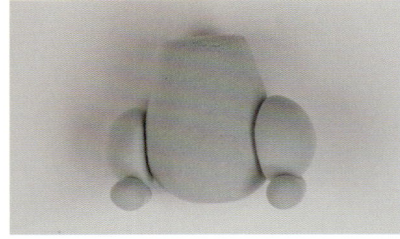

21 몸통을 바닥에 세워 놓고 양옆으로 다리를 붙여 주세요.

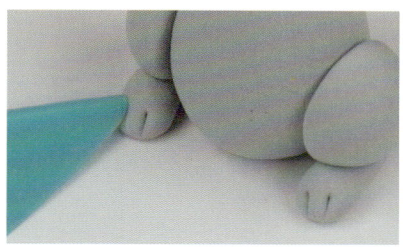

22 발끝을 칼 도구로 자국 내어 발가락을 표현해요.

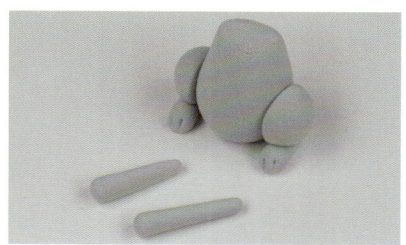

23 밝은 회색으로 긴 물방울 모양 2개를 만들어요.

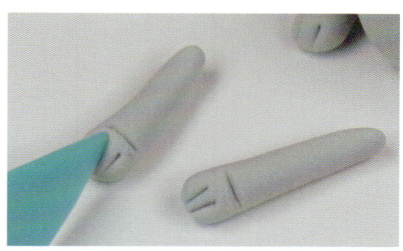

24 동그란 부분을 칼 도구로 자국 내 손가락을 표현하면 팔이 완성됩니다.

25 몸통 위 양옆에 팔을 붙여 줍니다.

26 팔을 가지런히 모아 붙여요.

27 몸통과 얼굴을 붙여 주세요. 비스듬히 붙여야 귀엽게 표현됩니다.

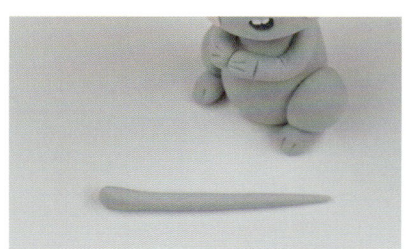

28 밝은 회색으로 아주 긴 물방울 모양을 만들어요.

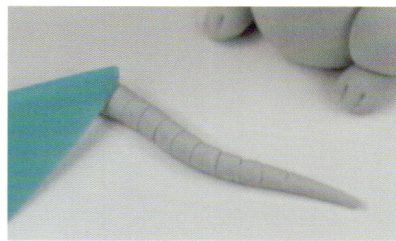

29 칼 도구로 자국 내서 꼬리를 생생하게 표현합니다.

30 몸통 뒤에 꼬리를 붙여 완성합니다.

토끼

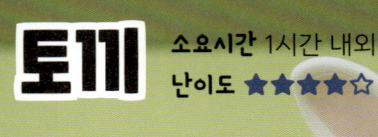

소요시간 1시간 내외
난이도 ★★★★☆

준비물 클레이, 도트봉, 칼 도구, 가위, 파스텔, 붓, 송곳

클레이 색상
○ 흰색
○ 연분홍색(흰색 9.5 + 빨간색 0.5)
● 검은색

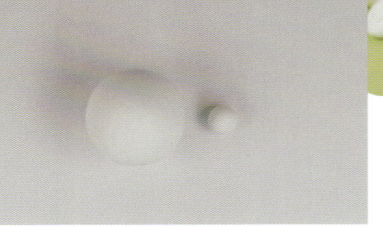

1 흰색 원형을 서로 다른 크기로 준비해요.

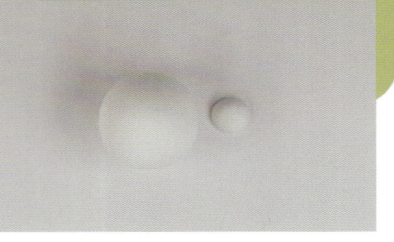

2 작은 원형은 한 면이 편평해지도록 손가락으로 빚어서 반구 모양으로 만들어요.

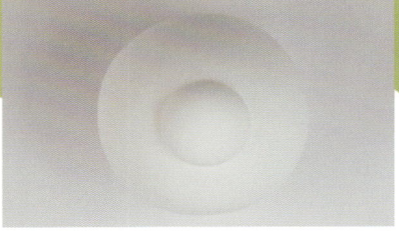

3 큰 원형에 반구를 붙이면 토끼 얼굴이 만들어져요.

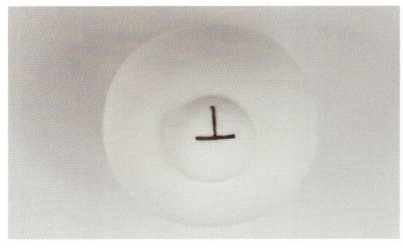

4 불가사리(166p) 14~16번과 같이 검은색 입을 만들어요.

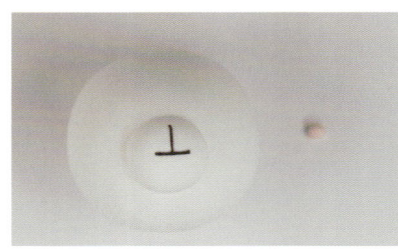

5 연분홍색 원형을 준비해요.

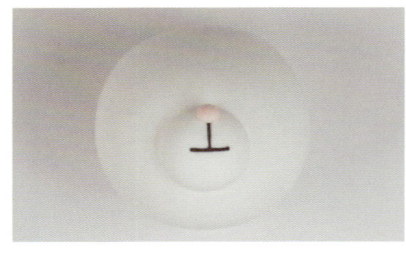

6 입 위에 붙여서 코를 표현합니다.

7 도트봉으로 눌러 홈을 낸 다음 검은색으로 눈을 만들어 붙여요.

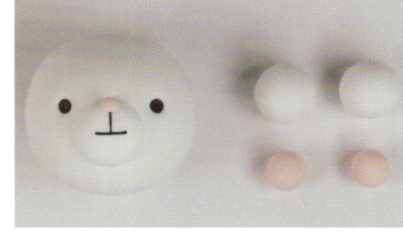

8 흰색과 연분홍색 원형을 서로 다른 크기로 2개씩 준비해요.

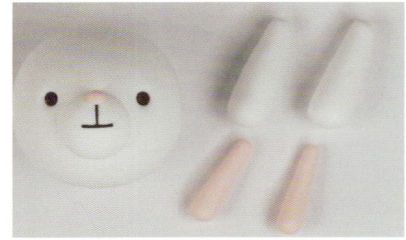

9 원형을 긴 물방울 모양으로 만들어요.

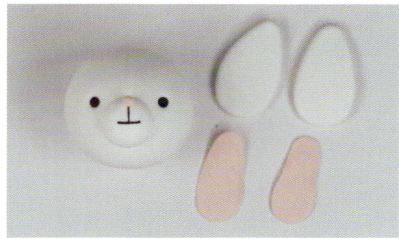

10 흰색 물방울은 살짝 누르고, 연분홍색 물방울은 더 납작하게 눌러 주세요.

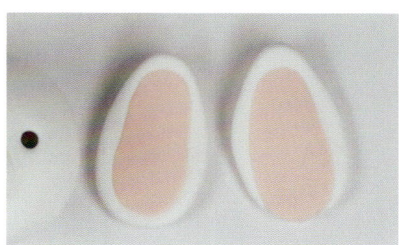

11 흰색 물방울 위에 연분홍색 물방울을 붙여 귀를 만들어요.

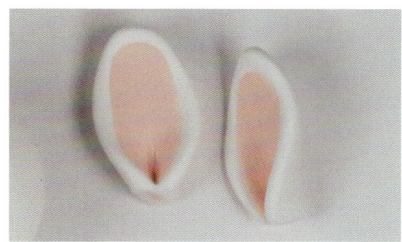

12 귀의 아래쪽을 오므린 다음 가위로 잘라 편평하게 만들어요.

13 얼굴에 귀를 붙여 주세요.

14 한쪽 귀를 살짝 구부려 토끼의 얼굴을 완성해요.

15 쥐(195p) 16~26번과 같은 방법으로 흰색 몸통을 만들어 주세요.

16 토끼의 얼굴과 몸통을 비스듬히 붙여 주세요.

17 흰색 원형을 몸통 뒤편에 붙여 꼬리를 표현합니다.

18 붓에 분홍색 파스텔을 묻혀서 양쪽 볼에 볼터치 합니다.

19 귀여운 토끼가 완성되었어요.

고슴도치

소요시간 1시간 내외
난이도 ★★★☆☆

준비물 클레이, 밀대, 도트봉, 칼 도구, 가위, 파스텔, 붓

클레이 색상
- 갈색(노란색 7 + 빨간색 2.5 + 검은색 0.5)
- 연베이지색(흰색 9.9 + 갈색 0.1)
- 고동색(노란색 5 + 빨간색 3 + 검은색 2)

1 갈색과 고동색으로 서로 다른 크기의 원형을 준비해요.

2 고동색을 밀대로 아주 얇게 펼쳐 주세요.

3 얇게 편 고동색 위에 갈색 원형을 올려요.

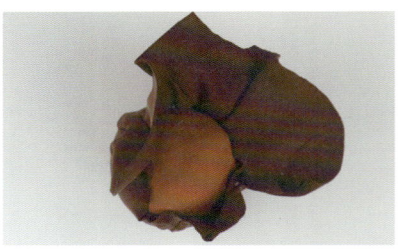

4 고동색으로 갈색을 완전히 감싸 줍니다.

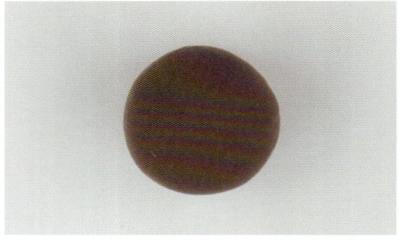

5 감싼 다음 다시 원형으로 만들어요. 한 가지 색으로 원형을 만들어도 괜찮아요.

6 연베이지색 원형을 준비해요.

7 고동색과 연베이지색 원형을 타원형으로 만들어요.

8 타원형을 꼬집듯 매만져 아랫부분을 편평하게 만들어요.

9 편평한 부분끼리 붙여 고슴도치의 몸을 완성합니다.

10 몸 아래쪽을 편평하게 만들어요.

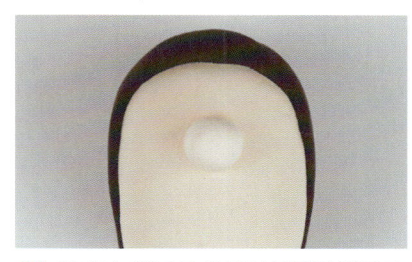
11 연베이지색으로 한 면이 편평한 반구 모양을 만들어 얼굴 위에 붙여요.

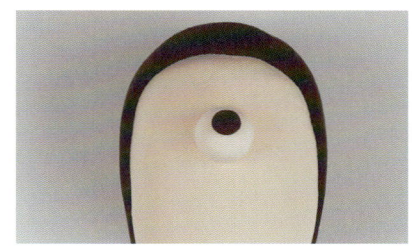
12 고동색 원형을 그 위에 붙여서 코를 표현합니다.

13 도트봉으로 눌러 홈을 낸 다음 검은색으로 눈을 만들어 붙여요.

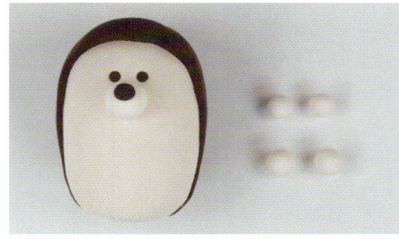
14 연베이지색 원형을 서로 다른 크기로 2개씩 준비해요.

15 원형을 긴 물방울 모양으로 만들어요.

16 물방울의 둥근 부분을 칼 도구로 그어서 손가락과 발가락을 표현합니다.

17 고슴도치 몸에 팔과 다리를 붙여 주세요.

18 몸통의 고동색 부분에 빙 두르듯 가위집을 내어 가시를 표현합니다.

19 뒷부분까지 계속해서 가위집을 만들어 주세요.

20 붓에 분홍색 파스텔을 묻혀서 양쪽 볼에 볼터치 합니다.

21 귀여운 고슴도치가 완성되었어요.

돼지

소요시간 1시간 내외
난이도 ★★★★☆

준비물 클레이, 도트봉, 가위

클레이 색상
- 파스텔 분홍색(흰색 9.5 + 빨간색 0.4 + 노란색 0.1)
- 분홍색(흰색 8.5 + 빨간색 1.5)
- 흰색
- 연한 남색(흰색 5 + 남색* 5)

* 남색(파 : 검 = 6 : 4)

1 파스텔 분홍색 원형을 준비해요.

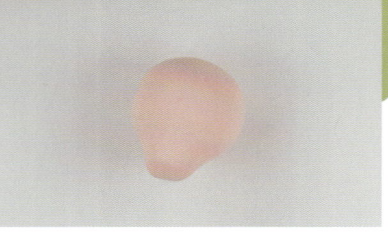

2 원형을 머리가 뚱뚱한 마이크 모양으로 만들어요.

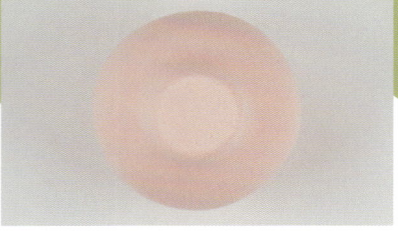

3 마이크의 뾰족한 부분을 편평하게 하여 돼지 코를 표현합니다.

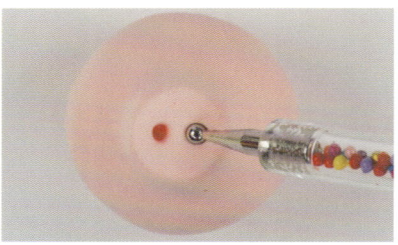

4 코를 도트봉으로 눌러 콧구멍을 만들어요.

5 불가사리(166p) 4~9번과 같이 흰색과 연한 남색으로 눈을 만들어요.

6 불가사리(166p) 11~13번과 같이 분홍색 볼터치를 만들어요.

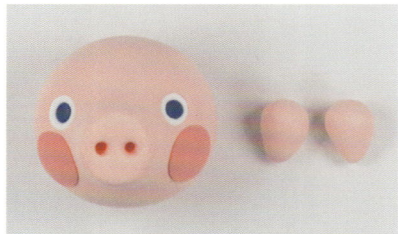

7 파스텔 분홍색 물방울 모양을 준비해요.

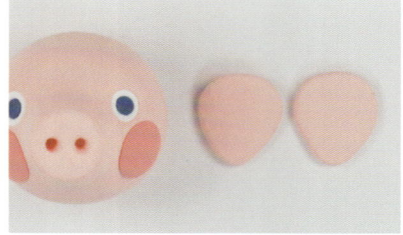

8 물방울을 납작하게 눌러서 귀를 만들어요.

9 귀가 얼굴에 닿도록 구부려 붙여 줍니다.

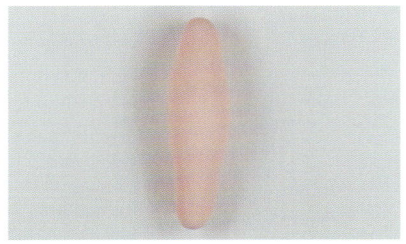
10 파스텔 분홍색으로 긴 양쪽 물방울 모양을 만들어요.

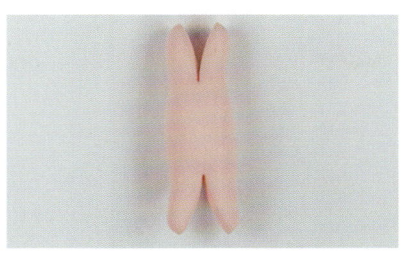
11 뾰족한 양쪽 끝을 가위를 이용해 두 갈래로 자르면 팔다리가 만들어져요.

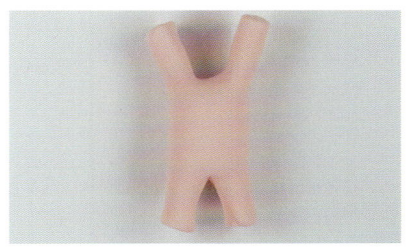
12 팔다리를 둥글게 다듬고 끝 부분은 꼬집듯 매만져 각지게 합니다.

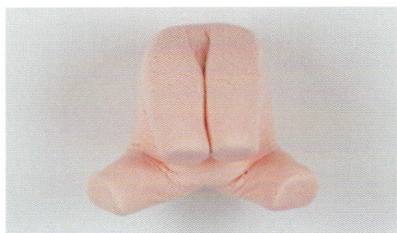
13 팔은 내려서 모으고 다리는 벌려서 구부려 주세요.

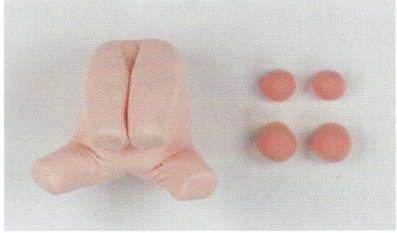
14 분홍색 원형을 손가락으로 빚어서 한 면이 편평한 반구 모양을 4개 준비해요.

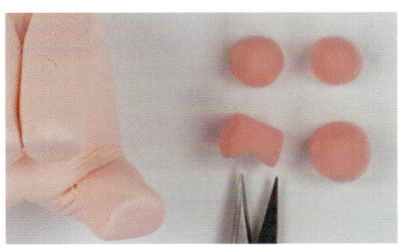
15 반구의 동그란 부분을 조금 오리면 발굽이 만들어져요.

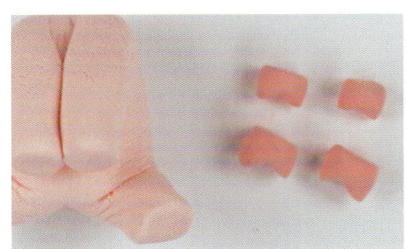
16 발굽을 4개 만들어요.

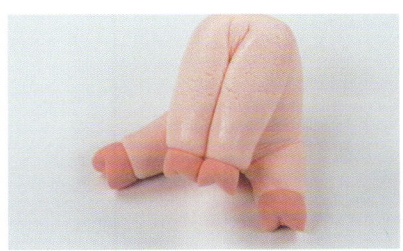
17 팔다리 끝에 발굽을 붙여 주세요.

18 얼굴과 몸을 붙여 주세요.

19 파스텔 분홍색 원형을 길게 밀어요.

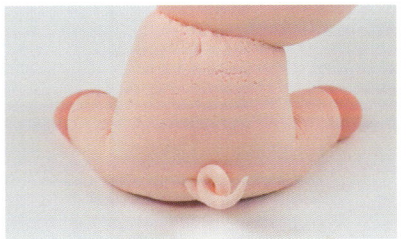
20 꼬리 모양으로 꼬아서 엉덩이에 붙여요.

21 돼지가 완성되었습니다.

양

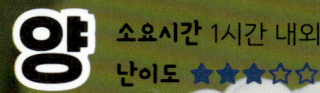

소요시간 1시간 내외
난이도 ★★★☆☆

준비물 클레이, 도트봉, 칼 도구, 붓, 파스텔, 송곳

클레이 색상 ○ 흰색   ● 검은색
　　　　　　　● 살구색(흰색 9 + 노란색 0.6 + 빨간색 0.4)
　　　　　　　● 연분홍색(흰색 9.5 + 빨간색 0.5)

1 흰색 타원형을 준비해요.

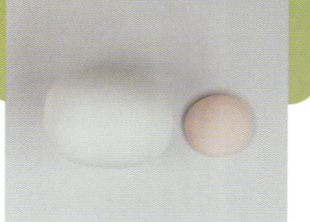

2 살구색 원형을 납작한 반구 모양으로 만들어요.

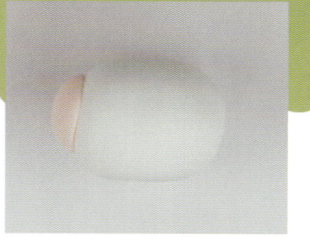

3 타원형에 반구를 붙여서 얼굴을 표현합니다.

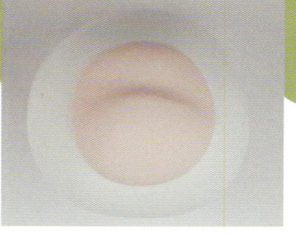

4 얼굴 가운데를 손가락으로 눌러 콧잔등의 굴곡을 만들어요.

5 불가사리(166p) 14~16번과 같은 방법으로 검은색 입을 만들어요.

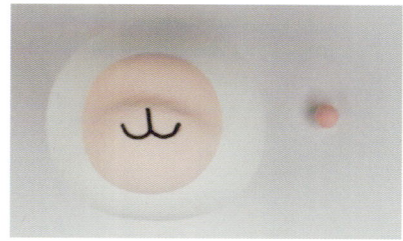

6 연분홍색 원형을 준비해요.

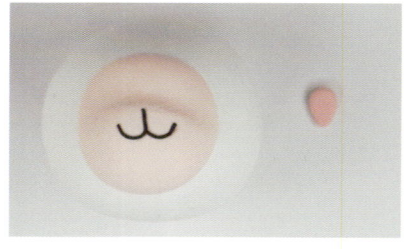

7 원형을 물방울 모양으로 만든 다음 납작하게 눌러요.

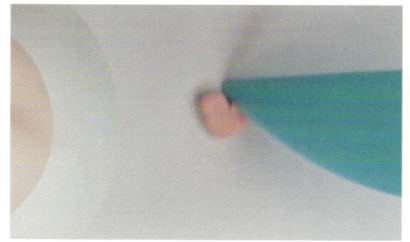

8 물방울의 둥근 부분을 칼 도구로 눌러 하트 모양으로 만들어요.

9 콧잔등에 하트 모양을 붙여서 코를 표현합니다.

10 도트봉으로 눌러 홈을 낸 다음 검은색으로 눈을 만들어 붙여요.

11 흰색 원형으로 양털 뭉치를 많이 준비합니다.

12 얼굴 가장자리에 양털 뭉치를 둘러 붙여 주세요.

13 양털 뭉치를 계속 붙여서 온몸을 감싸 줍니다.

14 살구색과 연분홍색으로 서로 다른 크기의 원형을 2개씩 준비해요.

15 원형을 긴 물방울 모양으로 만든 다음, 납작하게 눌러 줍니다.

16 살구색 위에 연분홍색 물방울을 붙여서 귀를 표현합니다.

17 귀 안쪽에 칼 도구로 자국을 만들어요.

18 아래쪽을 오므려 접어서 귀를 완성해요.

19 얼굴 윗부분에 귀를 붙여 주세요.

20 붓에 분홍색 파스텔을 묻혀서 양쪽 볼에 볼터치 합니다.

21 살구색으로 원기둥을 4개 만들어 주세요.

22 원기둥이 살짝 굳으면 몸통에 붙여 완성합니다.

강아지

소요시간 1시간 내외
난이도 ★★★★☆

준비물 클레이, 도트봉, 칼 도구, 가위, 송곳

클레이 색상
- 갈색(노란색 7 + 빨간색 2.5 + 검은색 0.5)
- 연베이지색(흰색 9.9 + 갈색* 0.1)
  * 갈색(노 : 빨 : 검 = 7 : 2.5 : 0.5)
- 검은색
- 고동색(노란색 5 + 빨간색 3 + 검은색 2)

1 갈색 원형과 연베이지색 물방울 모양을 준비해요.

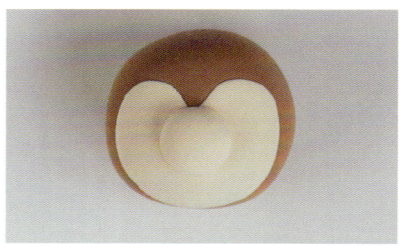

2 물방울을 납작하게 누르고 둥근 부분을 칼 도구로 눌러 하트 모양으로 만들어요.

3 하트를 납작하게 누른 다음, 갈색 원형 위에 붙여서 얼굴을 완성합니다.

4 연베이지색 원형을 한 면이 편평한 반구 모양으로 만들어요.

5 얼굴 가운데 반구를 붙여 콧잔등을 만들어 줍니다.

6 불가사리(166p) 14~16번과 같은 방법으로 검은색 입을 만들어요.

7 검은색으로 삼각형 코를 만들어 붙여 주세요.

8 도트봉으로 눌러 홈을 낸 다음 검은색으로 눈을 만들어 붙여요.

9 양(204p) 14~16번과 같이 갈색과 고동색으로 물방울 모양의 귀를 만들어요.

206

10 귀 아래쪽을 사선으로 잘라서 얼굴에 붙여 줍니다.

11 갈색 원형을 긴 물방울 모양으로 만들어요.

12 뾰족한 부분을 가위로 잘라 두 갈래로 만들어요.

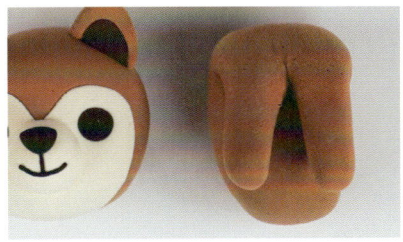
13 갈라진 부분을 매끈하게 정리하고 아래로 구부려 몸을 만들어요.

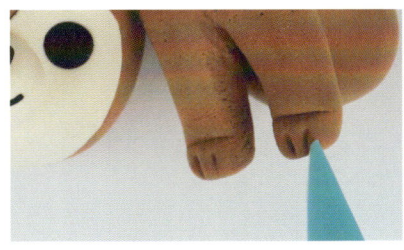
14 칼 도구로 눌러서 앞발을 표현합니다.

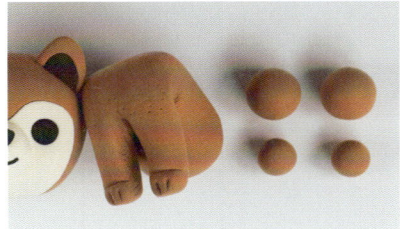
15 갈색으로 서로 다른 크기의 원형을 2쌍 준비해요.

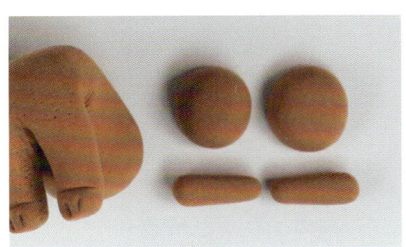
16 큰 원형은 반구 모양으로, 작은 원형은 긴 물방울 모양으로 만들어요.

17 반구 아래로 물방울 모양을 붙여서 뒷다리를 만들어요.

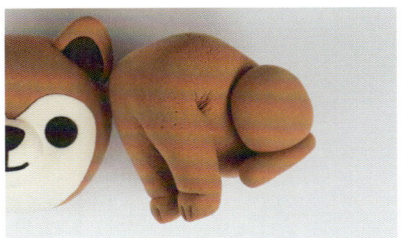
18 강아지 몸 양옆으로 뒷다리를 붙여요.

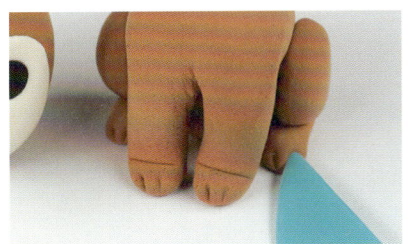
19 칼 도구로 눌러서 뒷발을 표현합니다.

20 갈색 양쪽 물방울을 살짝 구부려 꼬리를 만들어요.

21 몸 뒤편에 꼬리를 붙여 강아지를 완성합니다.

고양이

소요시간 1시간 이상
난이도 ★★★★☆

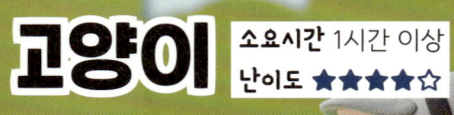

준비물 클레이, 도트봉, 칼 도구, 가위, 송곳

클레이 색상 ○ 흰색   ● 검은색
 ● 노란색   ● 회색(흰색 9 + 검은색 1)
 ● 분홍색(흰색 8.5 + 빨간색 1.5)

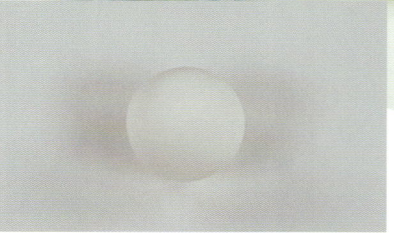

1 흰색 타원형을 준비해요.

2 원형을 둥근 삼각형 모양으로 만든 다음 납작하게 눌러요.

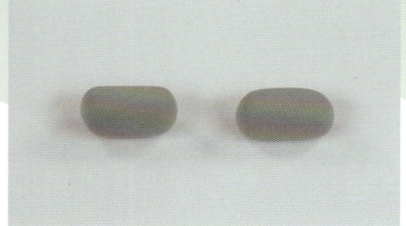

3 회색 타원형을 2개 준비해요.

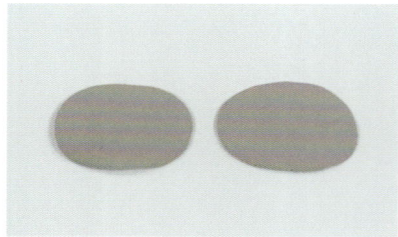

4 타원형을 납작하게 눌러 주세요.

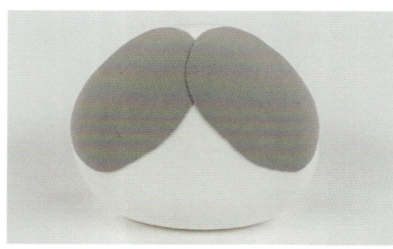

5 삼각형 두 빗변에 진회색을 붙여서 얼굴 무늬를 표현합니다.

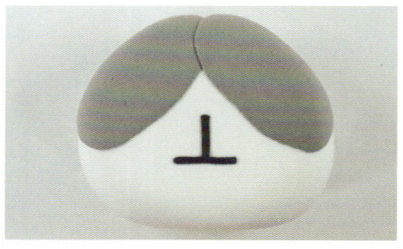

6 불가사리(166p) 14~16번과 같은 방법으로 검은색 입을 만들어요.

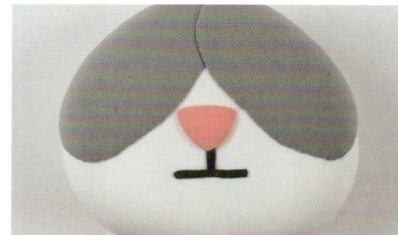

7 분홍색으로 삼각형 코를 만들어 붙여 주세요.

8 불가사리(166p) 4~9번과 같이 노란색과 검은색으로 눈을 만들어요.

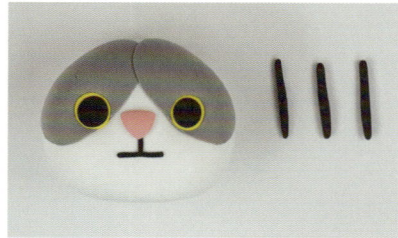

9 검은색으로 양쪽 물방울 모양을 3개 만들어요.

10 머리 위에 붙여서 무늬를 표현합니다.

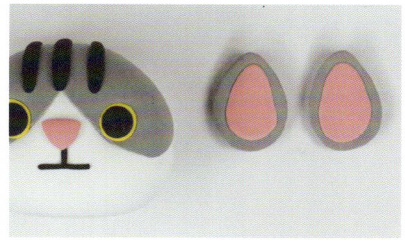

11 양(204p) 14~16번처럼 회색과 분홍색으로 물방울 모양의 귀를 만들어요.

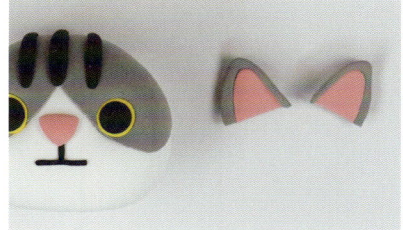

12 귀 아래쪽을 사선으로 잘라 귀를 완성해요.

13 머리 위에 귀를 살짝 구부려 붙여 주세요.

14 흰색 원형을 준비해요.

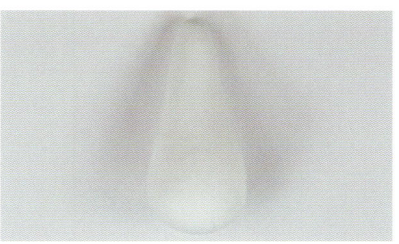

15 긴 물방울 모양으로 만들어요.

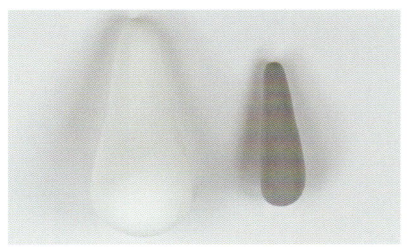

16 회색 긴 물방울 모양을 하나 더 준비해요.

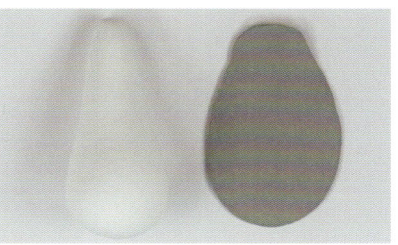

17 회색 물방울을 납작하게 눌러 주세요.

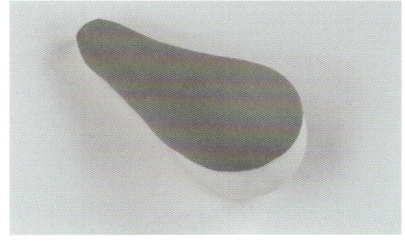

18 흰색 물방울에 회색을 붙여서 몸을 표현합니다.

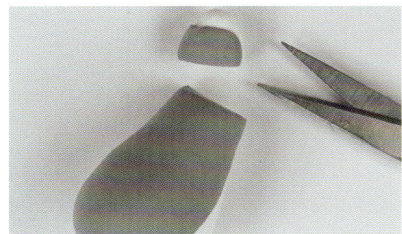

19 물방울의 뾰족한 부분을 가위로 편평하게 잘라 주세요.

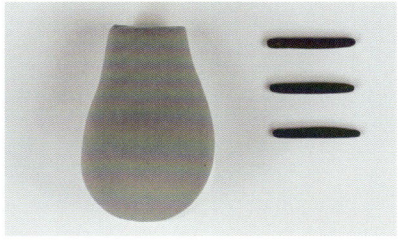

20 검은색 원형을 밀어서 줄 3개를 만들어요.

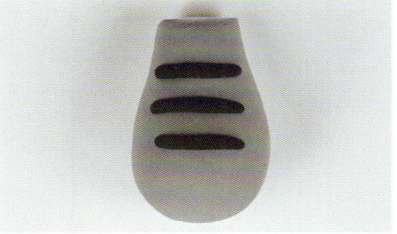

21 몸에 붙여서 등 무늬를 표현합니다.

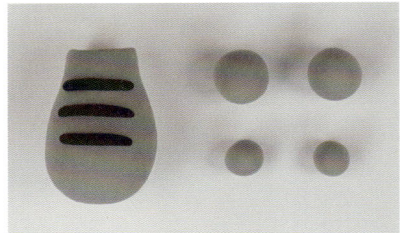

22 회색으로 서로 다른 크기의 원형을 2쌍 준비해요.

23 강아지(206p) 16~19번처럼 뒷다리를 붙이고, 발가락을 표현합니다.

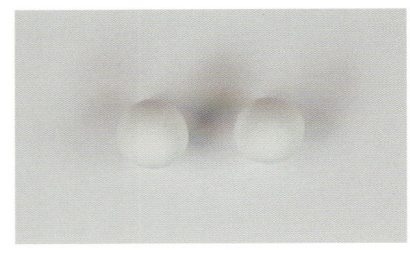

24 흰색 원형을 2개 준비해요.

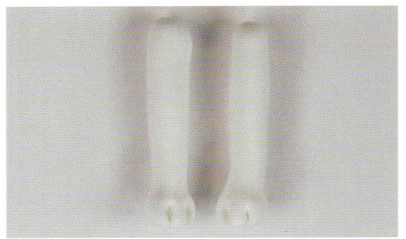

25 긴 마이크 모양으로 만들고 칼 도구로 자국 내서 앞다리를 만들어요.

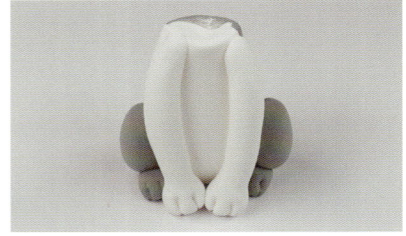

26 몸 앞쪽에 앞다리를 붙여서 몸을 완성합니다.

27 얼굴과 몸을 붙여 주세요.

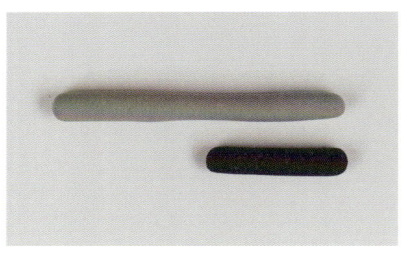

28 회색과 검은색으로 줄을 만들어요.

29 줄의 한쪽 끝을 가위로 잘라 주세요.

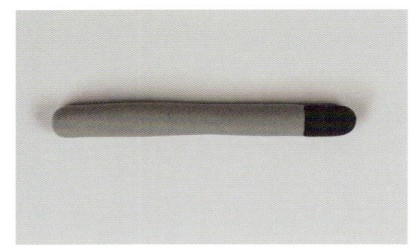

30 편평한 부분끼리 이어 붙여서 꼬리를 만들어요.

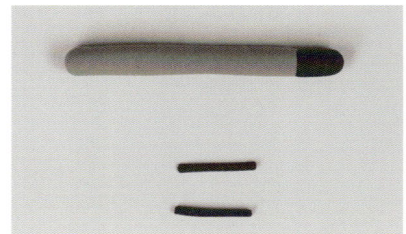

31 검은색으로 얇은 줄을 2개 준비해요.

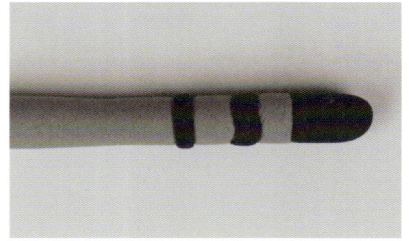

32 꼬리에 둘러서 무늬를 표현합니다.

33 몸 뒤편에 꼬리를 구부려 붙여서 완성합니다.

소

소요시간 1시간 이상

난이도 ★★★★☆

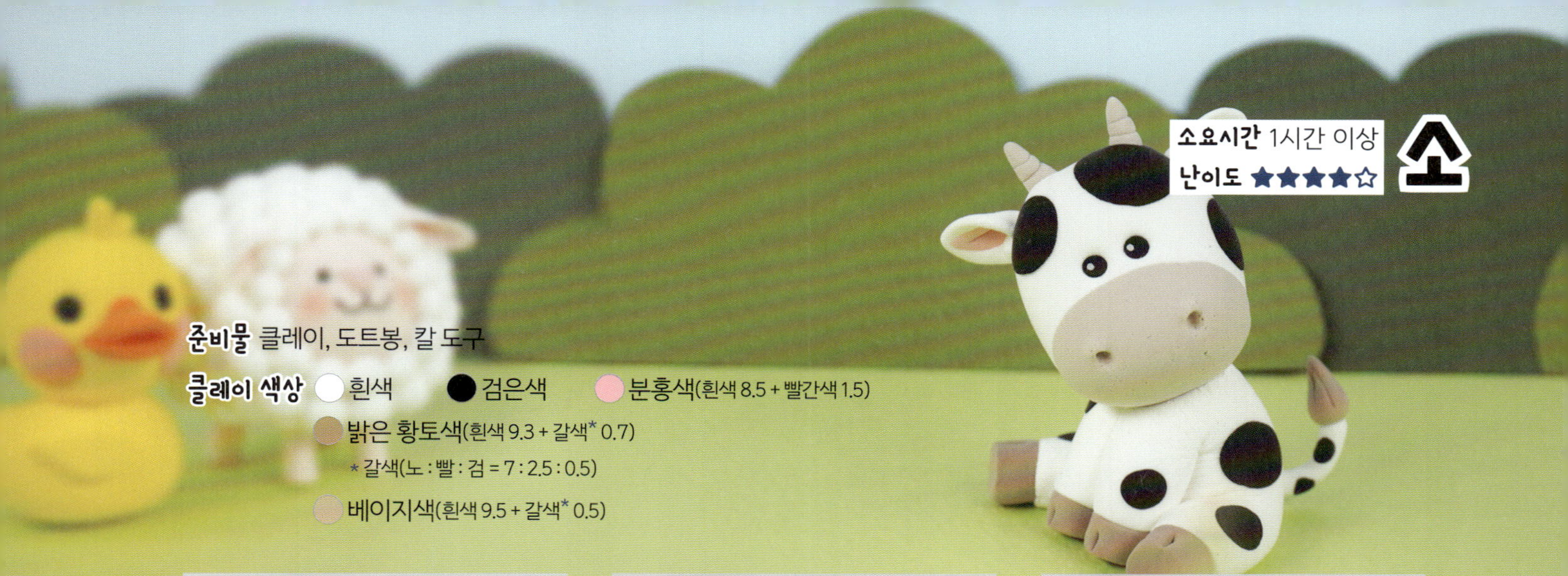

준비물 클레이, 도트봉, 칼 도구

클레이 색상 흰색 검은색 분홍색(흰색 8.5 + 빨간색 1.5)

밝은 황토색(흰색 9.3 + 갈색* 0.7)

* 갈색(노 : 빨 : 검 = 7 : 2.5 : 0.5)

베이지색(흰색 9.5 + 갈색* 0.5)

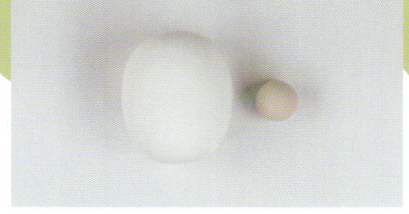

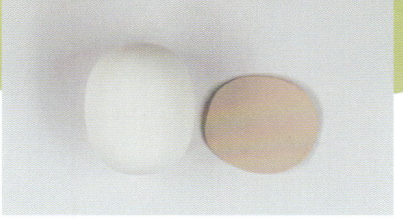

1 흰색 타원형을 준비해요.

2 베이지색 원형을 준비해요.

3 베이지색을 아주 납작하게 눌러 주세요.

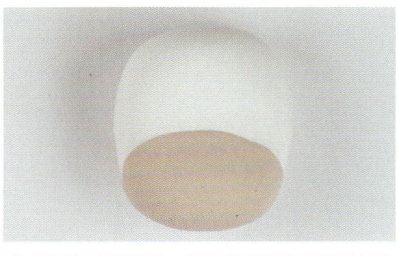

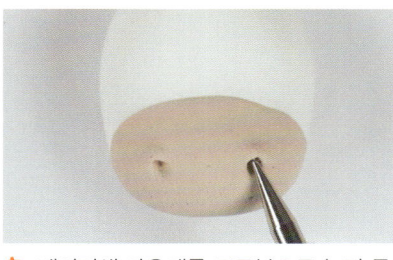

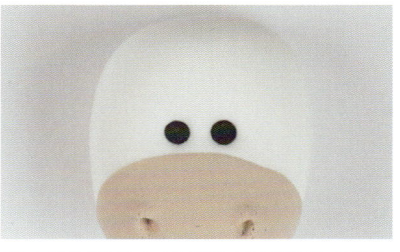

4 흰색 아래쪽을 베이지색으로 감싸서 얼굴을 표현합니다.

5 베이지색 가운데를 도트봉으로 눌러 콧구멍을 만들어요.

6 도트봉으로 눌러 홈을 낸 다음 검은색으로 눈을 만들어 붙여요.

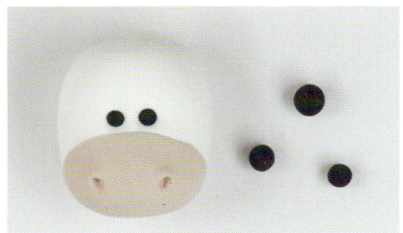

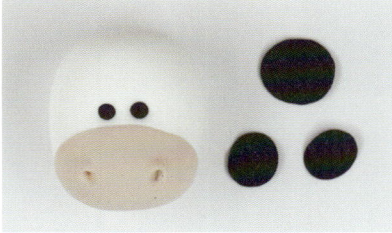

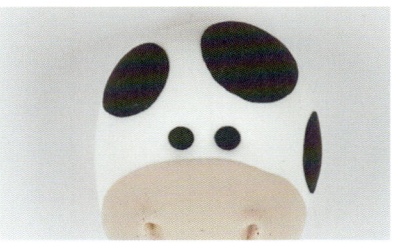

7 검은색으로 서로 다른 크기의 원형을 3개 준비해요.

8 검은색을 아주 납작하게 눌러요.

9 얼굴에 검은색을 붙여서 무늬를 만들어요.

10 베이지색으로 물방울 모양을 2개 만들어요.

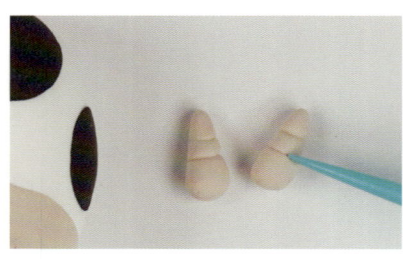

11 칼 도구로 물방울을 자국 내서 뿔의 질감을 표현합니다.

12 얼굴 위에 도트봉으로 뿔이 들어갈 홈을 2개 만들어요.

13 홈 안에 뿔을 넣어 붙여 주세요.

14 양(204p) 14~18번처럼 흰색과 분홍색으로 귀를 만들어요.

15 뿔 옆으로 귀를 붙여 줍니다.

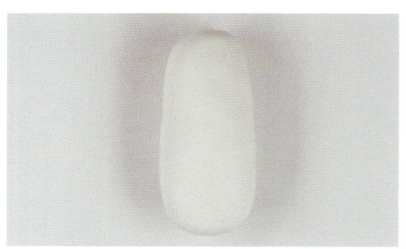

16 흰색 타원형을 준비해요.

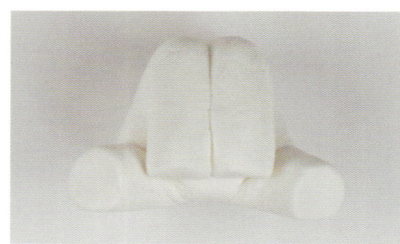

17 돼지(202p) 11~13번과 같은 방법으로 몸을 만들어요.

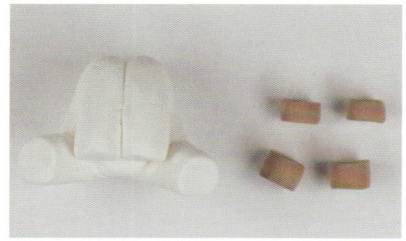

18 밝은 황토색으로 서로 다른 크기의 원기둥을 2쌍 준비해요.

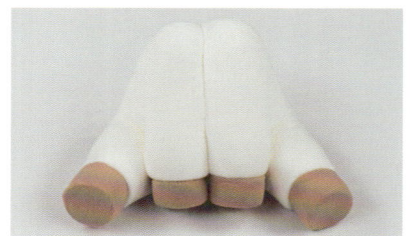

19 네 다리에 원기둥을 붙여 주세요.

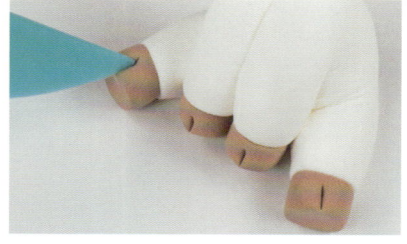

20 칼 도구로 자국 내서 발굽을 표현합니다.

21 검은색으로 서로 다른 크기의 원형을 여러 개 준비해요.

22 원형을 아주 납작하게 눌러요.

23 몸 여기저기에 무늬로 붙여 주세요.

24 소의 얼굴과 몸을 붙여 줍니다.

25 흰색과 밝은 황토색으로 서로 다른 크기의 원형을 준비해요.

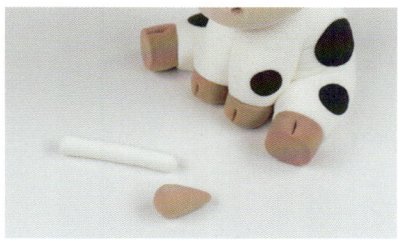

26 흰색은 줄로 만들고 밝은 황토색은 물방울 모양으로 만들어요.

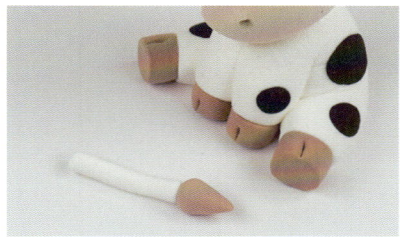

27 줄과 물방울을 이어 붙여요.

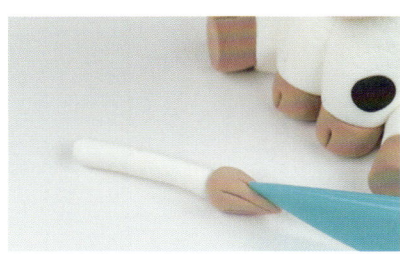

28 물방울 모양에 칼 도구로 자국 내서 꼬리를 완성합니다.

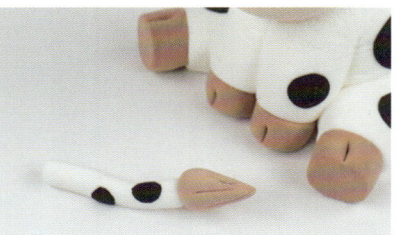

29 꼬리에도 검은색으로 얼룩무늬를 붙여 주세요.

30 꼬리를 붙이고 흰색 작은 원형으로 눈의 반짝임을 표현하여 완성합니다.

말

소요시간 1시간 이상
난이도 ★★★★☆

준비물 클레이, 밀대, 도트봉, 칼 도구, 가위

클레이 색상
- 황토색(흰색 9 + 갈색*1)
  * 갈색(노 : 빨 : 검 = 7 : 2.5 : 0.5)
- 고동색(노란색 5 + 빨간색 3 + 검은색 2)
- 흰색
- 검은색

1 황토색 타원형을 준비해요.

2 흰색 긴 줄을 얇게 밀어 긴 직사각형으로 잘라 주세요.

3 타원형의 길이 방향으로 흰 직사각형을 붙여요.

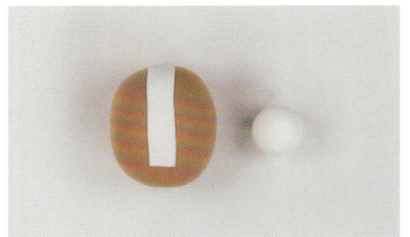

4 흰색 원형을 준비해요.

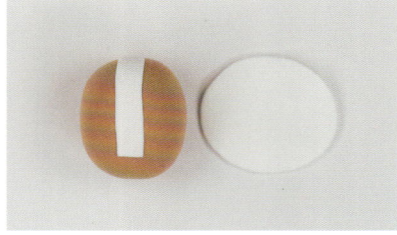

5 원형을 납작하게 눌러 주세요.

6 타원형 아래를 감싸서 얼굴을 표현합니다.

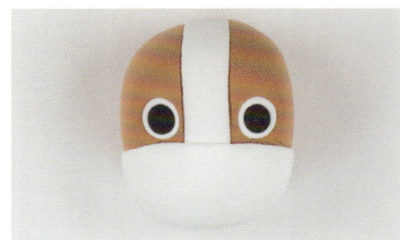

7 불가사리(166p) 4~9번과 같이 흰색과 검은색으로 눈을 만들어요.

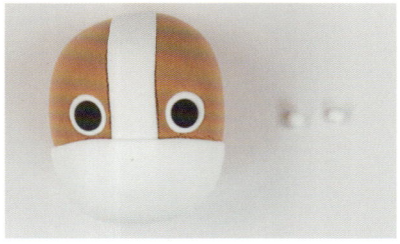

8 흰색 작은 원형을 2개 준비해요.

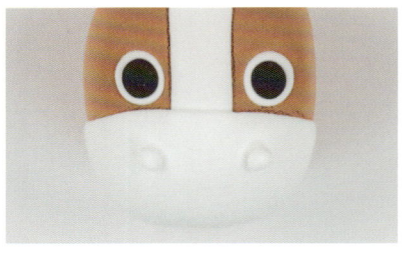

9 얼굴 아래쪽에 붙여서 코를 만들어 주세요.

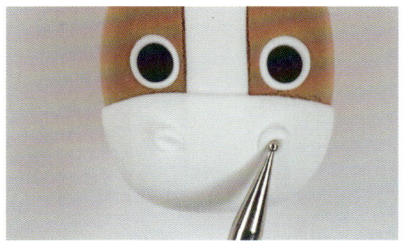
10 코를 도트봉으로 눌러 콧구멍을 표현합니다.

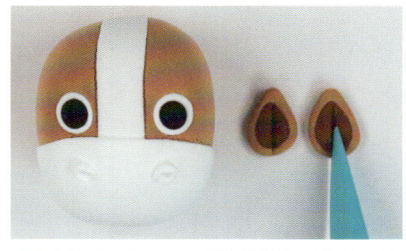
11 양(204p) 14~17번처럼 황토색과 고동색으로 귀를 만들어요.

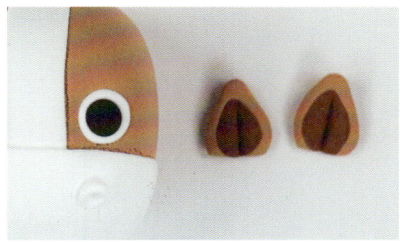
12 귀의 아래쪽을 가위로 잘라 편평하게 만들어요.

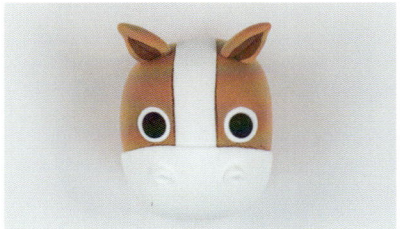
13 얼굴 위로 귀를 붙여 주세요.

14 황토색 원형을 준비해요.

15 원형을 긴 물방울 모양으로 만들어요.

16 물방울의 뾰족한 부분을 가위로 잘라 몸을 만들어요.

17 황토색과 고동색으로 서로 다른 크기의 원형을 2개씩 준비해요.

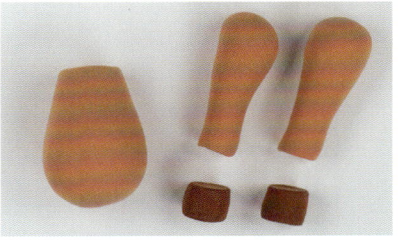
18 황토색은 끝이 편평한 물방울 모양으로, 고동색은 원기둥으로 만들어요.

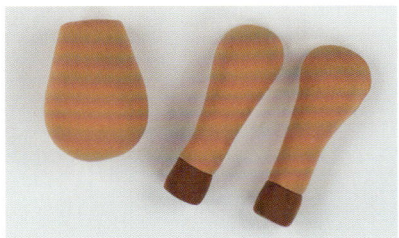
19 편평한 부분끼리 이어 붙여 말의 다리를 완성합니다.

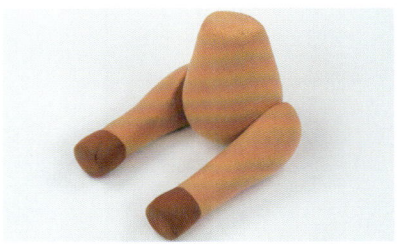
20 몸을 바닥에 놓고 아래쪽에 다리를 붙여 주세요.

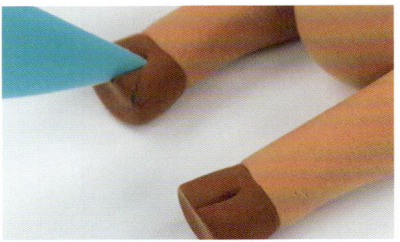
21 발굽에 칼 도구로 자국 내서 갈라진 부분을 표현합니다.

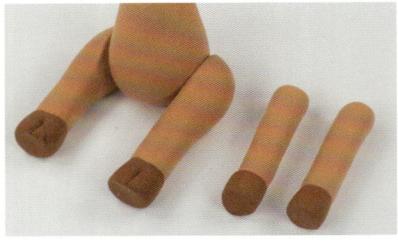

22 다리와 같은 방법으로 팔을 만들어 주세요.

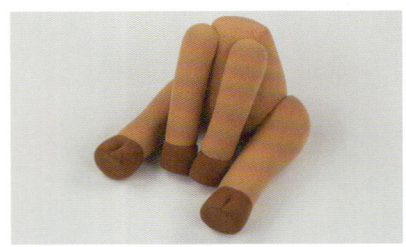

23 몸 위쪽에 팔을 붙여요.

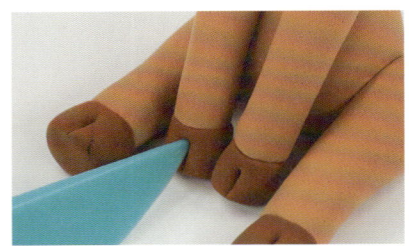

24 칼 도구로 자국 내서 발굽의 갈라진 부분을 표현해요.

25 말의 얼굴과 몸을 붙여 주세요.

26 고동색 줄을 밀대로 민 다음 긴 직사각형으로 잘라 주세요.

27 직사각형을 둘로 잘라서 이마부터 목까지, 목부터 엉덩이까지 각각 붙여요.

28 가위집을 촘촘하게 내어 말갈기를 표현합니다.

29 고동색 직사각형을 준비해요.

30 가위집을 촘촘하게 내어 꼬리를 표현합니다.

31 엉덩이에 꼬리를 붙여요.

32 말이 완성되었어요.

Part 10
동물원에서 만난 야생동물

펭귄

소요시간 30분 내외
난이도 ★★★☆☆

준비물 클레이, 송곳, 가위, 도트봉, 칼 도구, 파스텔, 붓

클레이 색상
- 남색(파란색 6 + 검은색 4)
- 흰색
- 검은색
- 레몬색(노란색 6 + 흰색 4)

1 남색 타원형을 살짝 납작하게 누른 후 아래쪽을 매만져 편평하게 만들어요.

2 흰색으로 긴 타원형을 만들어요.

3 흰색을 납작하게 눌러 줍니다.

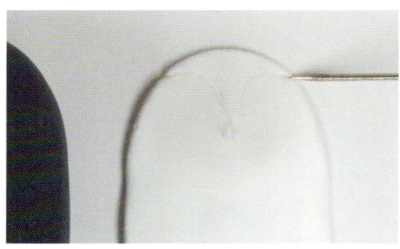

4 송곳을 이용해 'm'자 모양으로 스케치해요.

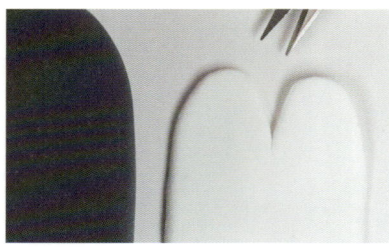

5 스케치한 자국을 따라 가위로 오려 주세요.

6 남색에 붙여서 펭귄 몸을 만들어요.

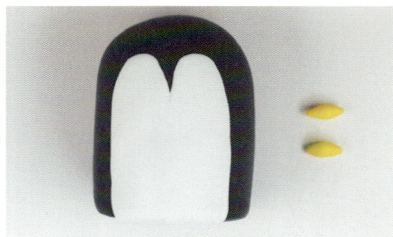

7 레몬 색 양쪽 물방울을 2개 준비해요.

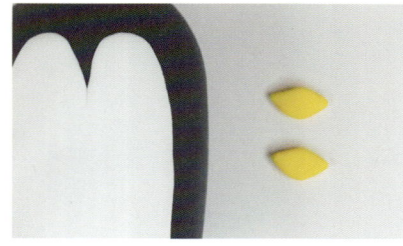

8 양쪽 물방울을 납작하게 눌러 줍니다.

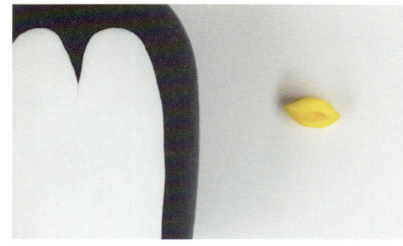

9 양쪽 물방울을 이어 붙여 부리를 완성해요.

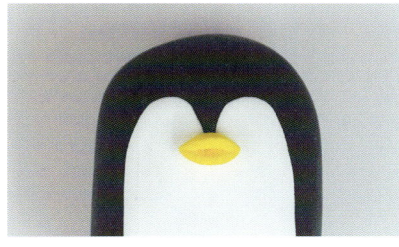

10 'm'자의 오목한 부분에 부리를 붙여요.

11 도트봉으로 눌러 홈을 낸 다음 검은색으로 눈을 만들어 붙여요.

12 남색 물방울 모양을 납작하게 눌러 날개를 만들어요.

13 펭귄 몸 양쪽에 날개를 붙여요.

14 레몬색 물방울 모양을 납작하게 눌러 발을 준비해요.

15 물방울의 동그란 부분을 칼 도구로 눌러 발가락을 표현해요.

16 몸 아래 발을 붙이고 붓에 분홍 파스텔을 묻혀서 볼터치를 합니다.

17 귀여운 펭귄이 완성되었어요.

곰

소요시간 1시간 내외
난이도 ★★★★☆

준비물 클레이, 송곳, 도트봉, 가위, 칼 도구

클레이 색상
- 연갈색(흰색 5 + 갈색* 5)
  * 갈색(노 : 빨 : 검 = 7 : 2.5 : 0.5)
- 연베이지색(흰색 9.9 + 갈색* 0.1)
- 검은색   고동색(노란색 5 + 빨간색 3 + 검은색 2)
- 연분홍색(흰색 9.5 + 빨간색 0.5)
- 연하늘색(흰색 9.5 + 파란색 0.5)
- 연노란색(흰색 9 + 노란색 1)

1 연갈색과 연베이지색 원형을 서로 다른 크기로 준비해요.

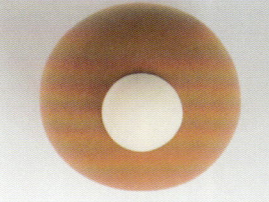

2 연베이지색 원형을 반구 모양으로 만들어 갈색에 붙여요.

3 불가사리(166p) 14~16번처럼 검은색 입을 만들어요.

4 검은색 원형을 입 위에 붙여 코를 표현합니다.

5 불가사리(166p) 4~9번처럼 연베이지색과 검은색으로 눈을 만들어요.

6 불가사리(166p) 11~13번처럼 분홍색 볼터치를 만들어요.

7 연갈색과 고동색으로 서로 다른 크기의 원형을 2개씩 준비해요.

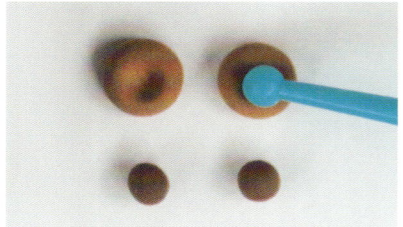

8 연갈색 원형을 납작하게 누른 다음 도트봉으로 눌러 홈을 만들어요.

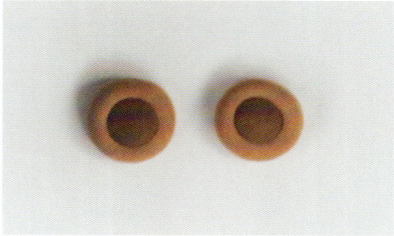

9 홈 안에 고동색 원형을 넣어 붙여 귀를 만들어요.

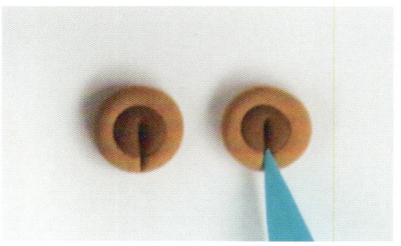

10 칼 도구로 귀를 자국 내 주세요.

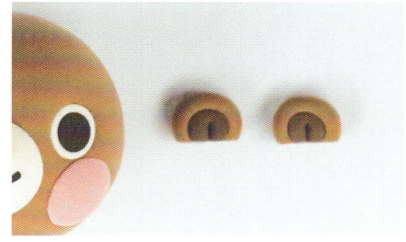

11 귀의 아래쪽을 가위로 잘라 편평하게 만들어요.

12 귀를 붙여 얼굴을 완성해요.

13 연갈색 물방울 모양을 얼굴보다 작게 만들어 주세요.

14 물방울의 뾰족한 부분을 가위로 잘라서 몸을 만들어요.

15 연갈색 원형을 서로 다른 크기로 2쌍 준비해요.

16 물방울을 원뿔 모양으로 만들어요.

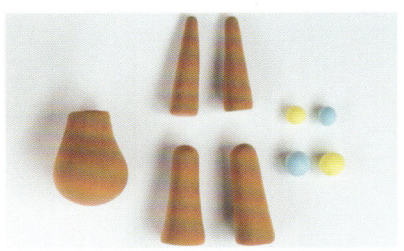

17 연노란색과 연하늘색으로 서로 다른 크기의 원형을 2개씩 준비해요.

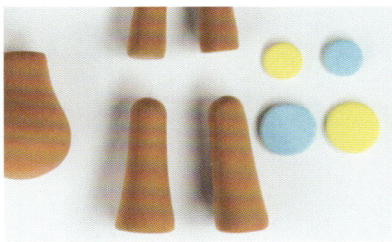

18 원형을 원뿔 밑면과 크기가 같도록 납작하게 눌러 발바닥을 완성해요.

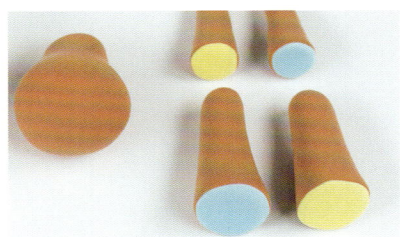

19 원뿔에 발바닥을 붙여 팔다리를 만들어요.

20 몸에 팔다리를 붙여 주세요.

21 갈색 원형을 엉덩이에 붙여 꼬리를 만들어요.

22 얼굴과 몸을 이어 붙여 완성합니다.

악어

소요시간 1시간 이상
난이도 ★★★☆☆

준비물 클레이, 칼 도구, 빨대, 도트봉, 가위

클레이 색상
- 🟢 초록색(노란색 6 + 파란색 4)
- ⚪ 흰색
- ⚫ 검은색
- 🩷 분홍색(흰색 8.5 + 빨간색 1.5)
- 🌈 무지개색(11p)

1 초록색 긴 물방울 모양을 준비해요.

2 물방울의 통통한 부분을 눌러 굴곡을 만들어요.

3 칼 도구로 자국 내서 입을 표현합니다.

4 반으로 자른 빨대로 악어 표피를 표현합니다.

5 흰색과 초록색으로 서로 다른 크기의 타원형을 2개씩 준비해요.

6 타원형을 납작하게 눌러 주세요.

7 초록색 위에 흰색 타원형 붙인 다음 아래를 잘라서 눈을 만들어요.

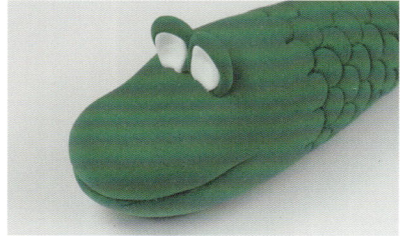

8 악어 얼굴 위쪽에 눈을 붙여 주세요.

9 검은색 작은 원형을 붙여서 눈동자를 표현합니다.

222

10 초록색 원형을 2개 준비해요.

11 입 위에 붙인 다음 도트봉으로 눌러서 코를 만들어요.

12 불가사리(166p) 11~13번과 같이 분홍색 볼터치를 입 양쪽 끝에 붙여요.

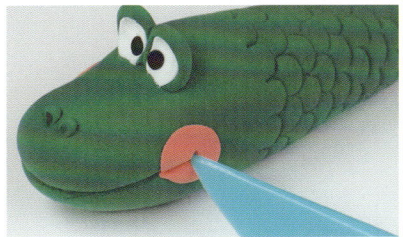

13 칼 도구로 볼터치 위를 자국 내 주세요. 이때 입과 연결된 느낌으로 합니다.

14 흰색 물방울 모양을 양쪽 입가에 작게 붙여서 이빨을 표현합니다.

15 초록색 원형을 서로 다른 크기로 2쌍 준비해요.

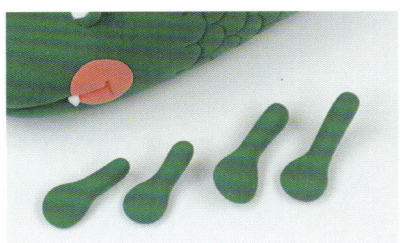

16 원형을 마이크 모양으로 만든 다음, 머리 부분을 납작하게 눌러 줍니다.

17 납작해진 부분을 가위로 오려 발가락을 표현합니다.

18 긴 발을 살짝 구부린 다음, 몸통에 발을 모두 붙여 주세요.

19 무지개색 원형을 물방울 모양으로 만든 다음 납작하게 눌러줍니다.

20 납작해진 물방울의 동그란 부분을 가위로 잘라 삼각형만 남겨 두세요.

21 등 부분에 쭉 붙이면 완성됩니다.

부엉이

소요시간 1시간 이상
난이도 ★★★★☆

준비물 클레이, 도트봉, 빨대, 밀대, 가위, 칼 도구, 송곳

클레이 색상
- 밝은 청록색(흰색 5 + 파란색 4 + 노란색 1)
- 검은색
- 흰색
- 빨간색
- 노란색
- 무지개색(11p)

1 밝은 청록색 타원형을 살짝 눌러 납작하게 하고 아래쪽을 편평하게 매만져요.

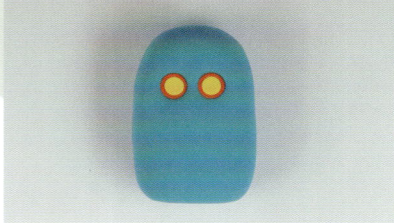

2 불가사리(166p) 4~9번과 같이 빨간색과 노란색으로 눈을 만들어요.

3 검은색 작은 원형을 눈 가운데 붙여서 동공을 표현합니다.

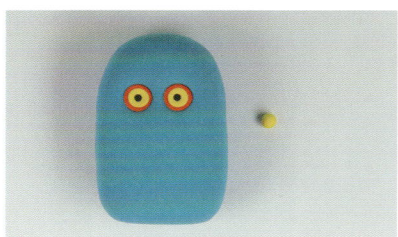

4 노란색 원형을 준비해요.

5 원형을 삼각형으로 만들어요.

6 눈 아래에 붙여서 부리를 표현합니다.

7 흰색 원형을 긴 물방울 모양으로 만들어요.

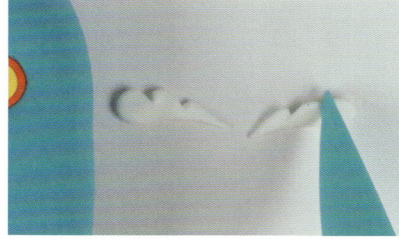

8 납작하게 누르고 위쪽을 칼 도구로 눌러서 눈썹을 표현합니다.

9 눈 위에 눈썹을 붙여 줍니다.

10 무지개색과 흰색 원형을 준비해요.

11 원형을 길게 민 다음 무지개색 사이에 흰색을 넣고 이어 붙여요.

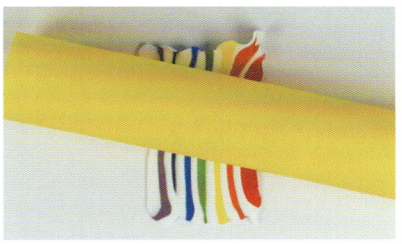
12 밀대를 이용해 커버 그라데이션 기법(11p)으로 섞어요.

13 계속 반복하다가 흰색을 지그재그로 더 넣어요.

14 밀대로 얇게 밀어 커버 그라데이션을 완성해요.

15 송곳으로 부엉이 몸통보다 작고 밑이 편평한 타원형을 스케치해요.

16 스케치에 따라 가위로 오려 주세요.

17 몸에 붙여서 배를 만들어요.

18 단면을 반으로 자른 빨대로 자국을 내어 깃털을 표현합니다.

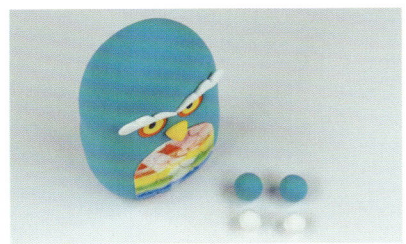
19 밝은 청록색과 흰색 원형을 서로 다른 크기로 2개씩 준비해요.

20 납작하게 눌러서 겹쳐 주세요.

21 그라데이션 기법(10p)으로 섞어서 원형을 만들어요.

22 물방울 모양으로 만들어요.

23 물방울을 납작하게 누른 다음 칼 도구로 자국을 만들어요.

24 부엉이 몸 양쪽에 붙여서 날개를 표현합니다.

25 빨간색 긴 물방울 모양을 준비해요.

26 납작하게 눌러 주세요.

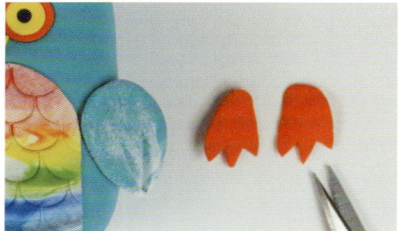

27 가위로 오려서 발가락을 표현합니다.

28 몸 아래 발을 붙여서 완성합니다.

준비물 클레이, 도트봉, 가위

클레이 색상 🟢 밝은 초록색(노란색 8.5 + 파란색 1.5)
🔴 빨간색 ⚫ 검은색 🌈 무지개색(11p)

1 밝은 초록색 긴 물방울을 준비해요.

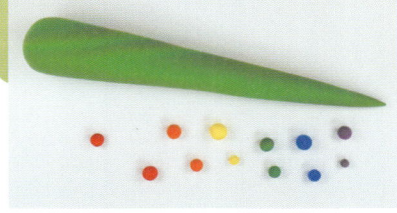

2 무지개색 원형을 다양한 크기로 여러 개 만들어요.

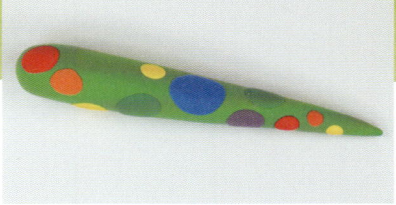

3 납작하게 누르고 물방울에 붙여서 무늬를 표현합니다.

4 구불구불하게 구부려서 뱀 모양을 만들어요.

5 검은색과 빨간색 작은 원형을 붙여서 눈과 입을 표현합니다.

6 입을 도트봉으로 눌러서 혀가 들어갈 홈을 만들어요.

7 빨간색으로 짧은 줄을 만들어요.

8 끝을 가위로 갈라서 혀를 준비해요.

9 입의 홈 안에 혀를 붙여 완성합니다.

코끼리

소요시간 1시간 내외
난이도 ★★★★☆

준비물 클레이, 도트봉, 가위, 칼 도구

클레이 색상
- 🔵 연하늘색 (흰색 9.5 + 파란색 0.5)
- 🔵 하늘색 (흰색 9 + 파란색 1)
- 🩷 연분홍색 (흰색 9.5 + 빨간색 0.5)
- ⚪ 흰색
- 🔵 연한 남색 (흰색 5 + 남색* 5)
   * 남색 (파 : 검 = 6 : 4)

1 연하늘색 원형을 준비해요.

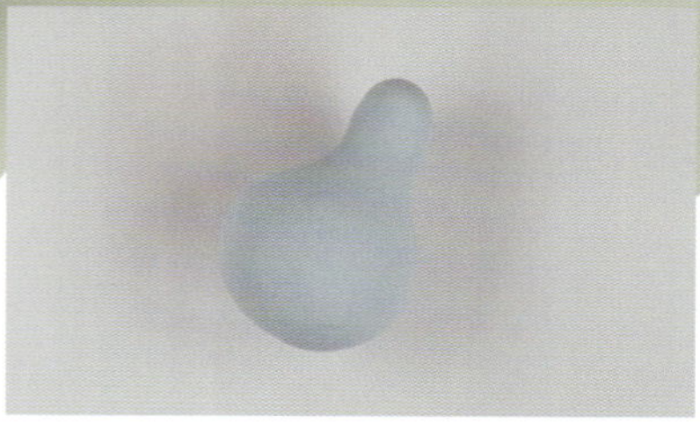

2 원형을 짧은 마이크 모양으로 만들어요. 튀어나온 부분은 코끼리 코가 됩니다.

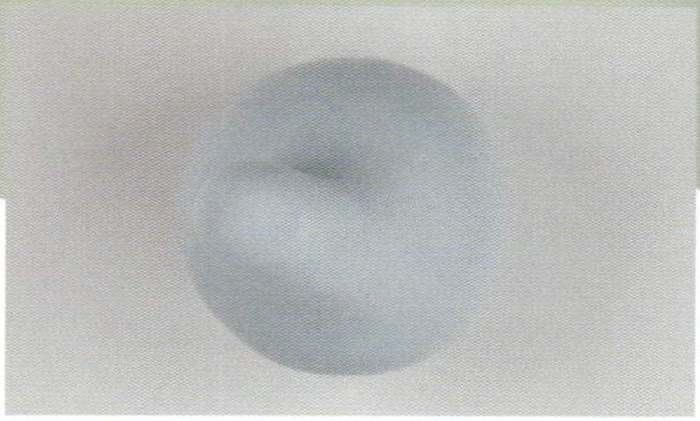

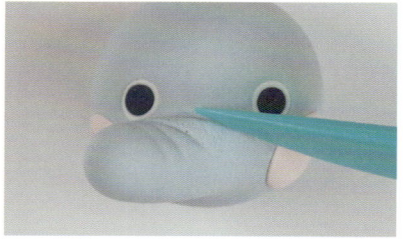

3 코를 한쪽으로 구부려 주세요.

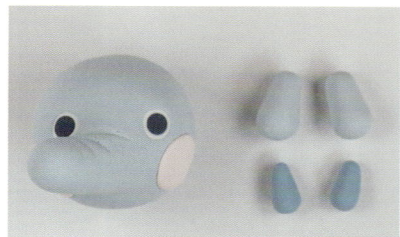

4 불가사리(166p) 4~9번처럼 흰색과 연한 남색으로 눈을 만들어요.

5 불가사리(166p) 11~13번처럼 연분홍색 볼터치를 만들어요.

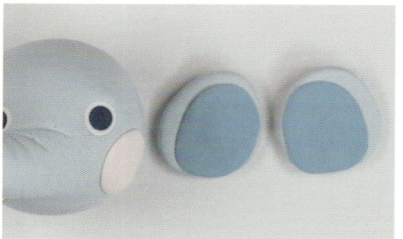

6 코 부분을 칼 도구로 눌러 주름을 표현해요.

7 연하늘색과 하늘색으로 서로 다른 크기의 물방울을 2개씩 준비해요.

8 물방울을 납작하게 눌러 주세요.

9 연하늘색 위에 하늘색을 붙여서 귀를 만들어요.

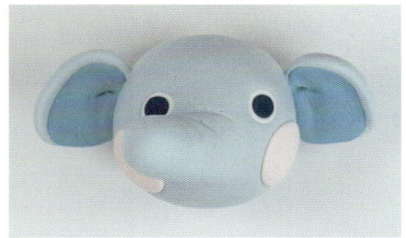

10 귀의 안쪽을 칼 도구로 자국 낸 후 귀를 붙여요.

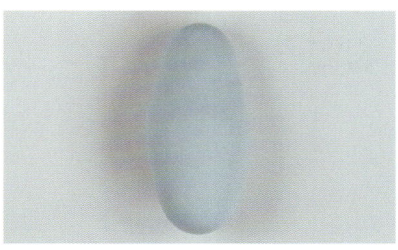

11 연하늘색 양쪽 물방울 모양을 준비해요.

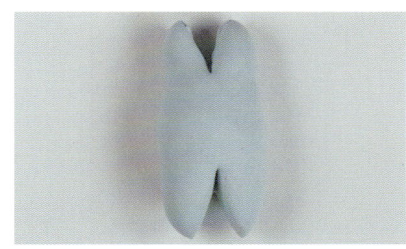

12 양쪽 끝을 가위를 이용해 갈라서 팔다리를 만들어요.

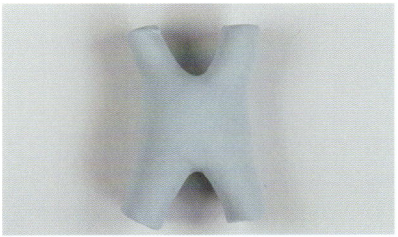

13 가른 부분을 매만지고 끝 부분을 편평하게 정리합니다.

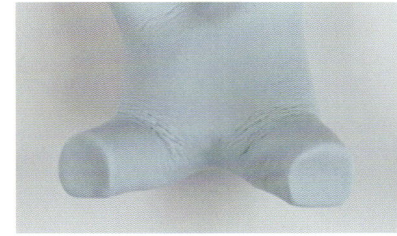

14 다리를 먼저 구부려 주세요.

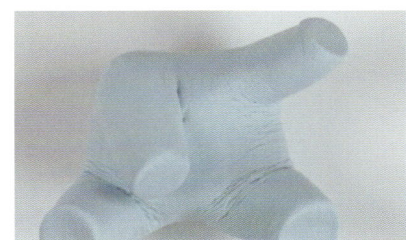

15 팔도 원하는 모양으로 구부립니다.

16 얼굴과 몸을 붙여 주세요.

17 연하늘색과 하늘색으로 서로 다른 크기의 원형을 준비해요.

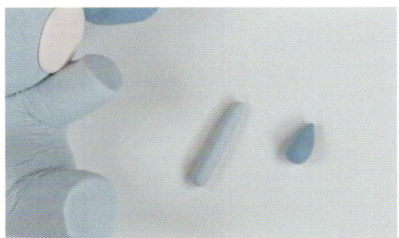

18 연하늘색은 긴 줄로, 하늘색은 물방울 모양으로 만들어요.

19 긴 줄에 물방울을 붙여 꼬리를 완성해요.

20 엉덩이에 꼬리를 붙여 완성합니다.

코알라

소요시간 1시간 내외
난이도 ★★★★☆

준비물 클레이, 송곳, 도트봉, 가위, 칼 도구

클레이 색상
- 밝은 회청색(흰색 9.4 + 파란색 0.5 + 검은색 0.1)
- 흰색
- 검은색
- 연분홍색(흰색 9.5 + 빨간색 0.5)

1 밝은 회청색 원형을 준비해요.

2 원형을 타원형으로 만들어 살짝 납작하게 눌러 줍니다.

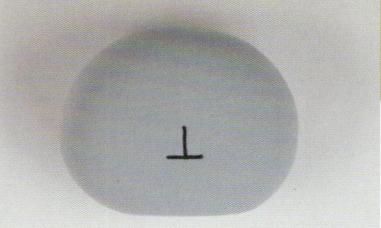

3 불가사리(166p) 14~16번과 같은 방법으로 검은색 입을 만들어요.

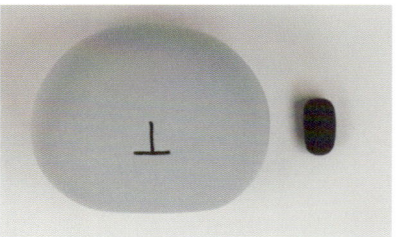

4 검은색 타원형을 준비해요.

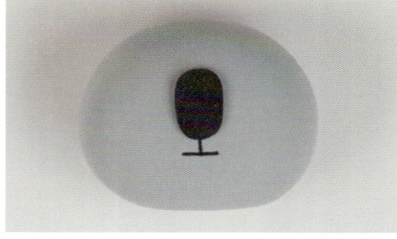

5 타원형을 납작하게 누른 다음 입 위에 붙여 코를 표현합니다.

6 불가사리(166p) 4~10번과 같이 흰색과 검은색으로 눈을 만들어요.

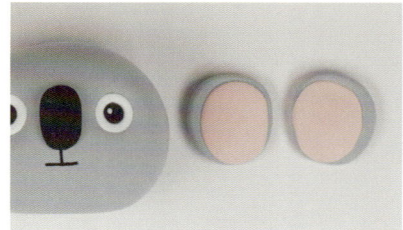

7 쥐(195p) 10~12번과 같이 밝은 회청색과 연분홍색으로 귀를 만들어요.

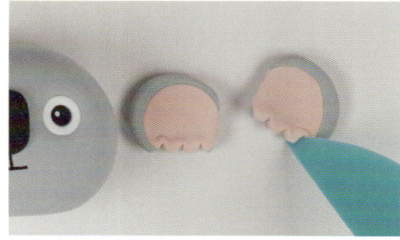

8 귀의 아랫부분을 칼 도구로 물결 모양을 만들어요.

9 얼굴 양쪽에 귀를 붙여 주세요.

10 밝은 회청색 원형을 준비해요.

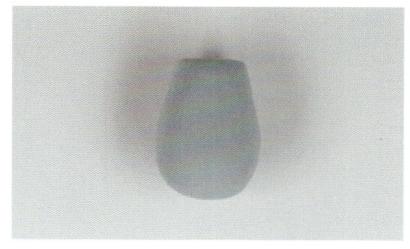

11 긴 물방울 모양으로 만든 다음 뾰족한 부분은 잘라 주세요.

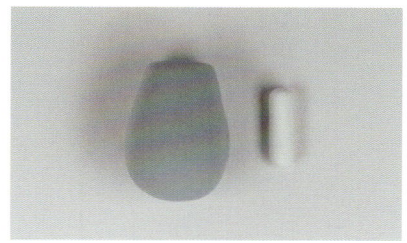

12 흰색 타원형을 준비합니다.

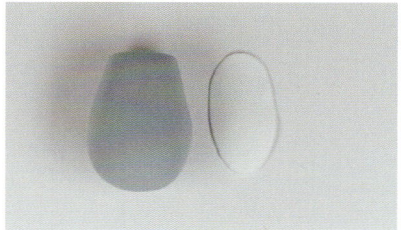

13 타원형을 납작하게 눌러 주세요.

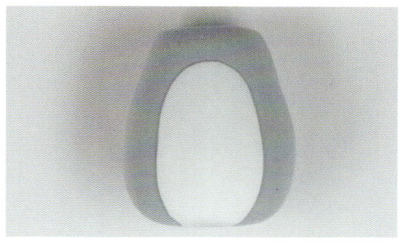

14 회색 위에 흰색을 붙여서 몸통을 완성합니다.

15 회색 원형을 서로 다른 크기로 2쌍 만들어요.

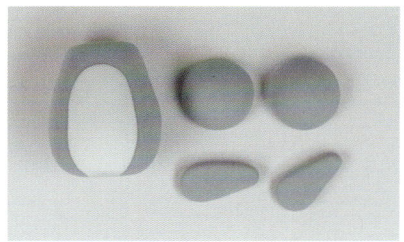

16 큰 원형은 반구로, 작은 원형은 긴 물방울으로 만들어 납작하게 눌러 주세요.

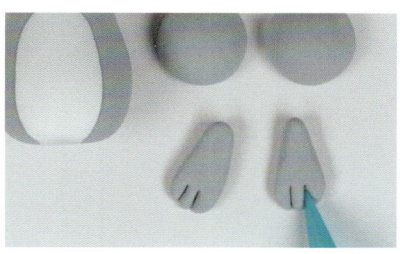

17 물방울 모양에 칼 도구로 발가락 자국을 냅니다.

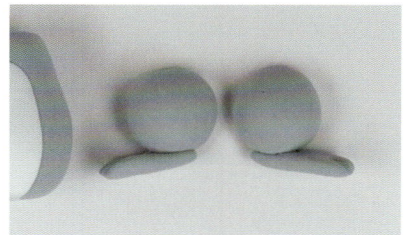

18 반구 아래 붙여서 다리를 완성합니다.

19 몸통을 바닥에 세우고 양쪽에 다리를 붙여 주세요.

20 회색 원형을 2개 준비합니다.

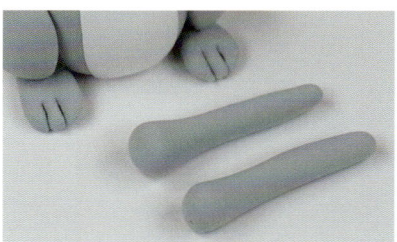

21 원형을 긴 마이크 모양으로 만들어요.

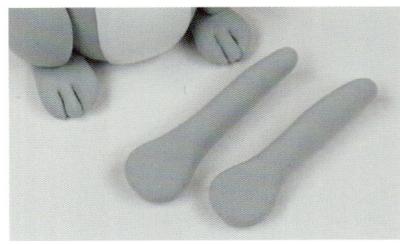
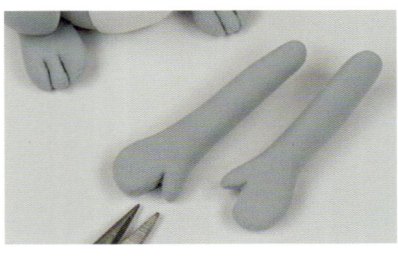
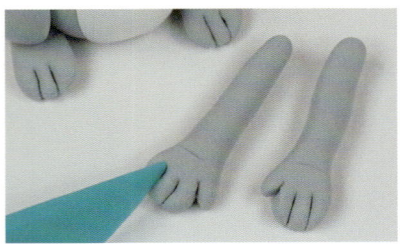

22 마이크 머리 부분을 납작하게 눌러 주세요.

23 납작한 부분을 가위로 오려 손을 만들어요.

24 칼 도구로 자국 내서 손가락을 표현합니다.

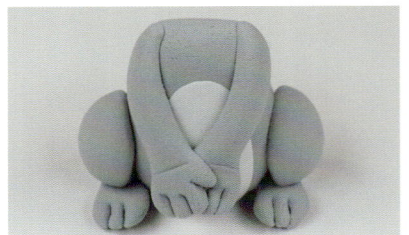

25 몸통 위쪽에 팔을 붙여 주세요.

26 얼굴과 몸을 붙여 줍니다.

27 회색 원형으로 꼬리를 준비해요.

31 엉덩이에 꼬리를 붙여 주세요.

32 코알라가 완성되었습니다.

판다

소요시간 1시간 내외
난이도 ★★★★☆

준비물 클레이, 송곳, 가위, 도트봉

클레이 색상 ○ 흰색 ● 검은색
● 초록색(노란색 6 + 파란색 4)

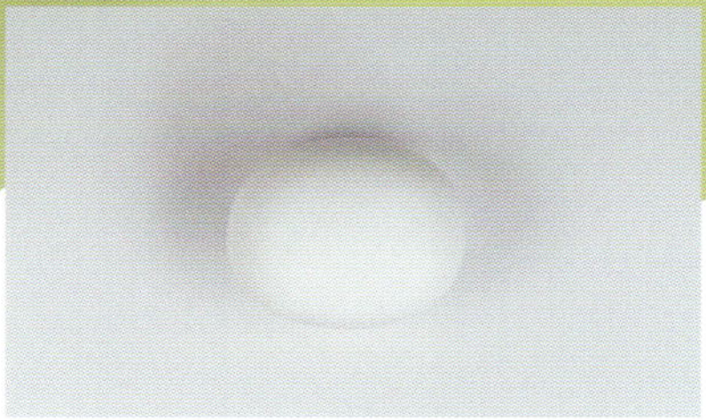

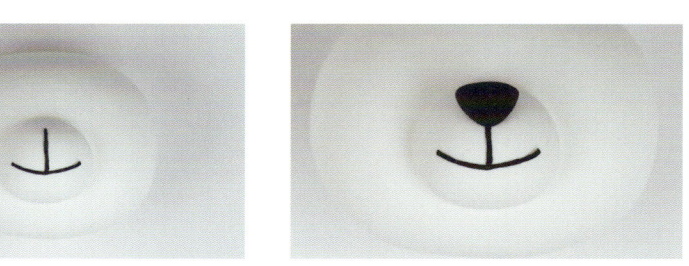

1. 흰색 타원형을 만들어 납작하게 눌러요.

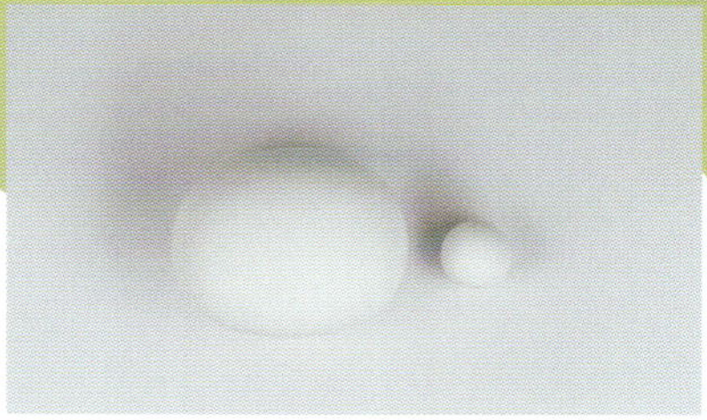

2. 흰색 원형을 준비해요.

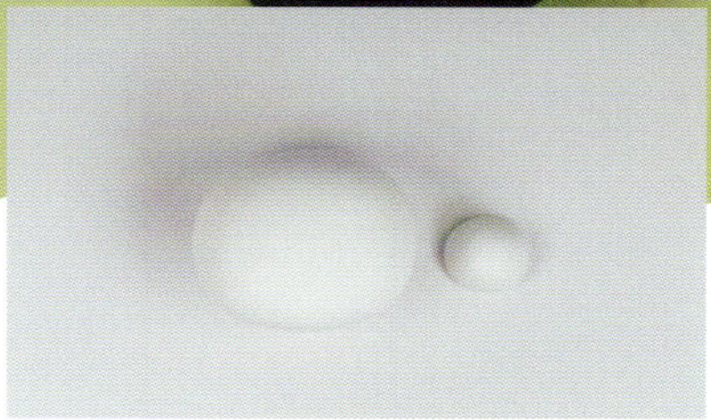

3. 흰색 원형을 손가락으로 빚어서 한 면이 편평한 반구 모양으로 만들어요.

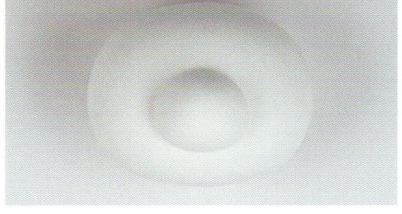

4. 타원형 가운데 반구를 붙여 주세요.

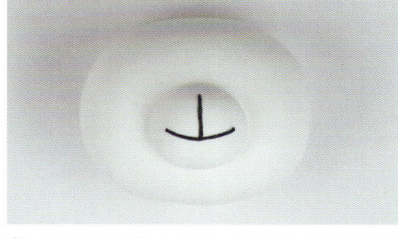

5. 불가사리(166p) 14~16번과 같은 방법으로 검은색 입을 만들어요.

6. 검은색으로 삼각형 코를 만들어 붙여 주세요.

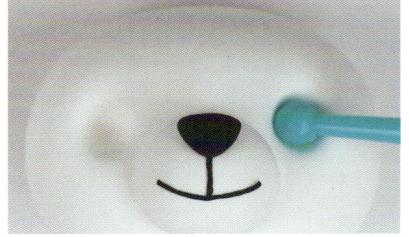

7. 도트봉으로 눈가의 무늬가 붙을 자리를 2개 만들어 주세요.

8. 검은 원형을 만들어 홈 안에 넣어 붙여요.

9. 불가사리(166p) 4~9번과 같이 흰색과 검은색으로 눈을 만들어요.

10 검은색 타원형을 준비해요.

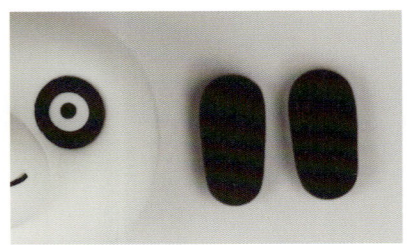
11 타원형을 납작하게 눌러 줍니다.

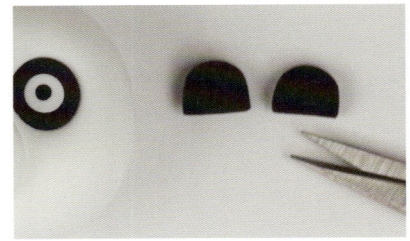
12 타원형 아랫부분을 가위로 잘라 편평하게 만들어요.

13 머리 위에 붙여 귀를 표현합니다.

14 흰색 원형을 준비해요.

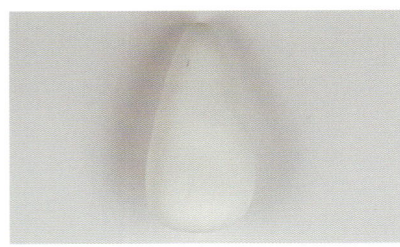
15 긴 물방울 모양으로 만들어요.

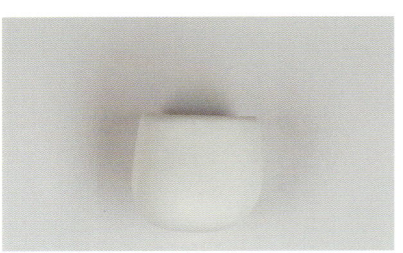
16 물방울을 반으로 잘라서 뭉툭한 부분만 몸으로 사용합니다.

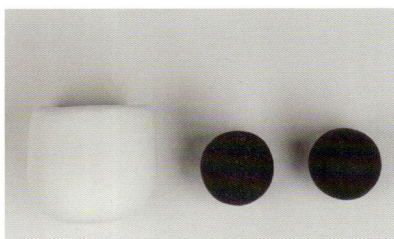
17 검은색 원형을 2개 준비해요.

18 원형을 끝이 둥근 원뿔 모양으로 만들어요.

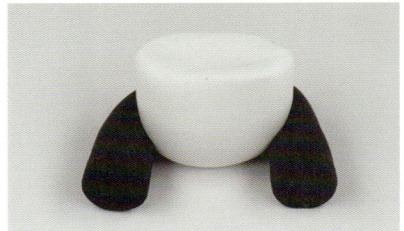
19 판다의 몸 양쪽에 붙여서 다리를 표현합니다.

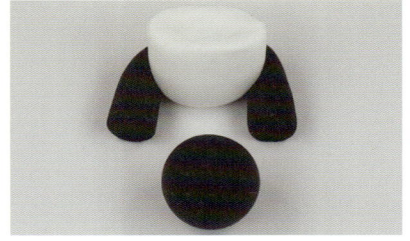
20 검은색 원형을 준비해요.

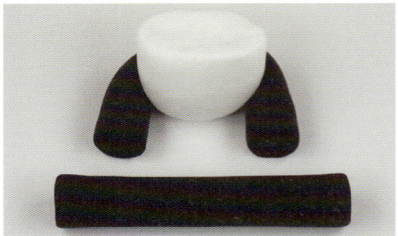
21 원형을 긴 원기둥으로 만들어요.

234

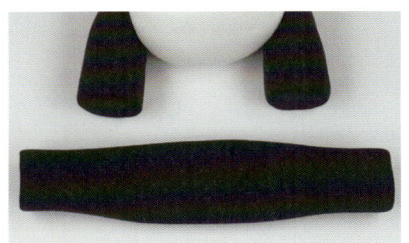

22 원기둥 가운데를 손가락으로 눌러 납작하게 만들어요.

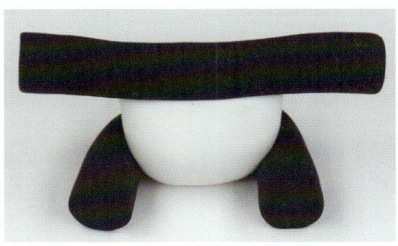

23 몸 위에 가로로 붙여서 팔을 만들어요.

24 팔을 앞으로 구부려 주세요.

25 판다의 얼굴과 몸을 붙여 줍니다.

26 흰색 원형을 준비해 엉덩이에 붙여요.

27 초록색 원형을 여러 개 준비해요. 하나는 크게 만들어 주세요.

28 큰 원형은 길게 밀고, 나머지는 물방울 모양으로 만들어 납작하게 눌러요.

29 긴 줄에 물방울을 붙여 대나무 잎을 만들어요.

30 팔 사이에 대나무 잎을 끼우면 완성됩니다.

원숭이

소요시간 1시간 내외
난이도 ★★★★☆

준비물 클레이, 송곳, 가위, 도트봉, 칼 도구, 붓, 파스텔

클레이 색상
● 고동색(노란색 5 + 빨간색 3 + 검은색 2)
○ 연베이지색(흰색 9.9 + 갈색* 0.1)
  *갈색(노 : 빨 : 검 = 7 : 2.5 : 0.5)
● 검은색

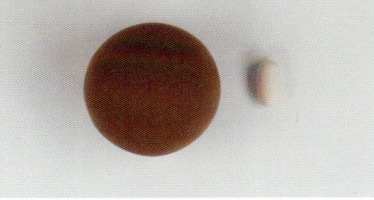

1 고동색 원형과 연베이지색 타원형을 준비해요.

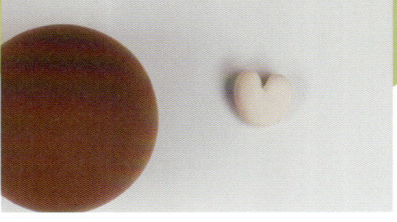

2 타원형을 살짝 누른 다음 윗부분을 칼 도구로 눌러서 하트 모양을 만들어요.

3 하트 모양을 납작하게 눌러요.

4 하트의 뾰족한 부분을 가위로 자른 다음 갈색에 붙여서 얼굴을 만들어요.

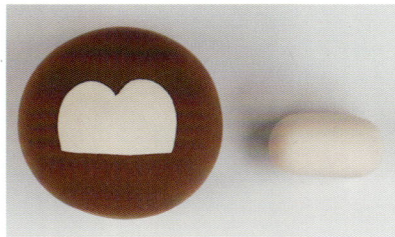

5 연베이지색 타원형을 준비해요.

6 타원형을 손가락으로 매만져 바닥을 편평하게 만들어요.

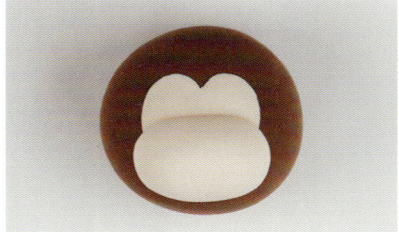

7 하트 아래에 이어서 붙여 주세요.

8 불가사리(166p) 14~16번과 같은 방법으로 검은색 코와 입을 만들어요.

9 도트봉으로 눌러 홈을 낸 다음 검은색으로 눈을 만들어 붙여요.

10 고동색과 연베이지색으로 서로 다른 크기의 원형을 2개씩 준비해요.

11 곰(220p) 7~12번과 같은 방법으로 귀를 만들어 붙여요.

12 고동색과 연베이지색으로 서로 다른 크기의 원형을 준비해요.

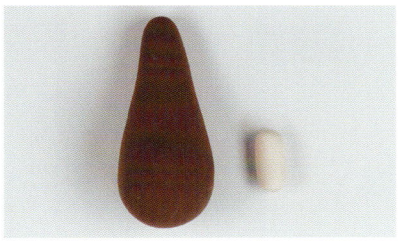

13 고동색은 긴 물방울 모양, 연베이지색은 타원형으로 만들어요.

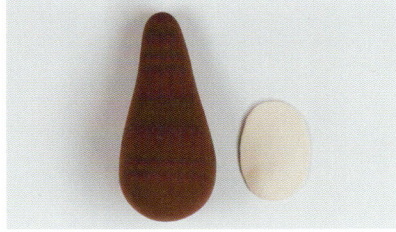

14 타원형을 아주 납작하게 눌러 주세요.

15 물방울 위에 타원형을 붙여 몸통을 완성해요.

16 몸통의 위아래 부분을 잘라 편평하게 만들어요.

17 고동색과 연베이지색으로 서로 다른 크기의 원형을 2개씩 준비해요.

18 고동색은 긴 원기둥, 연베이지색은 한 면이 편평한 타원형으로 만들어요.

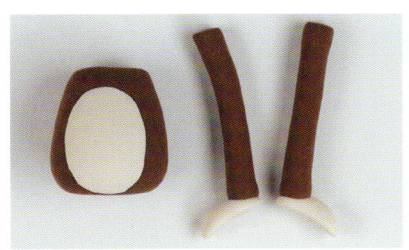

19 원기둥에 타원형을 붙여 다리를 완성합니다.

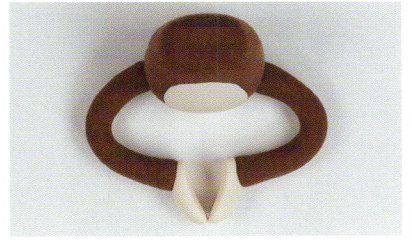

20 몸통 양쪽에 다리를 붙이고 동그랗게 구부려요.

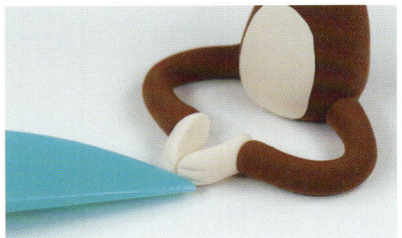

21 발을 칼 도구로 자국 내서 발가락을 표현합니다.

22 고동색과 연베이지색으로 서로 다른 크기의 원형을 2개씩 준비해요.

23 고동색은 끝이 둥근 긴 원뿔로, 연베이지색은 물방울로 만들어요.

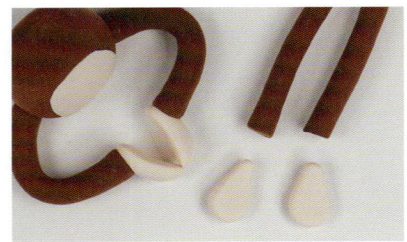

24 물방울을 납작하게 눌러 주세요.

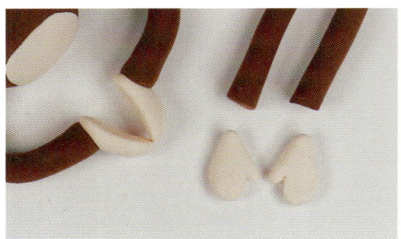

25 물방울 사이를 가위로 오려서 손을 만들어요.

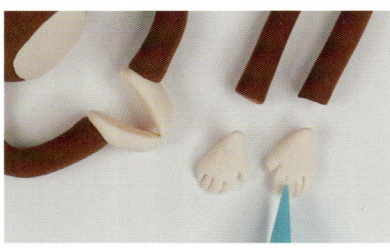

26 칼 도구로 자국 내서 손가락을 표현합니다.

27 긴 원뿔에 손을 붙여 원숭이의 팔을 완성합니다.

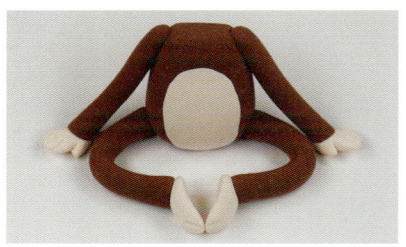

28 몸통 위쪽에 팔을 붙여 주세요.

29 얼굴과 몸통을 붙여요.

30 고동색 원형을 길게 밀어 줄을 만들어요.

31 엉덩이에 붙여 꼬리를 표현합니다.

32 붓에 분홍색 파스텔을 묻혀서 코를 칠해 주세요.

33 원숭이가 완성되었습니다.

호랑이

소요시간 1시간 이상
난이도 ★★★★☆

준비물 클레이, 송곳, 가위, 도트봉, 칼 도구

클레이 색상
- 🟠 연주황색(노란색 9.5 + 빨간색 0.5)
- ⚫ 검은색 ⚪ 흰색
- 🩷 분홍색(흰색 8.5 + 빨간색 1.5)

1 연주황색 원형을 준비해요.

2 흰색 원형을 준비해요.

3 흰색 원형을 손가락으로 빚어서 한 면이 편평한 반구 모양으로 만들어요.

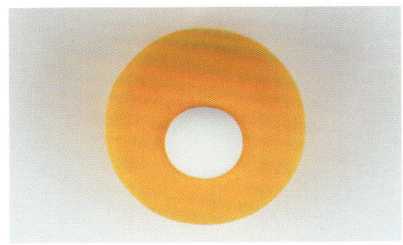

4 연주황색 가운데 흰색 반구를 붙여 줍니다.

5 불가사리(166p) 14~16번과 같은 방법으로 검은색 입을 만들어요.

6 분홍색으로 삼각형 코를 만들어 붙여 주세요.

7 도트봉으로 눌러 홈을 낸 다음 검은색으로 눈을 만들어 붙여요.

8 검은색으로 긴 양쪽 물방울 모양을 10개 만들어요.

9 물방울 4개로 이마 위 무늬를 만들어요.

10 나머지는 양쪽 볼에 3개씩 붙여 줍니다.

11 연주황색과 분홍색으로 서로 다른 크기의 원형을 2개씩 만들어요.

12 곰(220p) 7~12번과 같은 방법으로 귀를 만들어 붙여요.

13 연주황색과 흰색으로 서로 다른 크기의 원형을 준비해요.

14 연주황색은 긴 물방울 모양으로, 흰색은 긴 타원형으로 만들어요.

15 긴 타원형을 아주 납작하게 눌러 주세요.

16 연주황색 위에 타원형을 붙여서 몸통을 만들어요.

17 몸통의 뾰족한 부분은 가위로 잘라 편평하게 해요.

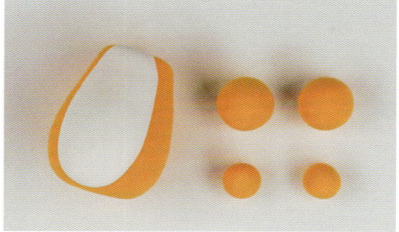
18 연주황색으로 서로 다른 크기의 원형을 2쌍 준비해요.

19 강아지(206p) 16~19번처럼 뒷다리를 붙이고, 발가락을 표현합니다.

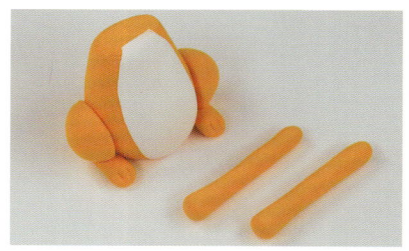
20 연주황색 긴 줄을 2개 준비해요.

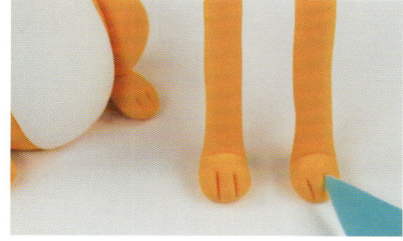
21 줄을 바닥에 세운 다음 칼 도구로 자국 내서 손가락을 표현합니다.

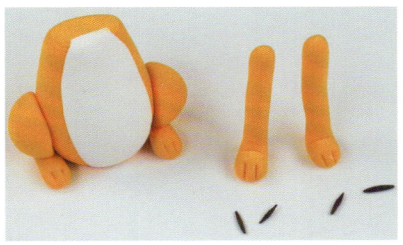
22 검은색 양쪽 물방울을 4개 준비해요.

23 팔에 무늬를 감싸 붙여 팔을 완성해요.

24 몸통 위쪽에 팔을 붙여 호랑이의 몸을 완성합니다.

25 검은색으로 긴 양쪽 물방울 모양 4개를 만들어 등 무늬도 붙여 주세요.

26 검은색 물방울 모양을 더 만들어 다리에도 붙여 주세요.

27 호랑이의 머리와 몸통을 붙여 주세요.

28 연주황색과 검은색으로 서로 다른 크기의 원형을 준비합니다.

29 연주황색은 긴 줄로, 검은색은 타원형으로 만들어요.

30 긴 줄과 타원형의 끝을 가위로 잘라 편평하게 만들어요.

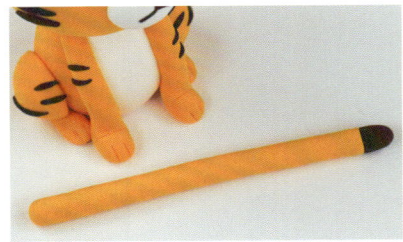
31 편평한 부분끼리 이어 붙여 꼬리를 만들어요.

32 꼬리에도 무늬를 붙여 주세요.

33 엉덩이에 꼬리를 붙이면 완성됩니다.

사자

소요시간 1시간 이상
난이도 ★★★★☆

준비물 클레이, 송곳, 가위, 도트봉, 칼 도구
클레이 색상
- 진베이지색(흰색 9.4 + 갈색* 0.6)
  * 갈색(노 : 빨 : 검 = 7 : 2.5 : 0.5)
- 연베이지색(흰색 9.9 + 갈색* 0.1)
- 흑갈색(노란색 3.5 + 빨간색 3.5 + 검은색 3)
- 파스텔색(11p)

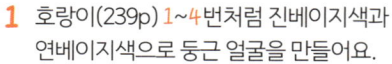

1 호랑이(239p) 1~4번처럼 진베이지색과 연베이지색으로 둥근 얼굴을 만들어요.

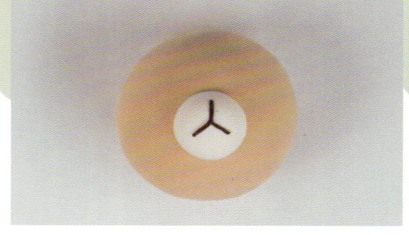

2 불가사리(166p) 14~16번과 같은 방법으로 흑갈색 입을 만들어요.

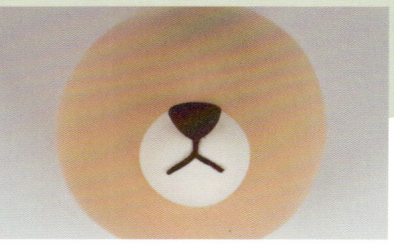

3 흑갈색으로 삼각형 코를 만들어 붙여 주세요.

4 도트봉으로 눌러 홈을 낸 다음 흑갈색으로 눈을 만들어 붙여요.

5 파스텔색으로 타원형 6개를 준비해요.

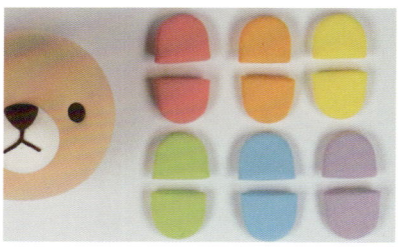

6 타원형을 납작하게 누른 다음 반으로 잘라서 갈기를 준비합니다.

7 갈기 넓이를 조정하며 붙여서 얼굴 주위를 채우도록 합니다.

8 진베이지색 타원형을 만들어 납작하게 눌러 주세요.

9 타원형 가운데를 칼 도구로 자국 내요.

10 귀 아래쪽을 가위로 잘라서 귀를 만들어요.

11 진베이지 원형을 준비해요.

12 원형을 긴 물방울 모양으로 만든 다음 뾰족한 부분을 가위로 잘라요.

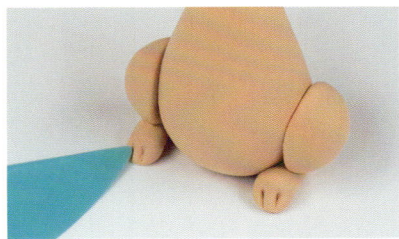

13 강아지(206p) 16~19번처럼 진베이지색 뒷다리를 만들어요.

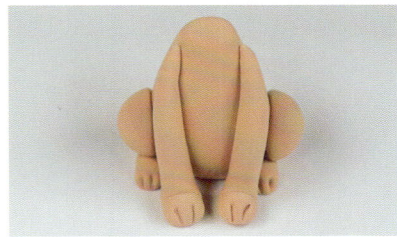

14 진베이지색 긴 마이크 모양으로 앞다리도 만들어요.

15 사자의 얼굴과 몸을 붙여 줍니다.

16 진베이지색과 흑갈색 원형을 서로 다른 크기로 준비해요.

17 진베이지색은 긴 줄로, 흑갈색은 물방울 모양으로 만든 다음 붙여 주세요.

18 물방울 모양에 칼 도구로 자국 내서 꼬리를 만들어요.

19 엉덩이에 꼬리를 구부려 붙여서 완성합니다.

기린

소요시간 1시간 이상
난이도 ★★★★★

준비물 클레이, 송곳, 가위, 도트봉, 칼 도구

클레이 색상
- 노란색
- 검은색
- 갈색(노란색 7 + 빨간색 2.5 + 검은색 0.5)
- 분홍색(흰색 8.5 + 빨간색 1.5)
- 무지개색(11p)

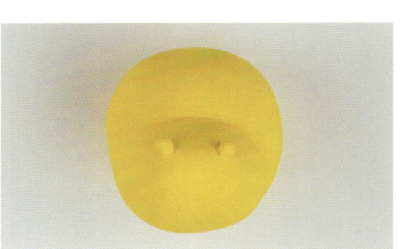

1 노란색 원형을 준비해요.

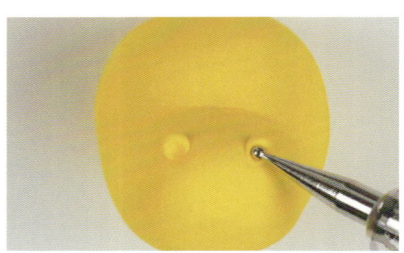

2 원형을 짧은 마이크 모양으로 만들어요.

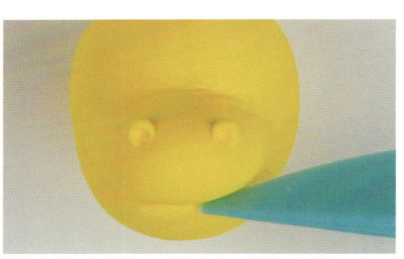

3 마이크의 얇은 부분을 살짝 눌러 자연스러운 콧잔등을 만들어요.

4 노란색 작은 원형을 만들어 콧잔등에 붙여 주세요.

5 도트봉으로 눌러 콧구멍을 표현해요.

6 칼 도구로 자국을 내어 입을 만들어요.

7 도트봉으로 눌러 홈을 낸 다음 검은색으로 눈을 만들어 붙여요.

8 불가사리(166p) 11~13번처럼 분홍색 볼터치를 만들어요.

9 칼 도구로 볼터치 위를 자국 내 주세요. 이때 입과 연결된 느낌으로 합니다.

10 갈색 원형을 서로 다른 크기로 4개 준비해요.

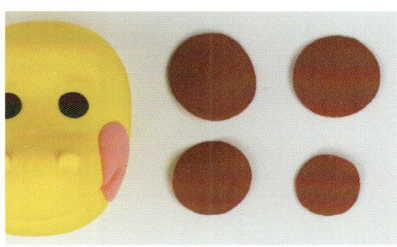
11 원형을 납작하게 눌러 주세요.

12 기린 얼굴에 붙여서 무늬를 표현합니다.

13 노란색과 갈색으로 서로 다른 크기의 원형을 2개씩 준비해요.

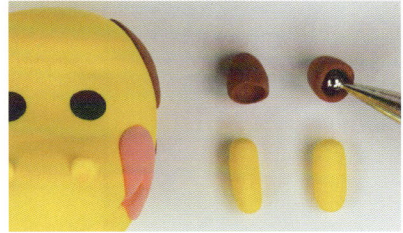

15 갈색 홈 안에 줄을 붙여서 뿔을 완성합니다.

16 머리 위에 홈을 만들고, 뿔을 붙여 줍니다.

17 양(204p) 14~16번처럼 노란색과 분홍색으로 귀를 만들어요.

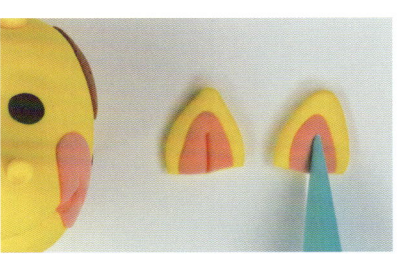
18 아래쪽을 가로로 잘라 편평하게 만든 다음 가운데를 칼로 자국 내 주세요.

19 뿔 옆에 귀를 붙여 주세요.

20 기린 얼굴보다 크게 노란색 원형을 준비해요.

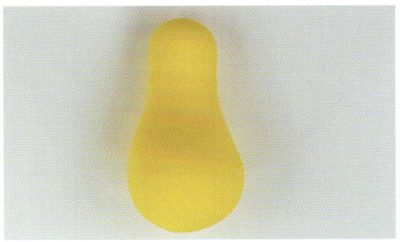
21 원형을 마이크 모양으로 만들어요.

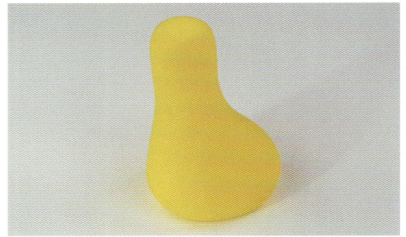
22 마이크의 동그란 부분을 바닥에 두고 윗부분이 길어지도록 만져 주세요.

23 머리 무늬처럼 몸의 무늬를 표현합니다.

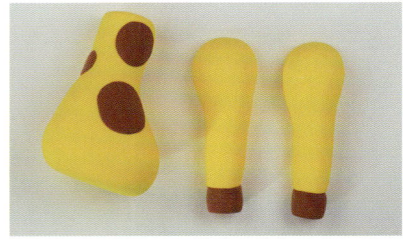
24 말(214p) 17~19번처럼 노란색과 갈색으로 다리를 만들어요.

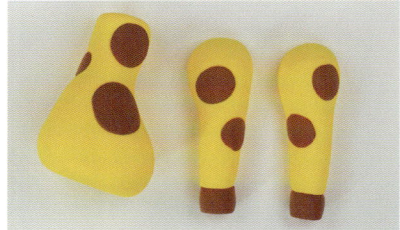
25 다리의 무늬를 표현합니다.

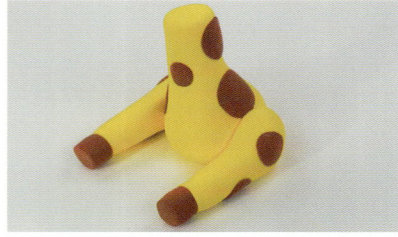
26 몸을 바닥에 세우고 양쪽에 다리를 붙여 주세요.

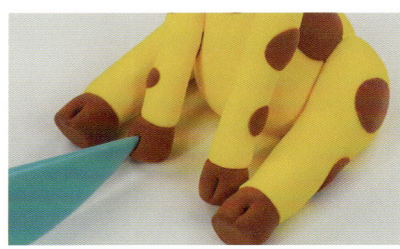
27 마찬가지로 앞다리도 만들어 붙인 다음, 칼 도구로 발굽에 자국을 냅니다

28 기린의 얼굴과 몸을 붙여 줍니다.

29 무지개색 타원형을 납작하게 눌러 주세요.

30 타원형을 반으로 잘라서 머리에서 엉덩이까지 붙여 주세요.

31 노란색과 갈색으로 서로 다른 크기의 원형을 준비해요.

32 노란색은 긴 줄로, 갈색은 물방울로 만들어 이어 붙이고 무늬도 표현합니다.

33 엉덩이에 꼬리를 붙여서 완성합니다.

Part 11
옛날옛적에
공룡·고생물

공룡알

소요시간 10분 이내
난이도 ★☆☆☆☆

준비물 클레이
클레이 색상
● 고동색(노란색 5 + 빨간색 3 + 검은색 2)
● 청회색(흰색 9.4 + 빨간색 0.3 + 파란색 0.2 + 검은색 0.1)
● 먹색(검은색 7 + 흰색 3)
○ 어두운 흰색(흰색 9.9 + 검은색 0.1)

1 고동색 물방울 모양을 준비해요.

2 청회색 작은 원형을 서로 다른 크기로 여러 개 준비해요.

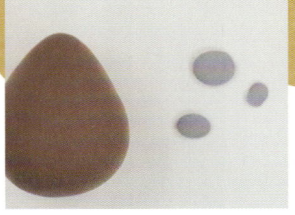
3 원형을 납작하게 눌러요.

4 물방울 아래쪽에 붙이면 공룡알이 완성됩니다.

5 어두운 흰색과 먹색 원형을 서로 다른 크기로 준비해요.

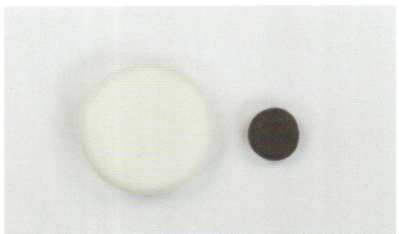
6 원형을 납작하게 눌러 줍니다.

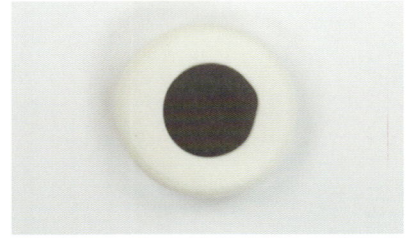
7 어두운 흰색 위에 먹색 원형을 얹어요.

8 그라데이션 기법(10p)으로 섞어서 원형을 만들어요.

9 물방울 모양으로 만들면 또 다른 공룡알이 만들어져요.

10 다양한 색 조합으로 만들어 보세요.

소요시간 20분 내외
난이도 ★★☆☆☆
암모나이트

준비물 클레이

클레이 색상
- 🟠 연갈색(흰색 5 + 갈색* 5)
  * 갈색(노 : 빨 : 검 = 7 : 2.5 : 0.5)
- 🟢 흐린 연두색(흰색 9.4 + 연두색* 0.5 + 검은색 0.1)
  * 연두색(노 : 파 = 9 : 1)
- 🔵 청회색(흰색 9.4 + 빨간색 0.3 + 파란색 0.2 + 검은색 0.1)

1 청회색, 흐린 연두색, 연갈색 원형을 준비해요.

2 원형을 긴 물방울 모양으로 만들어요.

3 물방울을 모아 붙여 한 덩어리로 만들어요.

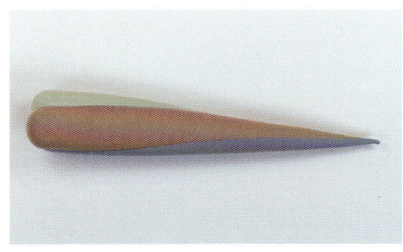

4 덩어리를 손바닥으로 밀어서 긴 물방울 모양으로 만들어요.

5 긴 물방울의 동그란 부분부터 비틀어 주세요.

6 뾰족한 부분까지 촘촘하게 비틀어 줍니다.

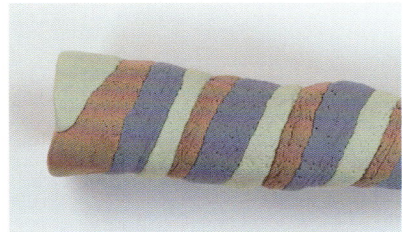

7 물방울의 동그란 부분을 꼬집듯 매만져 편평하게 합니다.

8 뾰족한 부분부터 돌돌 말아 주세요.

9 끝까지 말아 붙이면 암모나이트가 완성됩니다.

플레시오사우루스

소요시간 1시간 이상
난이도 ★★★★★

준비물 클레이, 도트봉, 가위

클레이 색상
- 밝은 남색(흰색 7 + 남색* 3)
  *남색(파 : 검 = 6 : 4)
- 밝은 회색(흰색 9.7 + 검은색 0.3)
- 갈색(노란색 7 + 빨간색 2.5 + 검은색 0.5)
- 레몬색(노란색 6 + 흰색 4)
- 흰색
- 검은색

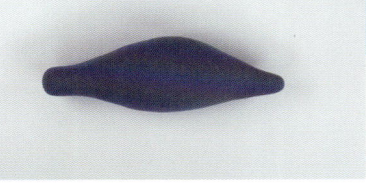

1 밝은 남색 양쪽 물방울을 준비해요. 이때 한쪽 끝을 동그랗게 해 주세요.

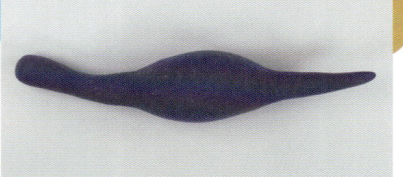

2 손가락으로 양쪽을 매만져서 기다란 목과 꼬리를 만들어요.

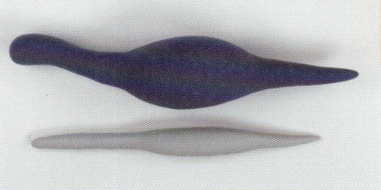

3 밝은 회색 양쪽 물방울을 만든 다음, 앞에서와 같이 양쪽 끝을 길게 합니다.

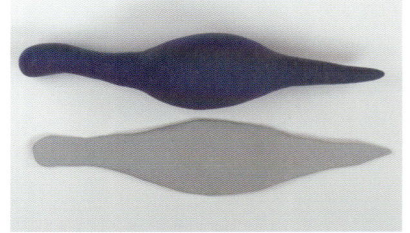

4 밝은 회색만 납작하게 눌러 주세요.

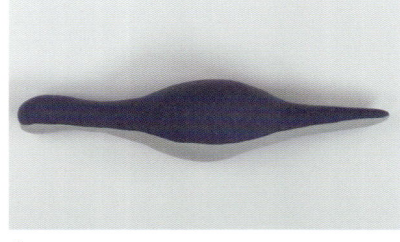

5 밝은 남색 아래 밝은 회색을 붙여서 몸통을 만들어요.

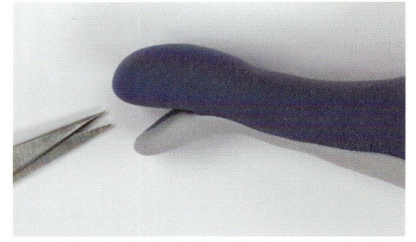

6 머리 아랫부분에 가위집을 내서 입을 표현합니다.

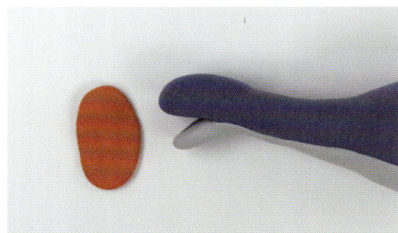

7 갈색 타원형을 납작하게 눌러서 준비합니다.

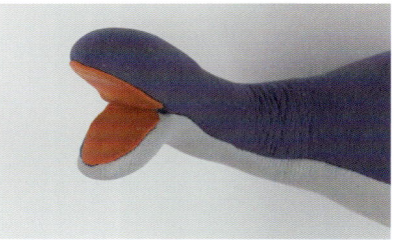

8 입을 크게 벌린 후 타원형을 반으로 잘라 위아래에 각각 붙여 주세요.

9 입속 위아래에 흰색 물방울을 붙여서 이빨을 표현합니다.

10 불가사리(166p) 4~9번과 같이 레몬색과 검은색으로 눈을 만들어요.

11 입 위를 도트봉으로 눌러 콧구멍을 만들어요.

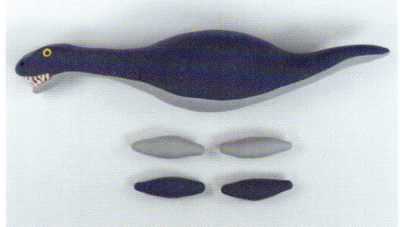

12 밝은 남색과 밝은 회색으로 양쪽 물방울을 2개씩 준비해요.

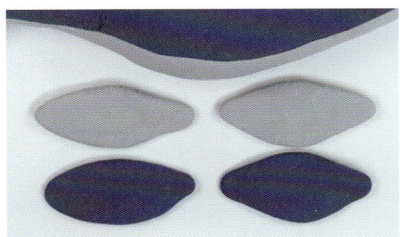

13 물방울을 납작하게 눌러 줍니다.

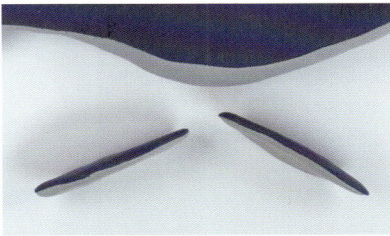

14 밝은 남색과 밝은 회색을 겹쳐서 앞발 2개를 만들어요.

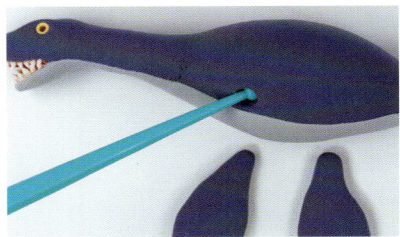

15 앞발이 붙을 자리를 도트봉으로 눌러 주세요.

16 홈 안에 앞발의 한쪽 끝을 넣어 붙여 줍니다.

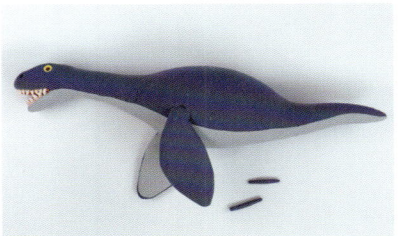

17 밝은 남색 줄을 2개 준비해요.

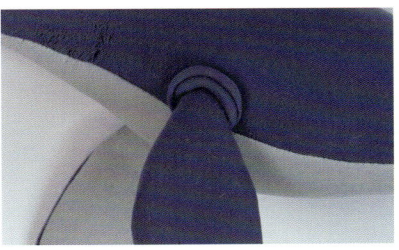

18 앞발 시작 부분에 줄을 둘러서 주름을 표현합니다.

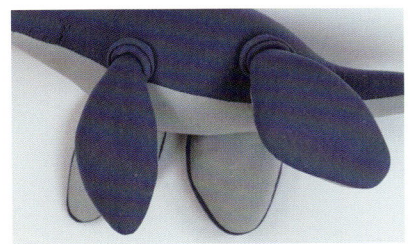

19 같은 방법으로 앞발보다 큰 뒷발을 만들어 붙여요.

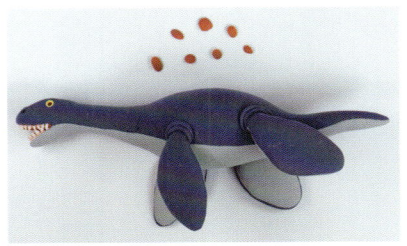

20 서로 다른 크기의 갈색 원형을 납작하게 눌러 주세요.

21 플레시오사우루스 몸통에 무늬로 붙여 완성합니다.

세이스모사우루스

소요시간 1시간 이상
난이도 ★★★★★

준비물 클레이, 도트봉, 칼 도구
클레이 색상
- 먹색(흰색 6 + 검은색 4)
- 밝은 회색(흰색 9.7 + 검은색 0.3)
- 밝은 남색(흰색 7 + 남색* 3)
  * 남색(파 : 검 = 6 : 4)
- 검은색
- 연한 연두색(흰색 8 + 연두색* 2)
  * 연두색(노 : 파 = 9 : 1)

1 먹색 원형을 준비해요.

2 양쪽 물방울 모양으로 만든 다음 끝을 매만져서 기다란 목과 꼬리를 만들어요.

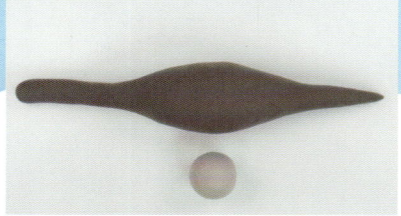

3 밝은 회색 원형을 준비해요.

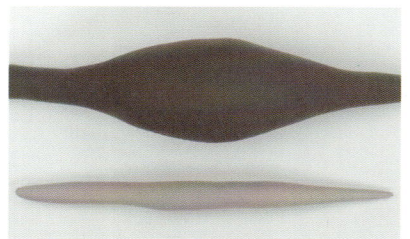

4 원형을 긴 물방울 모양으로 만들어요.

5 먹색과 길이가 비슷해지도록 납작하게 눌러요.

6 먹색 아래 밝은 회색을 붙여서 몸통을 만들어요.

7 한쪽은 꼿꼿이 세워 머리를 만들고, 한쪽은 아래쪽으로 구부려 꼬리를 만들어요.

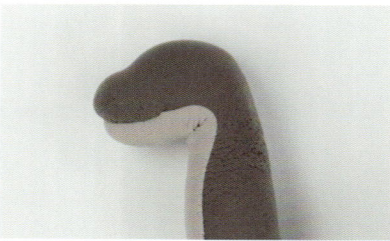

8 머리 부분을 눌러서 굴곡을 만들어요.

9 불가사리(166p) 4~9번과 같이 연한 연두색과 검은색으로 눈을 만들어요.

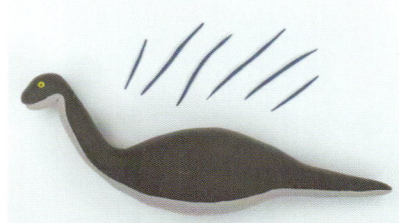

10 밝은 남색으로 긴 양쪽 물방울 모양을 여러 개 준비해요.

11 머리부터 꼬리까지 줄무늬를 붙여 주세요.

12 먹색으로 긴 타원형을 4개 만들어 다리를 준비해요.

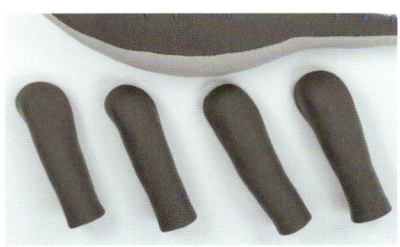

13 몸에 닿을 부분과 발바닥 부분을 편평하게 만들어요.(16번 참조)

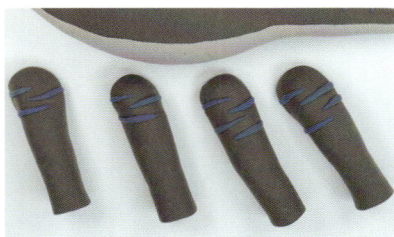

14 다리에도 밝은 남색 줄무늬를 붙여요.

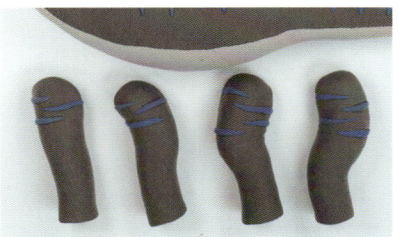

15 다리를 사진과 같이 살짝 구부려 주세요.

16 몸에 다리를 붙여요.

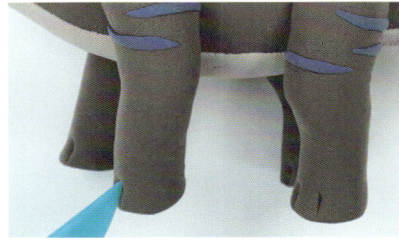

17 칼 도구로 자국 내서 발가락을 표현합니다.

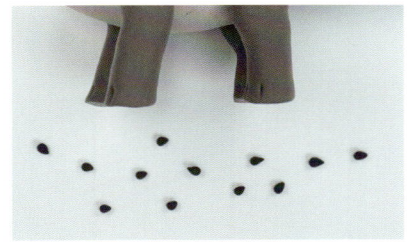

18 검은색 물방울 모양을 여러 개 준비해요.

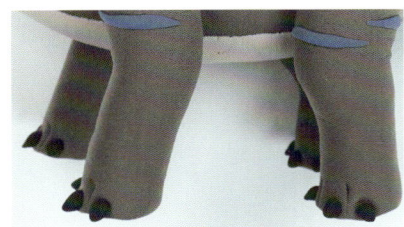

19 발가락 끝에 도트봉으로 눌러 홈을 만들고 검은색 물방울로 발톱을 표현해요.

20 입 위를 도트봉으로 눌러 콧구멍을 만들어요.

21 세이스모사우루스가 완성되었습니다.

프테라노돈

소요시간 1시간 이상
난이도 ★★★★★

준비물 클레이, 도트봉, 가위, 송곳

클레이 색상
- 진한 살구색(흰색 8.5 + 빨간색 1 + 노란색 0.5)
- 국방색(초록색* 8 + 검은색 2)
  * 초록색(노 : 파 = 6 : 4)
- 연두색(노란색 9 + 파란색 1)
- 연주황색(노란색 9.5 + 빨간색 0.5)
- 빨간색
- 검은색

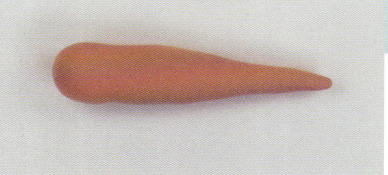

1 진한 살구색 긴 물방울 모양을 준비해요.

2 목이 될 부분을 엄지와 검지로 굴려 얇게 만들어요.

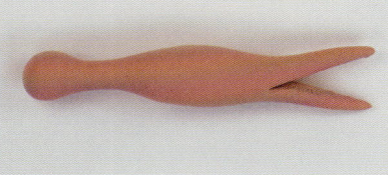

3 뾰족한 부분을 가위로 두 갈래로 잘라서 두 다리를 만들어요.

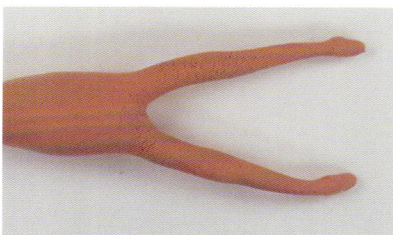

4 다리를 매만져 길게 만들고, 발목 부분을 더 얇게 합니다.

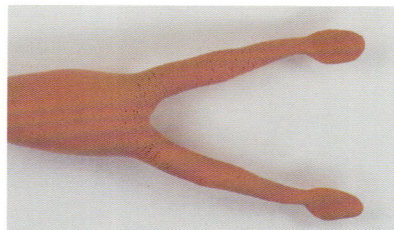

5 끝 부분을 손가락으로 눌러 납작한 발바닥을 표현해요.

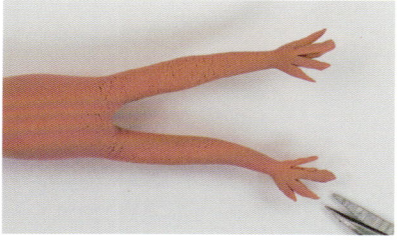

6 발바닥을 가위로 오려 발가락을 만들어요.

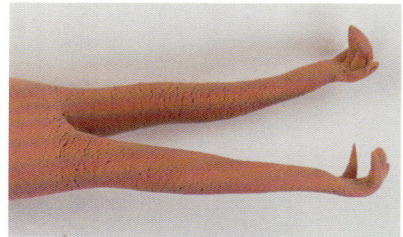

7 발가락을 안으로 구부려 주세요.

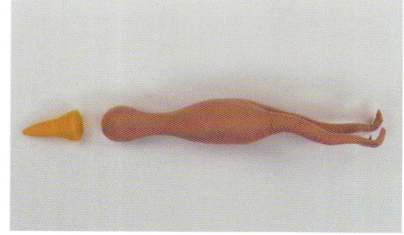

8 연주황색 원뿔 모양을 준비해요.

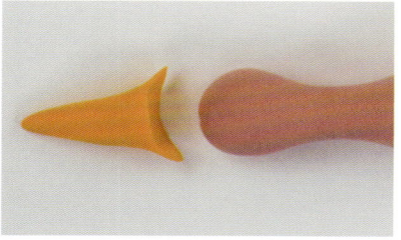

9 원뿔의 편평한 부분을 얇아지게 매만져 얼굴에 붙일 수 있도록 굴곡을 만들어요.

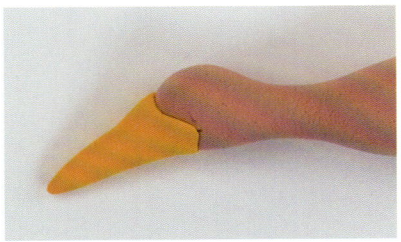

10 얼굴에 붙여서 부리를 표현합니다.

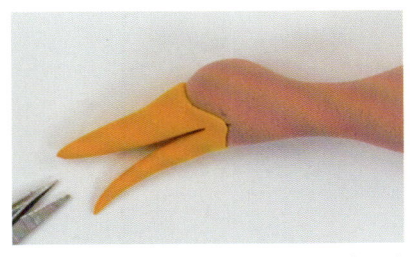

11 부리를 가위로 잘라 두 갈래로 만들어요.

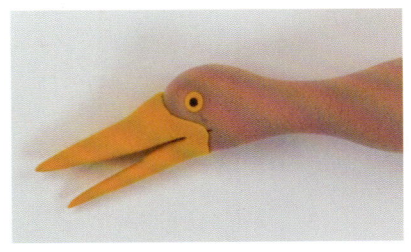

12 불가사리(166p) 4~9번과 같이 귤색과 검은색으로 눈을 만들어요.

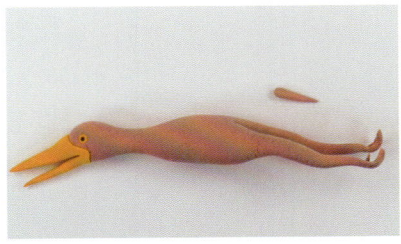

13 진한 살구색 긴 물방울 모양을 준비해요.

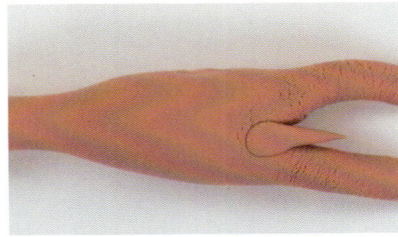

14 엉덩이에 붙여 꼬리를 표현합니다.

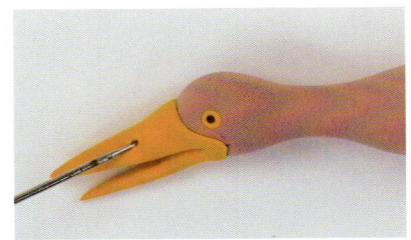

15 부리에 송곳으로 구멍을 내어 콧구멍을 만들어요.

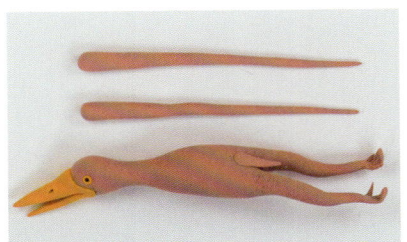

16 진한 살구색으로 아주 긴 물방울 모양으로 날개뼈를 준비해요.

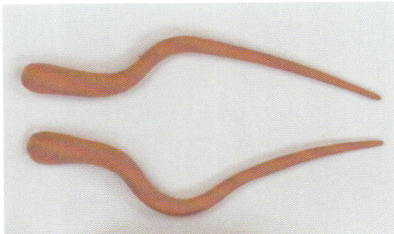

17 날개뼈를 위와 같이 구부려 줍니다.

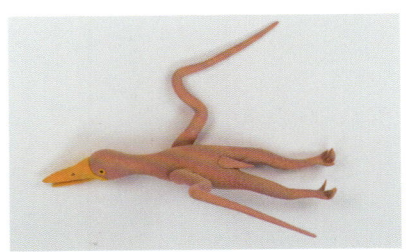

18 양쪽 어깨에 날개뼈를 붙여요.

19 국방색과 연두색을 그라데이션 기법(10p)으로 섞어 원형을 2개 준비해요.

20 원형을 긴 물방울 모양으로 만들어요.

21 물방울을 납작하게 누르면서 한쪽 끝을 잡아당겨서 세모 모양을 만들어요.

22 날개를 등줄기와 날개뼈를 따라 붙여 주세요.

23 나머지 날개도 같은 방법으로 붙여 주세요.

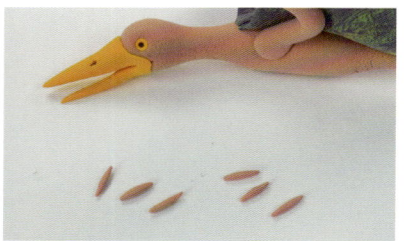

24 진한 살구색 양쪽 물방울 6개를 준비해요.

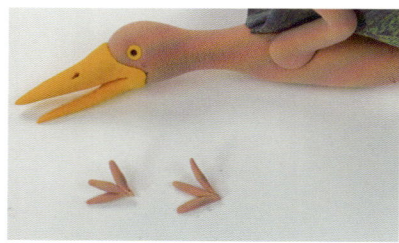

25 양쪽 물방울을 3개씩 이어 붙여서 손을 만들어요.

26 날개뼈 중간에 손가락을 구부려서 붙여 줍니다.

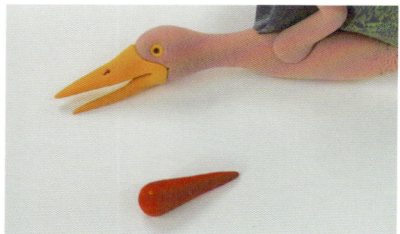

27 빨간색 긴 물방울 모양을 준비해요.

28 원뿔로 만든 후 살짝 누르고 구부려서 머리에 붙이면 볏이 표현됩니다.

29 국방색 클레이를 손으로 쭉 늘려 긴 줄을 만들어요.

30 긴 줄을 볏에 돌돌 감으면 프테라노돈이 완성됩니다.

아르케론

소요시간 1시간 이상
난이도 ★★★★★

준비물 클레이, 도트봉, 가위, 칼 도구, 밀대

클레이 색상
- 밝은 남색(흰색 7 + 남색* 3)
  * 남색(파 : 검 = 6 : 4)
- 연한 카키색(흰색 7 + 카키색* 3)
  * 카키색(노 : 검 = 9 : 1)
- 고동색(노란색 5 + 빨간색 3 + 검은색 2)
- 흰색
- 검은색

1 연한 카키색, 밝은 남색, 고동색으로 서로 다른 크기의 원형을 준비해요.

2 그라데이션 기법(10p)으로 섞어서 원형을 만들어요.

3 원형을 한쪽이 동그란 양쪽 물방울 모양으로 만들어요.

4 뾰족한 부분을 가위로 잘라서 입을 표현합니다.

5 입을 손으로 매만져 윗입술을 조금 더 길게 만들어 주세요.

6 윗입술을 아래로 구부려 부리를 표현해요.

7 윗입술에 도트봉으로 구멍을 내어 콧구멍을 만들어요.

8 목 부분을 칼 도구로 자국 내서 주름을 표현해요.

9 머리 윗부분도 위와 같이 '3'자로 자국을 냅니다.

10 불가사리(166p) 4~9번과 같이 갈색과 검은색으로 눈을 만들어요.

11 그라데이션으로 원형 2개를 더 만들어요.

12 원형을 양쪽 물방울 모양으로 만든 다음 눌러 주세요.

13 칼 도구로 자국 내서 앞발을 표현합니다.

14 목이 끝나는 곳에 이어 앞발을 붙여 주세요.

15 밝은 남색 타원형을 준비해요.

16 타원형을 살짝 누른 다음 한 면이 편평한 반구 모양으로 만들어 주세요.

17 반구 위에 자국을 내어 배의 무늬를 표현합니다.

18 반구의 편평한 부분이 위로 오도록 뒤집은 후 앞발 아래에 배를 붙여 줍니다.

19 그라데이션으로 원형 2개를 더 만들어요.

20 원형을 물방울 모양으로 만든 다음 납작하게 눌러 줍니다.

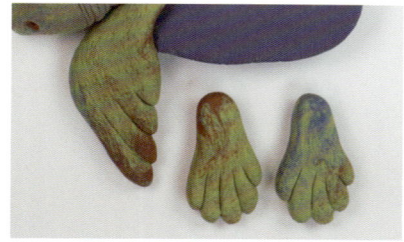

21 물방울의 동그란 부분을 칼 도구로 눌러 발가락을 표현합니다.

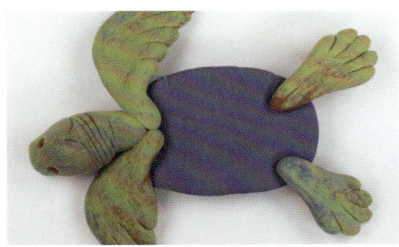

22 반구 끝에 발을 붙여 주세요.

23 밝은 남색으로 반구를 만들어 붙여요.

24 앞보다 조금 더 큰 반구를 만들어요. 등껍질 심재라 아무 색이나 괜찮아요.

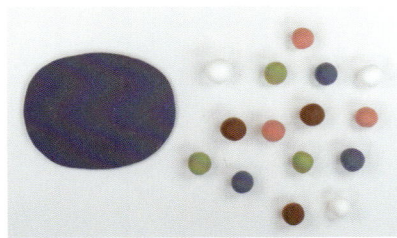

25 여러 가지 색의 원형을 준비해요.

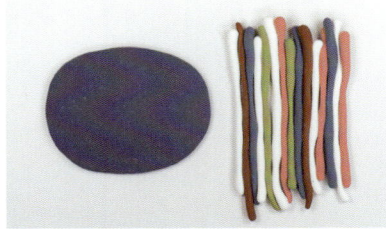

26 원형을 얇고 긴 줄로 만든 다음 이어 붙입니다.

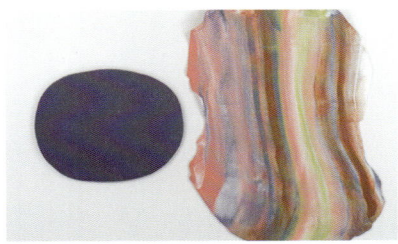

27 커버 그라데이션 기법(11p)으로 섞어 주세요.

28 밝은 남색 심재를 그라데이션으로 감싸서 붙여요.

29 가운데를 엄지와 검지로 꼬집듯 매만져 등껍질을 완성해요.

30 등껍질을 얹으면 아르케론이 완성됩니다.

트리케라톱스

소요시간 1시간 이상
난이도 ★★★★★

준비물 클레이, 도트봉, 칼 도구
클레이 색상
- 🟠 갈색(노란색 7 + 빨간색 2.5 + 검은색 0.5)
- ⚪ 회갈색(흰색 9.6 + 검은색 0.3 + 노란색 0.1)
- ⚫ 국방색(초록색* 8 + 검은색 2)
  *초록색(노 : 파 = 6 : 4)
- 🟠 귤색(노란색 9 + 빨간색 1)
- ⚫ 검은색

1 갈색 물방울 모양을 준비해요.

2 물방울의 동그란 부분을 손가락으로 납작하게 펼쳐 눌러요.

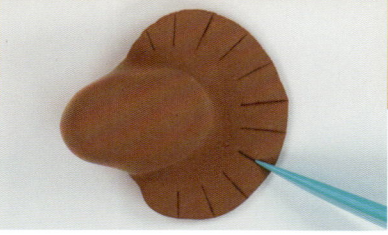

3 납작해진 부분을 칼 도구로 자국 내어 부챗살 모양의 돛을 만들어요.

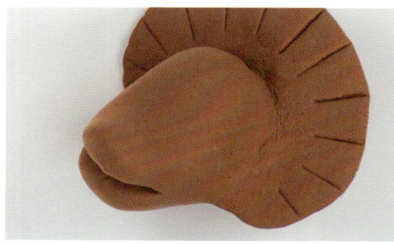

4 물방울의 뾰족한 부분을 칼 도구로 갈라서 입을 표현합니다.

5 회갈색 물방울 모양을 2개 준비해요.

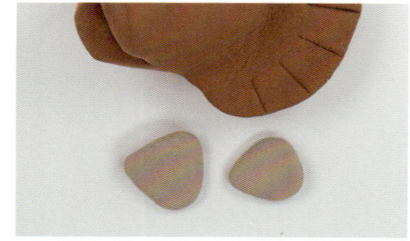

6 물방울을 납작하게 눌러 주세요.

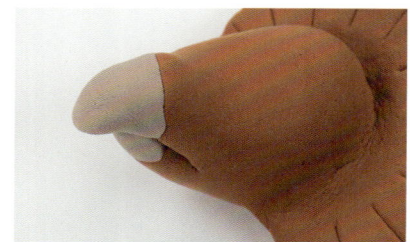

7 입의 위아래에 붙여서 물방울을 붙여서 부리를 표현합니다.

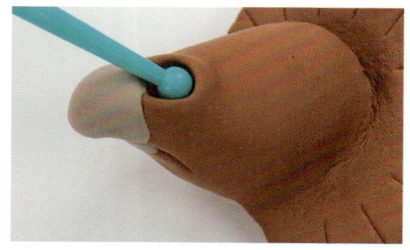

8 부리 윗부분을 도트봉으로 눌러 뿔이 붙을 홈을 만들어요.

9 회갈색 물방울 모양을 준비해요.

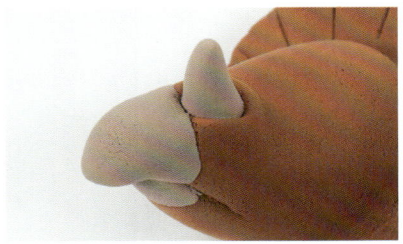

10 홈 안에 물방울을 넣어 뿔을 만들어요.

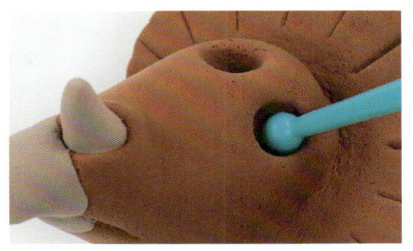

11 도트봉으로 또 다른 뿔이 들어갈 홈을 2개 더 만들어요.

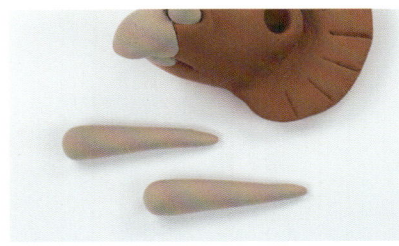

12 회갈색으로 긴 물방울 모양을 만들어요.

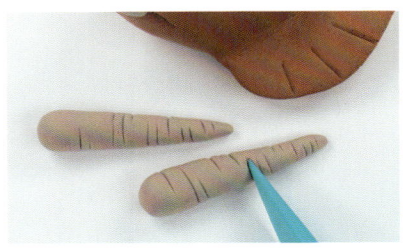

13 긴 물방울을 칼 도구로 자국 내서 뿔의 질감을 표현해요.

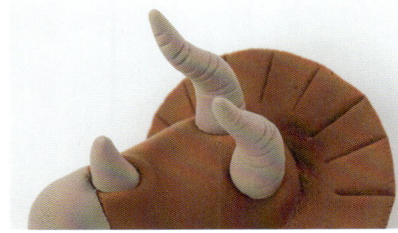

14 홈 안에 뿔을 구부려서 붙여 줍니다.

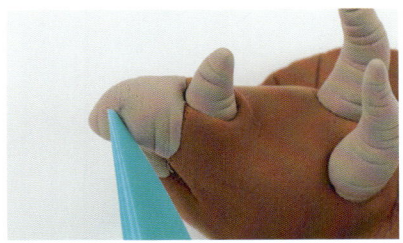

15 부리와 코의 뿔에도 칼 도구로 자국을 냅니다.

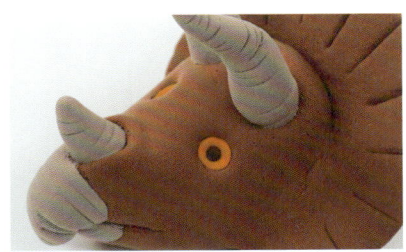

16 불가사리(166p) 4~9번과 같이 검은색과 귤색으로 눈을 만들어요.

17 회갈색 물방울 모양을 여러 개 만들어요.

18 돛 가장자리에 붙여서 뿔을 표현합니다.

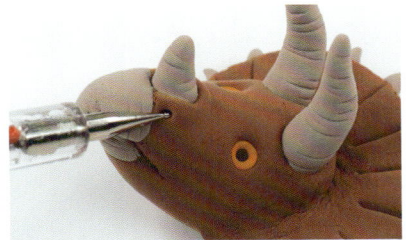

19 콧잔등을 도트봉으로 눌러 콧구멍을 만들어요.

20 갈색 물방울 모양의 몸을 준비해요. 이때 뾰족한 부분은 더 길게 합니다.

21 얼굴에 몸을 붙인 다음 꼬리는 살짝 구부려 주세요.

261

22 갈색 타원형을 4개 만들어 다리를 준비해요.

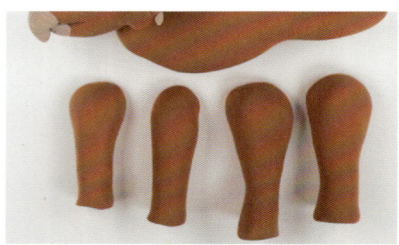

23 몸에 닿을 부분과 발바닥 부분을 편평하게 만들어요.

24 몸에 다리를 붙이고 자연스럽게 구부려 주세요.

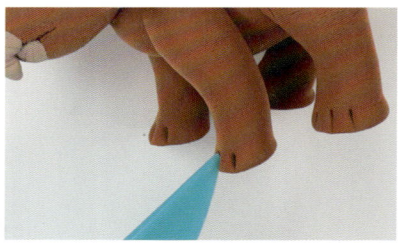

25 발끝을 칼 도구로 자국 내서 발가락을 표현합니다.

26 회갈색 작은 물방울을 15개 준비해요.

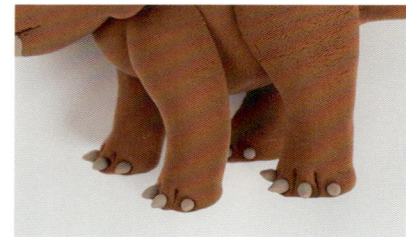

27 앞발에는 3개씩, 뒷발에는 4개씩 붙여서 발톱을 만들어요.

28 국방색 원형을 납작하게 눌러서 점무늬를 준비해요.

29 등과 다리에 점무늬를 여러 개 붙여서 완성합니다.

안킬로사우루스

소요시간 1시간 이상
난이도 ★★★★★

준비물 클레이, 도트봉, 칼 도구, 가위

클레이 색상
- 베이지색(흰색 9.5 + 갈색* 0.5)
  * 갈색(노 : 빨 : 검 = 7 : 2.5 : 0.5)
- 고동색(노란색 5 + 빨간색 3 + 검은색 2)
- 회갈색(흰색 9.6 + 검은색 0.3 + 노란색 0.1)
- 귤색(노란색 9 + 빨간색 1) 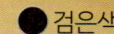 검은색

1 베이지색 물방울 모양을 준비해요.

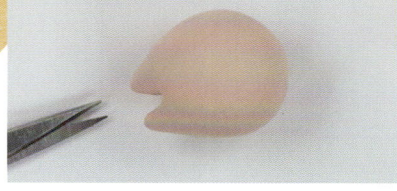

2 물방울의 뾰족한 부분을 가위로 잘라 입을 표현합니다.

3 회갈색 물방울 모양을 납작하게 눌러 주세요.

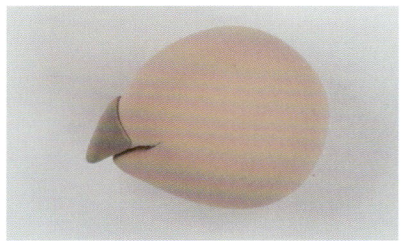

4 윗입술에 붙여서 부리를 표현합니다.

5 고동색 긴 물방울 모양을 준비해요.

6 물방울을 납작하게 눌러 주세요.

7 머리 위에 붙여서 골편을 표현합니다.

8 칼 도구로 골편에 무늬를 만들어 주세요.

9 콧잔등을 도트봉으로 눌러 콧구멍을 만들어요.

10 불가사리(166p) 4~9번과 귤색과 검은 색으로 눈을 만들어요.

11 도트봉으로 골편 위에 2개, 골편 양옆으로 2개의 홈을 나란히 만들어요.

12 회갈색으로 물방울 모양을 만들어 주세요.

13 홈 안에 물방울을 넣어 붙여 뿔을 표현합니다.

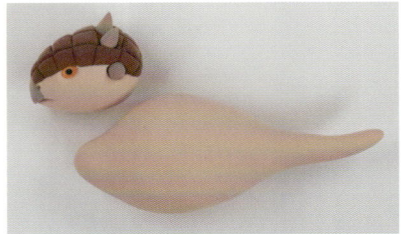

14 베이지색 양쪽 물방울의 몸을 만들어요. 이때 뾰족한 부분은 길게 합니다.

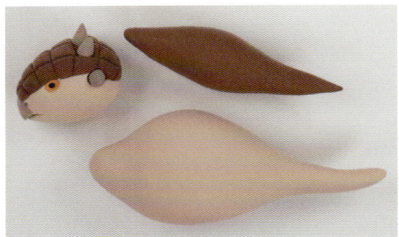

15 고동색으로 양쪽 물방울 모양을 준비해요.

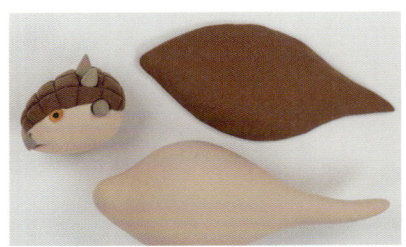

16 고동색 물방울 모양을 납작하게 눌러요.

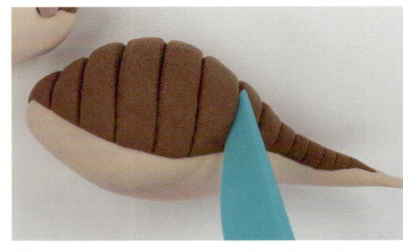

17 몸 위에 붙인 다음 무늬를 만들어요.

18 머리와 몸을 이어 붙여 주세요.

19 베이지색으로 끝이 동그란 물방울 모양을 4개 만들어 다리를 준비해요.

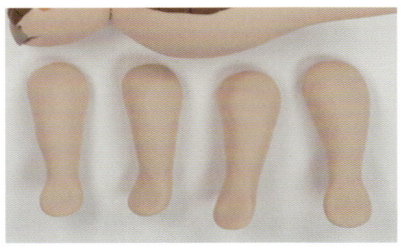

20 몸에 닿을 부분은 편평하게, 발바닥 부분은 납작하게 눌러 주세요.

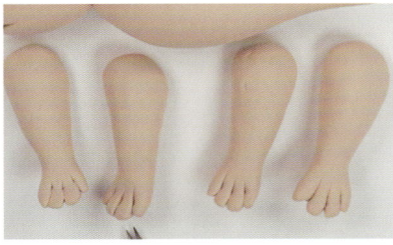

21 발끝에 가위집을 내어 발가락을 표현합니다.

22 몸에 다리를 붙이고 자연스럽게 구부려 주세요.

23 회갈색 작은 물방울 모양을 16개 준비해요.

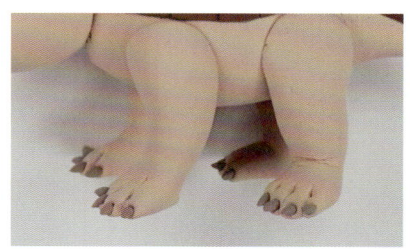
24 발가락에 발톱을 각 4개씩 붙여 줍니다.

25 회갈색 물방울 모양을 6개 준비해요.

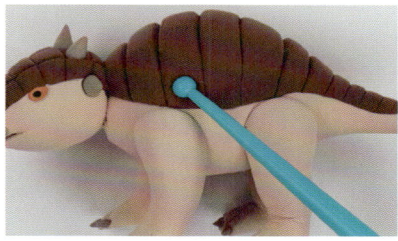
26 도트봉으로 골편 한 줄에 6개의 홈을 만들어요.

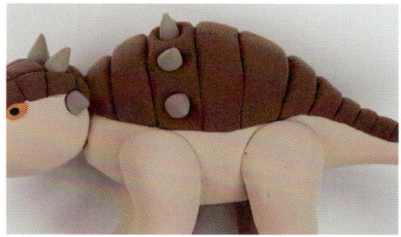
27 홈 안에 물방울을 붙여서 뿔을 표현합니다.

28 꼬리로 갈수록 뿔의 개수와 크기를 줄이며 골편에 뿔을 채워 주세요.

29 회갈색 원형을 빚어서 한 면이 편평한 반구 모양으로 2개 준비해요.

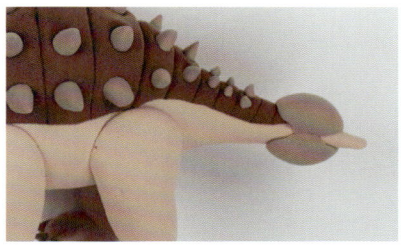
30 꼬리의 끝을 2개의 반구로 감싸서 곤봉을 만들어요.

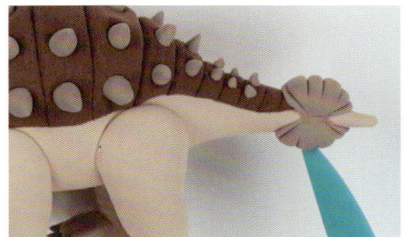
31 곤봉을 칼 도구로 자국 내서 무늬를 만들어요.

32 안킬로사우루스가 완성되었습니다.

스테고사우루스

소요시간 1시간 이상
난이도 ★★★★★

준비물 클레이, 도트봉, 칼 도구, 가위
클레이 색상
- 국방색(초록색*8 + 검은색 2) * 초록색(노 : 파 = 6 : 4)
- 연한 카키색(흰색 7 + 카키색*3) * 카키색(노 : 검 = 9 : 1)
- 다홍색(노란색 6 + 빨간색 4)
- 고동색(노란색 5 + 빨간색 3 + 검은색 2)
- 귤색(노란색 9 + 빨간색 1)
- 검은색
- 회갈색(흰색 9.6 + 검은색 0.3 + 노란색 0.1)

1 국방색과 연한 카키색 원형을 서로 다른 크기로 준비해요.

2 그라데이션 기법(10p)으로 섞어서 원형을 만들어요.

3 한쪽은 뭉툭하고 다른 한쪽은 뾰족한 양쪽 물방울을 만들어요.

4 뭉툭한 부분을 손가락으로 눌러 콧잔등의 굴곡을 표현해요.

5 콧잔등 아래에 칼 도구로 자국 내 입을 만들어 주세요.

6 불가사리(166p) 4~9번과 같이 귤색과 검은색으로 눈을 만들어요.

7 같은 방법으로 그라데이션하여 긴 타원형 2개를 만들어 다리를 준비해요.

8 몸에 닿을 부분과 발바닥 부분을 편평하게 만들어요.

9 같은 방법으로 조금 작은 다리를 2개 만들어 주세요.

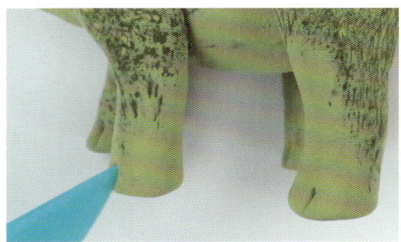

10 다리를 붙인 다음, 칼 도구로 발가락을 표현합니다.

11 고동색 작은 물방울을 12개 준비해요.

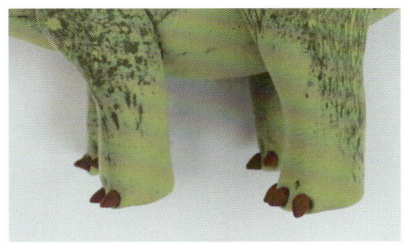

12 발가락에 발톱을 각 3개씩 붙여 주세요.

13 귤색, 다홍색, 고동색 원형을 서로 다른 크기로 준비해요.

14 그라데이션 기법(10p)으로 섞어서 원형을 만들어요.

15 양쪽 물방울로 만든 다음 납작하게 눌러 줍니다.

16 물방울 위를 칼 도구로 자국 내서 골판의 질감을 표현해요.

17 골판의 아래쪽을 가위로 잘라 오각형의 골판을 완성합니다.

18 같은 방법으로 다양한 크기의 골판을 12개 만들어요.

19 골판을 등줄기를 따라 6개씩 2줄로 붙여 줍니다.

20 회갈색 긴 물방울 모양을 4개 준비해요.

21 꼬리 부분에 도트봉으로 눌러 홈을 낸 후 붙이면 완성됩니다.

파키케팔로사우루스

소요시간 1시간 이상
난이도 ★★★★★

준비물 클레이, 도트봉, 칼 도구, 가위, 송곳

클레이 색상
- 🔴 고동색(노란색 5 + 빨간색 3 + 검은색 2)
- 🟢 국방색(초록색* 8 + 검은색 2)
  * 초록색(노 : 파 = 6 : 4)
- ⚪ 회갈색(흰색 9.6 + 검은색 0.3 + 노란색 0.1)
- 🟠 연주황색(노란색 9.5 + 빨간색 0.5)
- ⚫ 검은색

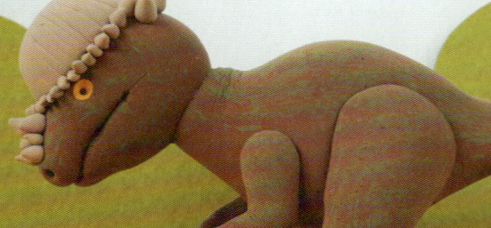

1 고동색과 국방색을 그라데이션 기법(10p)으로 섞어서 물방울을 만들어요.

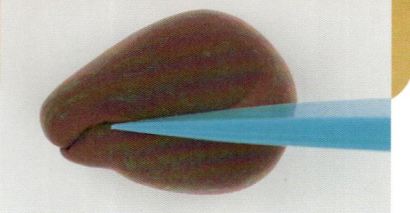

2 뾰족한 부분을 칼 도구로 자국 내서 입을 표현해요.

4 회갈색 원형을 한 면이 편평한 반구 모양으로 빚어 머리뼈를 만들어요.

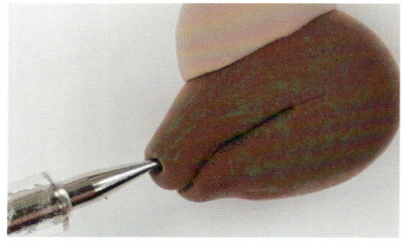

4 입 위를 도트봉으로 눌러 콧구멍을 표현합니다.

5 회갈색 물방울 모양을 다양한 크기로 여러 개 준비해요.

6 물방울 모양을 콧잔등 위에 붙여서 돌기를 표현합니다.

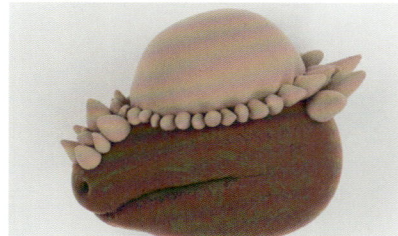

7 머리뼈 가장자리와 뒤통수 쪽에도 크고 작은 돌기를 붙여요.

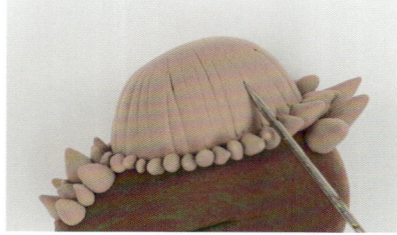

8 송곳으로 머리뼈 위에 선을 그어 뼈의 질감을 표현해요.

9 불가사리(166p) 4~9번과 같이 연주황색과 검은색으로 눈을 만들어요.

10 앞과 마찬가지로 색을 섞어서 원형을 만들어요.

11 원형을 한쪽 끝이 긴 양쪽 물방울 모양의 몸으로 만들어요.

12 얼굴에 몸을 붙여 주세요.

13 마찬가지로 색을 섞어서 원형을 2개 만들어요.

14 긴 물방울 모양으로 빚어서 다리를 준비해요.

15 몸에 닿을 부분은 편평하게, 발바닥 부분은 납작하게 눌러 주세요.

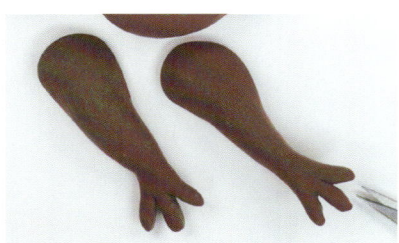

16 발바닥을 가위로 오려 발가락을 만들어요.

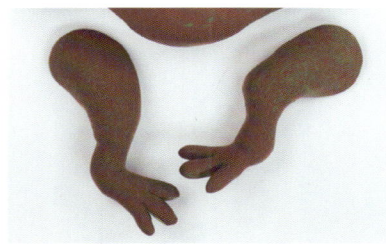

17 사진과 같이 다리를 구부려 준비해요.

18 몸에 뒷다리를 붙여 줍니다.

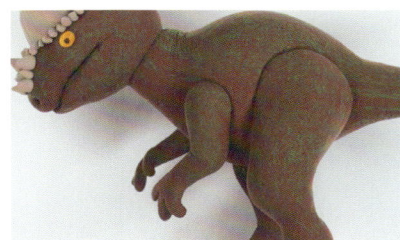

19 같은 방법으로 뒷다리보다 작은 앞다리를 만들어 붙여요.

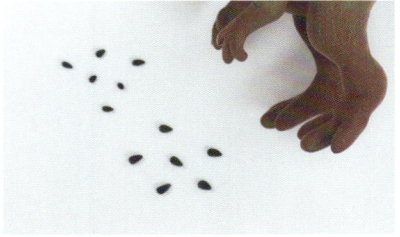

20 검은색으로 작은 물방울을 12개 만들어요.

21 발가락에 발톱을 3개씩 붙여 완성합니다.

269

티라노사우루스

소요시간 1시간 이상
난이도 ★★★★★

준비물 클레이, 도트봉, 칼 도구, 가위

클레이 색상
- 국방색(초록색* 8 + 검은색 2)
  * 초록색(노 : 파 = 6 : 4)
- 베이지색(흰색 9.5 + 갈색* 0.5)
  * 갈색(노 : 빨 : 검 = 7 : 2.5 : 0.5)
- 귤색(노란색 9 + 빨간색 1)
- 검은색
- 어두운 흰색(흰색 9.9 + 검은색 0.1)
- 고동색(노란색 5 + 빨간색 3 + 검은색 2)

1 국방색과 베이지색을 서로 다른 크기로 준비해요.

2 그라데이션 기법(10p)으로 섞어서 원형을 만들어요.

3 원형을 물방울 모양의 얼굴을 만들어요.

4 점선 부분을 엄지와 검지로 꼬집어 윤곽을 또렷하게 만들어요.

5 물방울의 뾰족한 부분을 가위로 잘라서 입을 표현합니다.

6 입을 손으로 매만져 윗입술이 더 길어지도록 예쁘게 정리해 주세요.

7 고동색으로 긴 타원형을 준비해요.

8 타원형을 납작하게 눌러 줍니다.

9 납작해진 타원형을 반으로 잘라서 입의 위아래에 각각 붙여 주세요.

10 어두운 흰색으로 작은 물방울을 여러 개 준비해요.

11 입속에 물방울을 붙여서 이빨을 표현합니다. 아랫니까지 빠짐없이 붙여요.

12 불가사리(166p) 4~9번과 같이 고동색과 검은색으로 눈을 만들어요.

13 콧잔등을 도트봉으로 눌러 콧구멍을 표현해요.

14 귤색 작은 원형을 여러 개 준비해요.

15 얼굴의 윤곽을 따라 돌기를 붙여 주세요.

16 앞과 같은 방법으로 원형을 준비해요.

17 원형을 한쪽 끝이 긴 양쪽 물방울 모양의 몸으로 만들어 주세요.

18 몸을 구부린 다음 점선 부분을 엄지와 검지로 꼬집어 윤곽을 또렷하게 해요.

19 얼굴과 몸을 붙여 주세요.

20 같은 방법으로 원형을 2개 준비해요.

21 원형을 끝이 동그란 긴 물방울 모양으로 만들어 다리를 준비해요.

22 몸에 닿을 부분은 편평하게 하고 위와 같이 구부려서 뒷다리를 만들어요.

23 발을 손가락으로 눌러 납작하게 만들어 주세요.

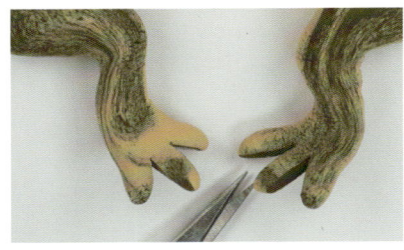

24 발끝을 가위로 오려 발가락을 표현합니다.

25 몸에 뒷다리를 붙여 주세요.

26 검은색 작은 물방울을 6개 준비해요.

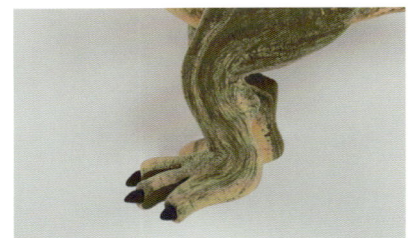

27 발가락에 3개씩 붙여서 발톱을 만들어요.

28 앞다리도 뒷다리와 마찬가지로 만들어 붙여요.

29 귤색 작은 원형으로 등줄기의 돌기를 붙이면 완성됩니다.

소요시간 1시간 내외
난이도 ★★★★☆

용

준비물 클레이, 도트봉, 칼 도구, 가위

클레이 색상
- 초록색(노란색 6 + 파란색 4)
- 빨간색
- 흰색
- 검은색
- 레몬색(노란색 6 + 흰색 4)
- 갈색(노란색 7 + 빨간색 2.5 + 검은색 0.5)

1 초록색 원형을 준비해요.

2 원형을 삼각형으로 만들고 손가락으로 눌러 콧잔등을 표현해요.

3 콧잔등을 칼 도구로 그어서 주름을 표현해요.

4 초록색 작은 원형 2개를 준비해요.

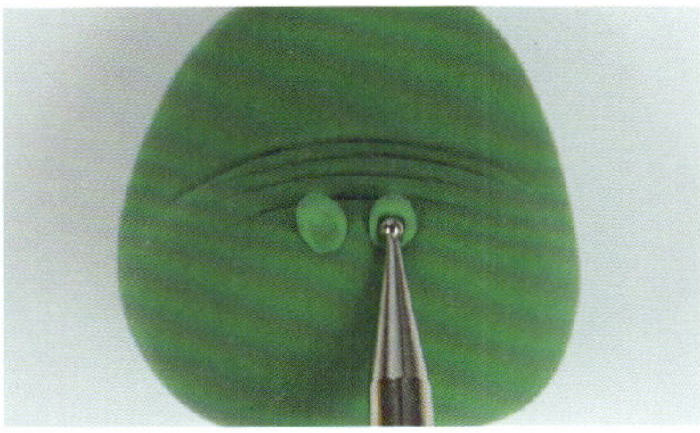

5 콧잔등에 작은 원형을 붙인 다음 도트봉으로 눌러 줍니다.

6 칼 도구를 이용해 입을 표현합니다.

7 도트봉으로 눌러 홈을 낸 다음 검은색으로 눈을 만들어 붙여요.

8 갈색 물방울 모양을 준비해요.

9 물방울을 납작하게 눌러 줍니다.

273

10 물방울의 동그란 부분을 가위로 잘라 두 갈래의 뿔로 만들어요.

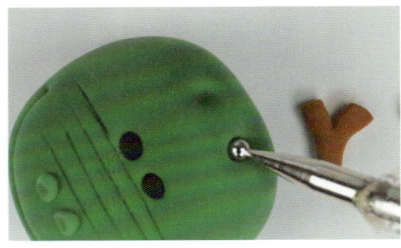
11 머리 위를 도트봉으로 눌러 뿔이 들어갈 홈을 만들어요.

12 홈 안에 뿔을 넣어 붙여 줍니다.

13 양(204p) 14~18번과 같이 초록색과 레몬색으로 귀를 만들어요.

14 얼굴 양쪽에 귀를 붙이고, 흰색 작은 원형을 눈 안에 붙여 반짝임을 표현해요.

15 흰색 긴 물방울 모양을 준비합니다.

16 물방울을 납작하게 눌러요.

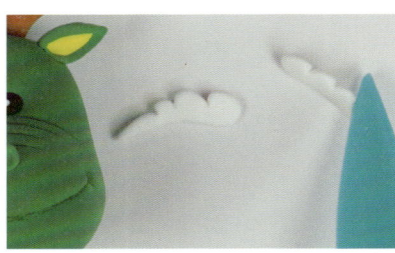
17 물방울의 한쪽 면을 칼 도구로 눌러서 물결 모양 눈썹을 완성해요.

18 눈 위에 눈썹을 붙여 주세요.

19 초록색 원형을 준비해요.

20 물방울 모양을 만든 다음 뾰족한 윗부분을 가위로 잘라 주세요.

21 레몬색으로 긴 타원형을 준비해요.

22 타원형을 납작하게 눌러 주세요.

23 초록색 위에 붙여서 몸통을 만들어요.

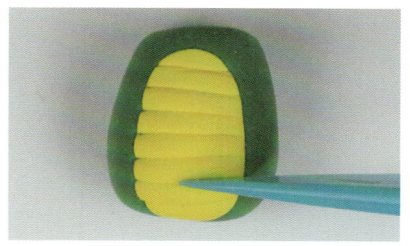
24 배를 칼 도구로 자국 내서 무늬를 표현합니다.

25 초록색으로 끝이 동그란 원뿔 모양의 다리를 2개 만들어요.

26 몸통을 바닥에 놓고 양쪽에 다리를 붙여요.

27 다리의 끝 부분을 칼 도구로 자국 내서 발가락을 표현합니다.

28 초록색으로 긴 물방울 모양을 준비해요.

29 물방울의 동그란 부분을 납작하게 눌러 손을 만들어요.

30 손을 가위로 오려서 손가락을 표현합니다.

31 손등 부분을 칼 도구로 자국 냅니다.

32 몸통 윗부분에 팔을 붙여 주세요.

33 얼굴과 몸통을 붙여 줍니다.

34 초록색으로 긴 원뿔 모양을 준비해요.

35 엉덩이에 붙여서 꼬리를 표현합니다.

36 빨간색 물방울 모양을 여러 개 준비해요.

37 원형을 납작하게 눌러 줍니다.

38 동그란 부분을 잘라 삼각형을 만든 후, 등과 꼬리에 붙여서 장식해 주세요.

39 용이 완성되었습니다.

Part 12
내 손으로 만드는 소품

곰돌이 브로치

소요시간 10분 이내
난이도 ★☆☆☆☆

준비물 라인클레이, 가위 목공풀, 브로치
부자재 목공풀, 브로치
클레이 색상 갈색 2.5줄, 흰색 0.5줄
　　　　　　빨간색 약간
　　　　　　분홍색 약간, 검은색 약간

1 갈색 라인클레이를 2줄 준비해요.

2 1줄을 먼저 돌돌 감아 줍니다.

3 1줄 이어서 더 감아 주세요. 이때 끝은 뾰족하게 잘라 붙여서 원형을 만들어요.

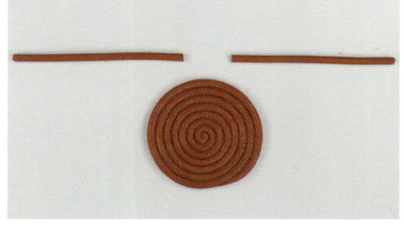

4 갈색 라인클레이 0.5줄을 다시 반으로 잘라서 2개를 만들어요.

5 동그랗게 말아 귀를 완성합니다.

6 얼굴과 닿는 쪽을 가로로 잘라 줍니다.

7 얼굴 위에 귀를 붙여 주세요. 목공풀로 붙이면 튼튼합니다.

8 흰색 라인클레이 0.5줄을 동그랗게 말아 주세요.

9 얼굴 위에 붙이면 입이 표현됩니다.

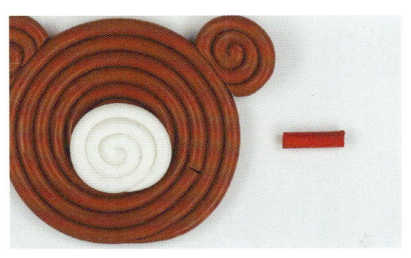

10 빨간색 라인클레이 조각을 준비해 주세요.

11 라인클레이 단면을 반으로 잘라요.

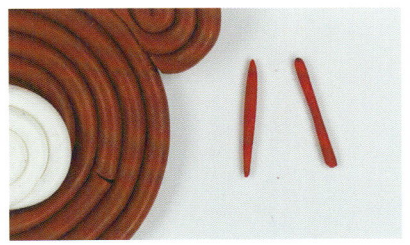

12 손가락으로 밀어 모양을 예쁘게 정리해요.

13 'ㅗ' 모양으로 이어서 붙여 줍니다.

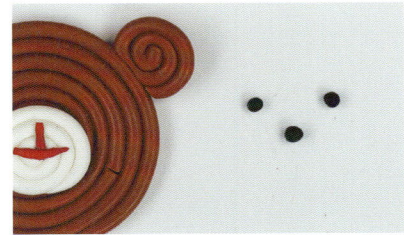

14 검은색 라인클레이 조각을 손가락으로 굴려 동그란 모양으로 만들어 주세요.

15 얼굴에 눈과 코를 붙여요.

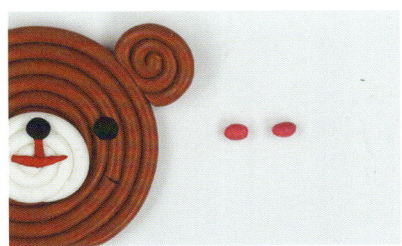

16 분홍색 라인클레이 조각을 손가락으로 굴려 동그란 모양으로 만들어 주세요.

17 납작하게 누른 다음 양쪽 볼에 붙여서 볼터치를 표현합니다.

18 브로치를 준비해요.

19 브로치에 목공풀을 바른 다음 얼굴 뒤에 붙여 주세요.

20 귀여운 곰돌이 브로치가 완성되었어요.

안경

소요시간 30분 내외
난이도 ★★☆☆☆

준비물 라인클레이, 가위

클레이 색상 흰색 12줄, 빨간색 1줄, 주황색 1줄
노란색 1줄, 연두색 1줄, 하늘색 1줄, 보라색 1줄

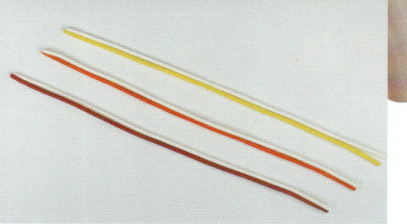

1 빨간색, 주황색, 노란색 라인클레이를 각각 흰색 라인클레이와 붙여 주세요.

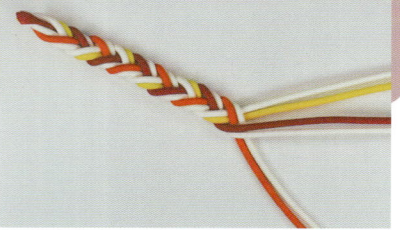

2 끝을 모아 붙인 다음 머리를 땋듯이 엮어 주세요.

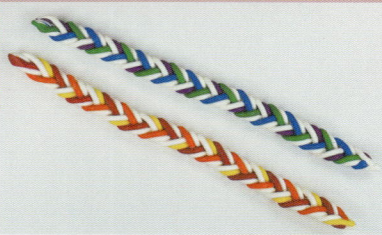

3 연두색, 하늘색, 보라색 라인클레이도 각각 흰색 라인클레이에 붙여서 엮어요.

4 양쪽 끝을 동그랗게 이어 붙여서 안경테를 만들어요.

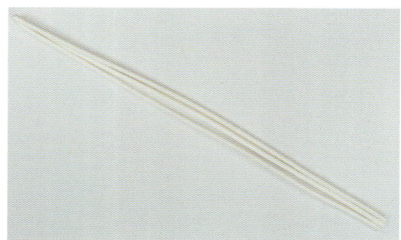

5 흰색 라인클레이 3줄을 겹쳐서 붙여요.

6 비비 꼬아서 안경다리를 완성해요.

7 안경다리를 가위로 조금 잘라서 안경테 사이에 붙여 연결합니다.

8 같은 방법으로 안경다리를 하나 더 만든 다음, 안경테 양쪽에 붙여 주세요.

9 안경다리를 얼굴 크기에 맞게 자른 후 끝 부분을 구부려 완성합니다.

소요시간 10분 이내
난이도 ★☆☆☆☆

장미꽃 반지

준비물 라인클레이, 밀대, 칼 도구

클레이 색상 노란색 1줄, 형광분홍색 0.5줄, 초록색 약간

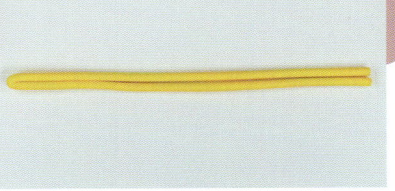

1 노란색 라인클레이 1줄을 반으로 접어 겹쳐 주세요.

2 클레이를 끝에서 끝까지 꼬아요.

3 양쪽 끝을 동그랗게 이어서 반지 모양으로 만들어요.

4 형광분홍색 라인클레이 0.5줄을 밀대로 얇게 밀어요. 손가락으로 눌러도 괜찮아요.

5 돌돌 말아 주면 장미꽃이 만들어져요.

6 초록색 라인클레이를 손가락으로 굴려서 물방울 모양으로 만들어요.

7 물방울을 납작하게 누른 다음, 칼 도구로 눌러서 잎을 표현합니다.

8 장미꽃 아래에 잎을 붙여 주세요.

9 반지 위에 장미를 붙여 장미꽃 반지를 완성합니다.

야광꽃 팔찌

소요시간 30분 내외
난이도 ★★★☆☆

준비물 라인클레이
클레이 색상 형광분홍색 7줄, 형광노란색 9줄
빨간색 약간, 검은색 약간

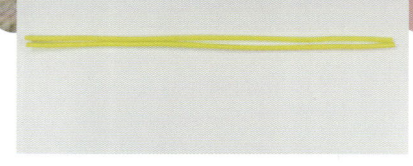

1 형광노란색 라인클레이를 2줄 준비해요.

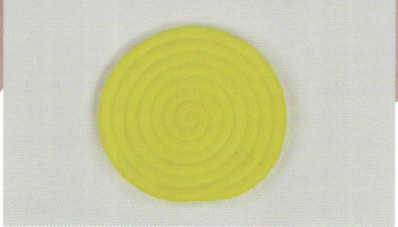

2 곰돌이 브로치(278p) 2~3번과 같이 돌돌 말아서 큰 원형을 만들어요.

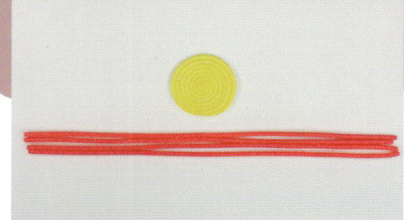

3 형광분홍색 라인클레이를 4줄 준비해요.

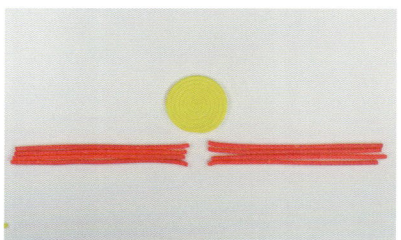

4 반으로 잘라서 8개로 만들어요.

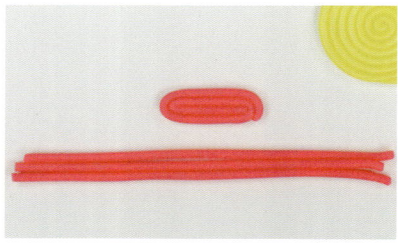

5 라인클레이 0.5줄을 말아서 타원형 꽃잎 1장을 만들어요.

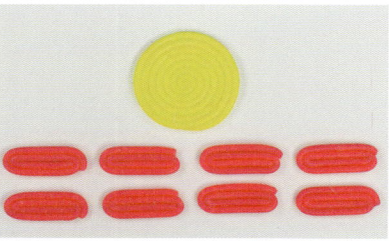

6 나머지 7개도 꽃잎을 만들어 주세요.

7 열십자 방향으로 꽃잎 4개를 붙여요.

8 열십자 사이에 나머지 꽃잎들을 붙여 줍니다.

9 형광노란색 라인클레이 4줄로 앞과 같이 꽃잎 8장을 준비해요.

10 형광분홍색 꽃잎 아래로 꽃잎 8개를 사이사이에 붙여 주세요.

11 검은색과 빨간색 라인클레이를 밀어서 원형과 긴 줄을 준비해요.

12 눈과 입을 표현합니다.

13 형광노란색과 형광분홍색 라인클레이를 3줄씩 준비해요.

14 서로 다른 색끼리 붙여서 3줄을 만들어요. 끝 부분을 확실하게 붙여야 해요.

15 다시 끝을 모아 붙여 주세요.

16 머리를 땋듯이 엮어요.

17 팔찌의 스트랩이 준비되었어요.

17 스트랩에 꽃을 붙이면 야광꽃 팔찌가 완성됩니다.

팔찌에 형광등 불빛을 쐬어 준 후 불을 끄면 반짝반짝 빛이 납니다.

다른 색으로도 만들어 보세요.

무지개꽃 연필

소요시간 30분 내외
난이도 ★★★☆☆

준비물 라인클레이, 가위
부자재 연필
클레이 색상 분홍색 4.2줄, 보라색 5줄
파란색 1줄, 하늘색 1줄, 연두색 4줄
노란색 1줄, 주황색 1줄, 빨간색 1.2줄
흰색 4줄, 검은색 조금

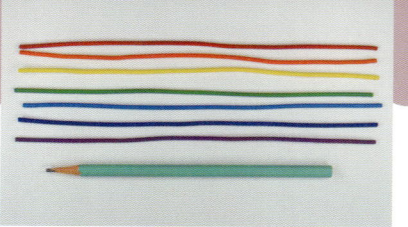

1 무지개색 라인클레이를 준비해요.

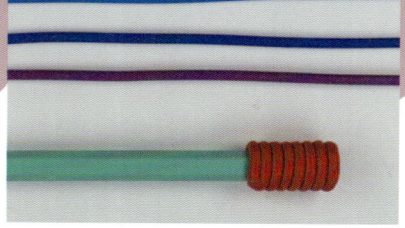

2 연필의 끝에 라인클레이 1줄을 단단하게 감아 줍니다.

3 나머지도 계속해서 감아 주세요.

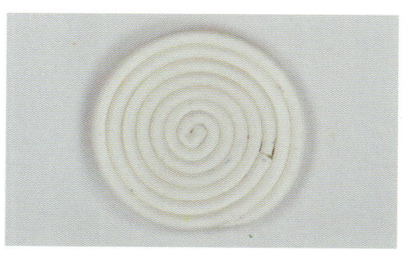

4 곰돌이 브로치(278p) 2~3번과 같이 흰색 라인클레이 2줄로 큰 원형을 만들어요.

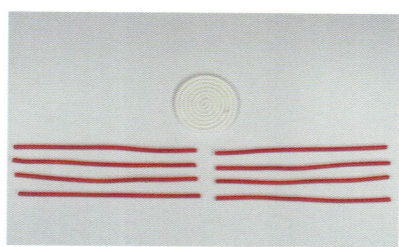

5 분홍색 라인클레이 4줄을 반으로 잘라 8줄을 준비해요.

6 야광꽃 팔찌(282p) 5~8번처럼 꽃잎을 만들어 붙여 주세요.

7 같은 방법으로 보라색 꽃도 만들어요.

8 두 꽃을 서로 겹칠 때 꽃잎이 모두 보이도록 보라색 꽃을 살짝 회전합니다.

9 검은색과 빨간색 라인클레이 조각을 위와 같이 준비합니다.

10 빨간색 라인클레이는 단면을 잘라 주세요.

11 손가락으로 밀어서 눈과 입 모양을 서로 다르게 만들어요.

12 눈과 입을 각각 붙여 줍니다.

13 분홍색 라인클레이 조각을 타원형으로 밀어요.

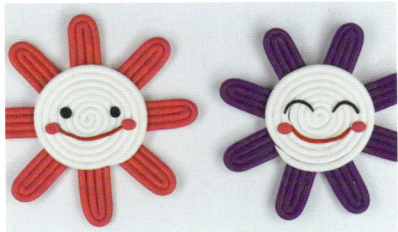
14 납작하게 누른 다음 양쪽 볼에 붙여 주세요.

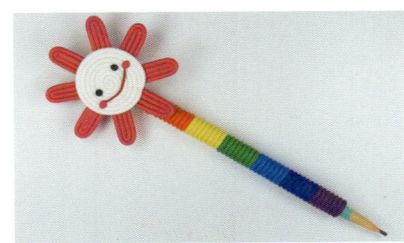
15 연필 꼭지에 꽃을 붙여 주세요.

16 반대편에도 꽃을 붙여 줍니다.

17 초록색 라인클레이를 2줄 준비해요.

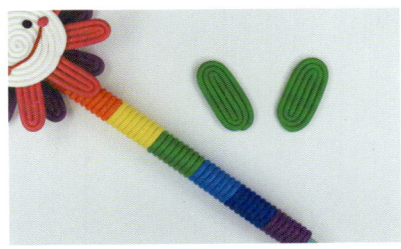
18 타원형 모양으로 돌돌 말아 주세요.

19 잎의 끝 부분을 손가락으로 꼬집어 뾰족하게 만들어요.

20 반대편은 가위로 잘라 편평하게 만들어요.

21 연필의 양옆에 붙여서 완성합니다.

곰돌이 손가락 인형

소요시간 45분 내외(건조시간 제외)
난이도 ★★★☆☆

준비물 클레이, 밀대, 칼 도구, 오일, 가위, 송곳, 피자커터 또는 가위
부자재 이쑤시개, 그로스 바니쉬(생략 가능)
클레이 색상
● 갈색(노란색 7 + 빨간색 2.5 + 검은색 0.5)
● 밝은 황토색(흰색 9.3 + 갈색 0.7)
● 분홍색(흰색 8.5 + 빨간색 1.5) ○ 흰색 ● 검은색

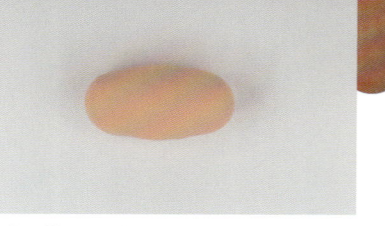

1 밝은 황토색 타원형을 준비해요.

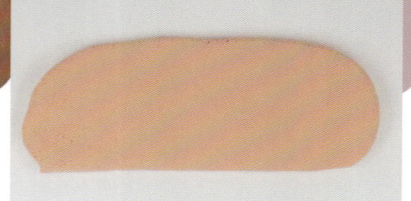

2 밀대로 너무 얇지 않게 밀고, 아래를 피자커터나 가위로 잘라 편평하게 해요.

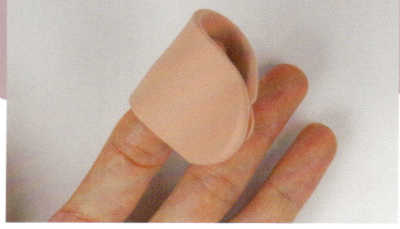

3 손가락에 오일을 바른 후 느슨하게 둘러서 붙여 주세요.

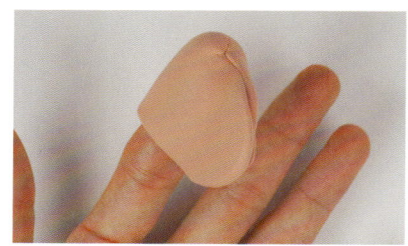

4 윗부분도 오므려 붙여요.

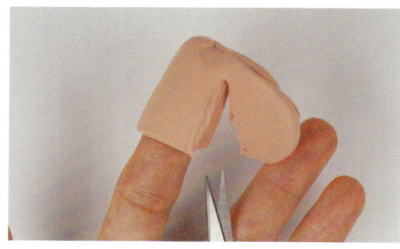

5 남는 부분을 가위로 잘라요.

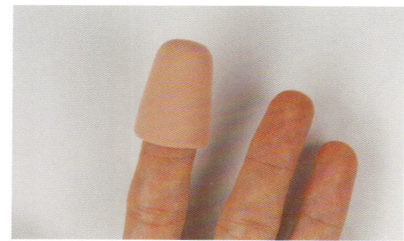

6 깔끔하게 매만져 몸을 만든 다음, 조심스레 손에서 빼 주세요.

7 밝은 황토색과 흰색 원형을 서로 다른 크기로 준비해요.

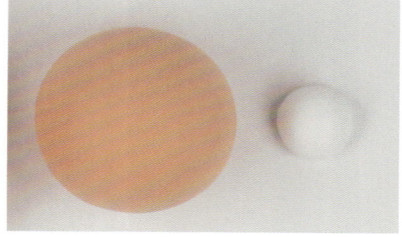

8 흰색 원형을 손가락으로 빚어서 한 면이 편평한 반구 모양으로 만들어요.

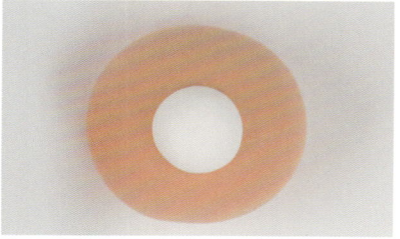

9 밝은 황토색 원형 가운데 반구를 붙여 주세요.

10 불가사리(166p) 14~16번과 같이 검은색 입을 만들어요.

11 분홍색 원형을 입 위에 붙여서 코를 표현합니다.

12 불가사리(166p) 4~9번과 같이 갈색과 흰색으로 눈을 만들어요.

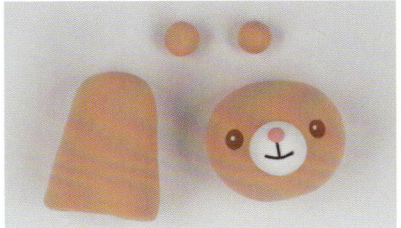

13 밝은 황토색 원형을 2개 준비해요.

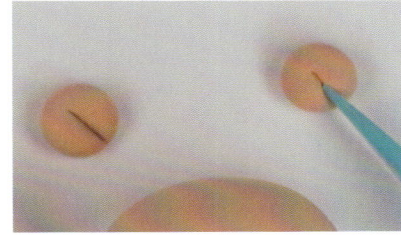

14 원형을 납작하게 누른 다음 칼 도구로 그어 주세요.

15 아래쪽을 가위로 잘라서 머리 위에 붙여 주세요.

16 밝은 황토색으로 긴 물방울 모양의 팔을 2개 만들어요.

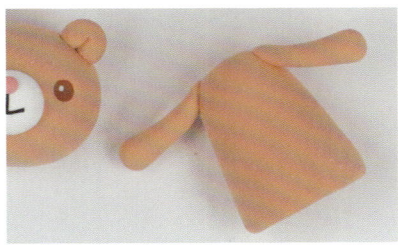

17 몸 양쪽에 팔을 붙여 줍니다.

18 얼굴과 몸을 붙여 주세요.

19 살짝 굳으면 그로스 바니쉬를 묻혀요. 인형 안쪽에 이쑤시개를 꽂아서 담갔다 빼면 편해요.

20 클레이에 꽂아서 말려 주세요. 완전히 마르려면 반나절 정도 소요됩니다.

21 반짝반짝 예쁜 곰돌이 손가락 인형이 완성되었어요.

토끼 손가락 인형

소요시간 45분 내외(건조시간 제외)
난이도 ★★★☆☆

준비물 클레이, 밀대, 피자커터 또는 가위, 칼 도구, 오일, 가위, 송곳, 붓, 파스텔
부자재 이쑤시개, 그로스 바니쉬(생략 가능)
클레이 색상 연분홍색(흰색 9.5 + 빨간색 0.5)
분홍색(흰색 8.5 + 빨간색 1.5)
갈색(노란색 7 + 빨간색 2.5 + 검은색 0.5)
흰색 ●검은색

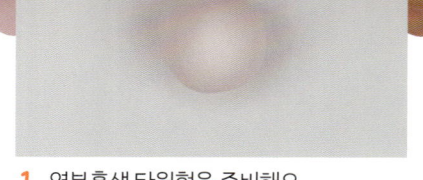

1 연분홍색 타원형을 준비해요.

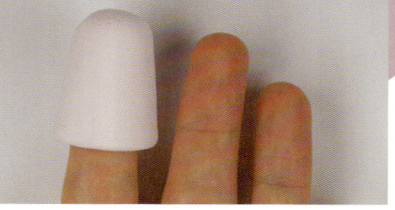

2 곰돌이 손가락 인형(286p) 2~6번과 같이 몸을 만들어 주세요.

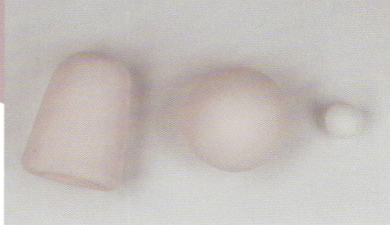

3 연분홍색과 흰색 원형을 서로 다른 크기로 준비해요.

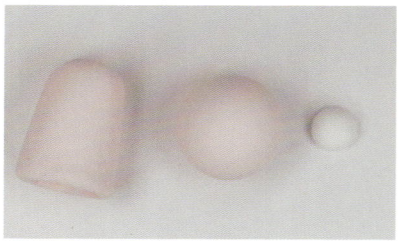

4 흰색 원형을 손가락으로 빚어서 한 면이 편평한 반구 모양으로 만들어요.

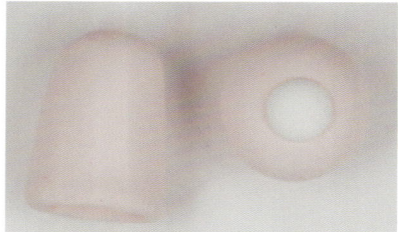

5 연분홍색 원형 가운데 반구를 붙여 주세요.

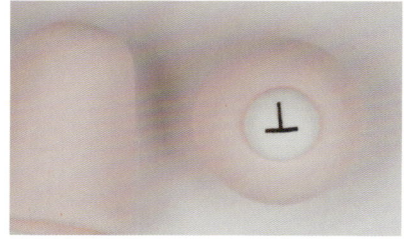

6 불가사리(166p) 14~16번과 같이 검은색 입을 만들어요.

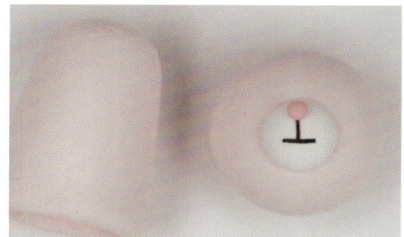

7 분홍색 원형을 입 위에 붙여서 코를 표현합니다.

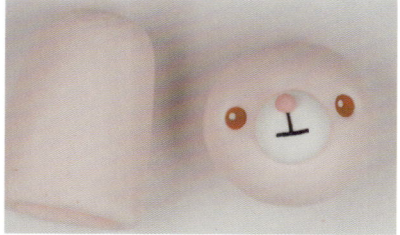

8 불가사리(166p) 4~9번과 같이 갈색과 흰색으로 눈을 만들어요.

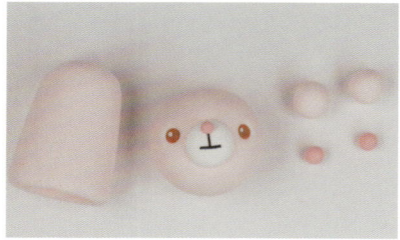

9 연분홍색과 분홍색으로 서로 다른 크기의 원형을 2개씩 만들어요.

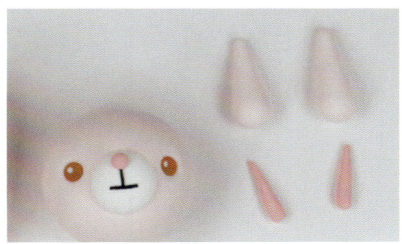
10 원형을 긴 물방울 모양으로 만들어요.

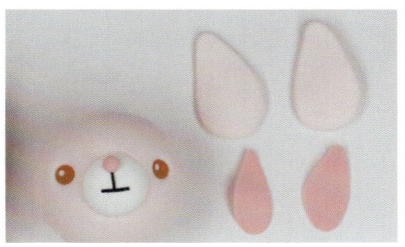
11 물방울을 납작하게 눌러 주세요.

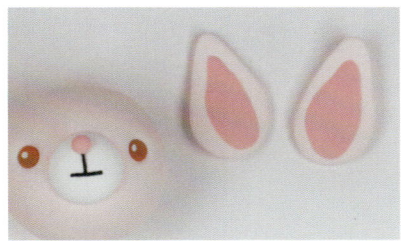
12 연분홍색 위에 분홍색을 붙여 귀를 만들어요.

13 귀 위를 칼 도구로 누른 다음 머리에 붙여 주세요.

14 연분홍색 긴 물방울 모양을 2개 만들어요.

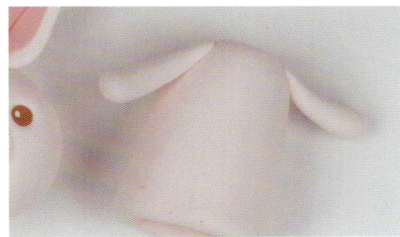
15 몸 양쪽에 붙여서 팔을 표현합니다.

16 얼굴과 몸을 붙여 줍니다.

17 붓에 파스텔을 묻혀서 양쪽 볼에 볼터치를 칠해 주세요.

18 곰돌이 손가락 인형(286p) 19~20번과 마찬가지로 광택을 내어 완성합니다.

무지개 마그넷

소요시간 30분 내외
난이도 ★★☆☆☆

준비물 클레이, 피자커터 또는 가위, 칼 도구
부자재 목공풀, 자석

클레이 색상
- 흰색
- 분홍색 (흰색 8.5 + 빨간색 1.5)
- 연주황색 (노란색 9.5 + 빨간색 0.5)
- 레몬색 (노란색 6 + 흰색 4)
- 연한 연두색 (흰색 8 + 연두색* 2) * 연두색(노 : 파 = 9 : 1)
- 연하늘색 (흰색 9.5 + 파란색 0.5)
- 탁한 파란색 (흰색 6 + 남색* 4) * 남색(파 : 검 = 6 : 4)
- 연보라색 (흰색 9.3 + 보라색* 0.7) * 보라색(빨 : 파 = 6 : 4)

1 파스텔톤의 무지개색 원형을 7개 준비해요.

2 원형을 모두 긴 줄로 만들어요.

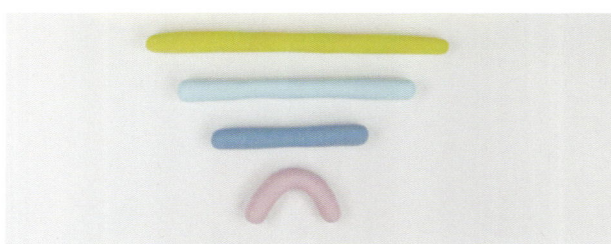

3 맨 아래쪽 연보라색 줄을 살짝 구부려요.

4 무지개색 순서대로 계속해서 이어 붙여 주세요.

5 무지개의 양쪽 끝을 피자커터나 가위로 잘라 정리해요.

6 흰색 타원형을 준비해요.

7 타원형을 납작하게 눌러 줍니다.

8 납작해진 타원형의 가장자리를 칼 도구로 눌러서 구름을 완성합니다.

9 같은 방법으로 조금 더 큰 구름을 하나 더 만들어요.

10 무지개 양쪽 끝에 구름을 붙여 주세요.

11 자석을 준비합니다.

12 자석에 목공풀을 묻히고 무지개를 붙이면 완성됩니다.

리본 머리핀

소요시간 30분 내외
난이도 ★★☆☆

준비물 클레이, 밀대, 피자커터 또는 가위, 가위, 도트봉
부자재 머리핀
클레이 색상 ● 빨간색
　　　　　　　○ 흰색

1 빨간색 타원형을 준비해요.

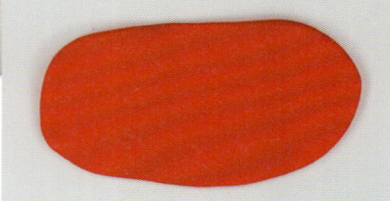

2 타원형을 밀대로 납작하게 밀어요.

3 피자커터나 가위로 직사각형 모양을 만들어요.

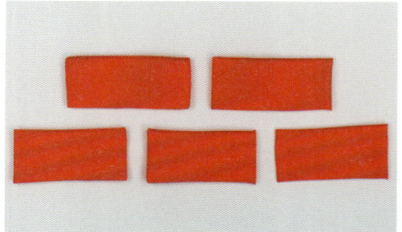

4 같은 방법으로 직사각형 4개를 더 준비해요.

5 흰색 원형을 눌러서 빨간색 위에 도트 무늬를 표현합니다.

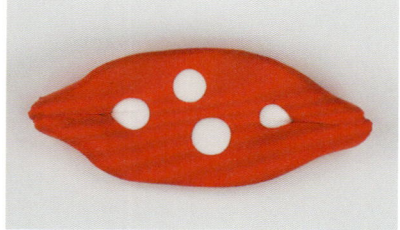

6 직사각형 2개는 양쪽 끝을 안으로 오므린 후 가장자리를 다시 밖으로 접어요.

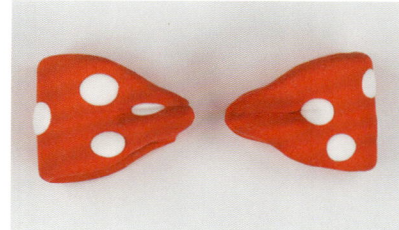

7 반으로 접어서 리본 양쪽을 만들어 줍니다.

8 남은 직사각형 3개 중 2개는 한쪽 끝만 6번처럼 접어서 리본 꼬리를 만들어요.

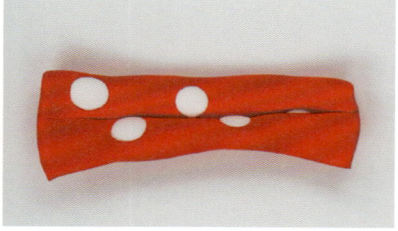

9 마지막 직사각형 하나는 전체를 오므려서 매듭 부분을 준비해요.

10 리본 아래쪽에 꼬리를 붙여 줍니다.

11 리본 두 쪽을 이어 붙여요.

12 리본과 리본 사이를 손가락이나 도구를 사용해 얇게 만들어 주세요.

13 얇게 만든 부분에 매듭 부분을 붙여요.

14 리본 뒤로 매듭을 두른 다음 꼬리를 알맞은 길이로 잘라요.

15 리본에 머리핀을 꽂아 완성합니다. 머리핀에 목공풀을 바르면 더 튼튼해요.

둥근 리본 머리핀

1 빨간색으로 큰 원형 2개와 작은 원형 1개를 만들어요.

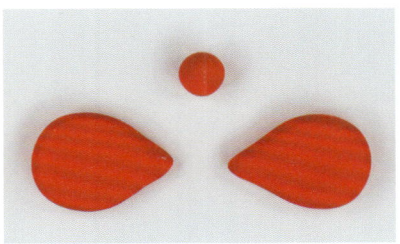

2 큰 원형은 물방울로 만든 다음 눌러 주세요.

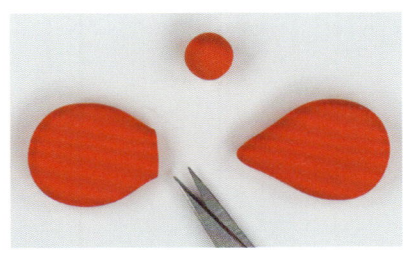

3 물방울의 뾰족한 부분을 잘라요.

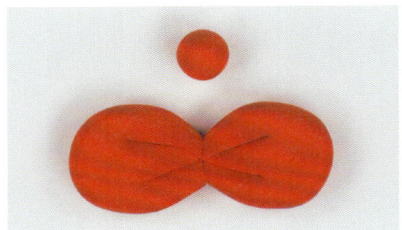

4 자른 부분을 칼 도구로 눌러 주름을 표현한 후 서로 붙여요.

5 중앙에 작은 원형을 붙여 리본을 완성한 후, 머리핀에 붙여 주세요.

꽃 이름표

소요시간 30분 내외(건조시간 제외)
난이도 ★★★☆☆

준비물 클레이, 송곳, 가위
부자재 매트 바니쉬(생략 가능), 이쑤시개, 목공풀, 브로치
클레이 색상 🟡 레몬색(노란색 6 + 흰색 4) ⚪ 흰색 ⚫ 검은색 🌈 무지개색(11p)

1 레몬색 원형을 준비해요. 이때 브로치 크기로 만들어 주세요.

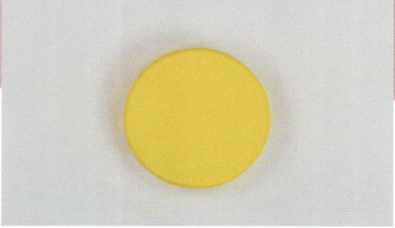

2 원형을 납작하게 눌러서 윤곽을 또렷하게 만들어요.

3 알록달록한 색의 원형을 8개 준비해요.

4 원형을 납작하게 눌러 줍니다.

5 끝 부분을 가위로 잘라서 꽃잎을 완성해요.

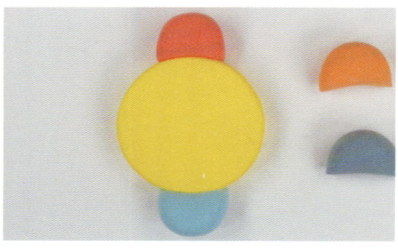

6 위아래에 꽃잎을 하나씩 붙여요.

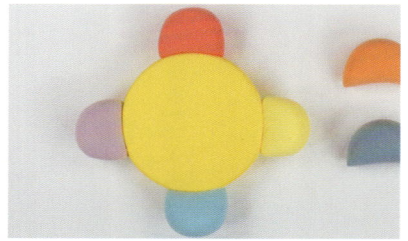

7 양옆에 꽃잎을 하나씩 붙여요.

8 꽃잎 사이사이에 나머지 꽃잎을 붙여 주세요.

9 송곳으로 이름이나 이니셜을 스케치해요.

10 검은색 클레이를 손으로 쭉 늘려 긴 줄을 만들어요.

11 긴 줄을 스케치한 부분에 붙여 주세요.

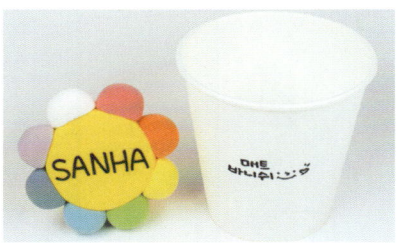

12 이름표에 광택을 주기 위해 매트 바니쉬를 준비해요.

13 살짝 굳으면 뒷편에 이쑤시개를 꽂아서 매트 바니쉬에 담갔다 빼요.

14 클레이에 꽂아서 반나절 정도 말려 주세요.

15 광택이 살짝 흐르는 꽃 이름표가 완성되었어요.

16 브로치에 목공풀을 발라 이름표 뒤에 붙여 줍니다.

17 나만의 꽃 이름표가 완성되었어요.

여자아이 네임택

소요시간 45분 내외(건조시간 제외)
난이도 ★★★★☆

준비물 클레이, 밀대, 쿠키커터, 송곳, 칼 도구, 도트봉
부자재 매트 바니쉬(생략 가능), 이쑤시개, 목공풀, 끈
클레이 색상
- 진빨간색(빨간색 5 + 흰색 4 + 파란색 1)
- 노란색
- 흰색
- 살구색(흰색 9 + 노란색 0.6 + 빨간색 0.4)
- 갈색(노란색 7 + 빨간색 2.5 + 검은색 0.5)
- 분홍색(흰색 8.5 + 빨간색 1.5)

1 진빨간색 원형을 밀대로 두께감 있게 밀어요.

2 오일을 바른 원형 쿠키커터로 찍어서 네임택 밑판을 만들어요.

3 네임택 밑판을 손으로 매만져 예쁘게 정리해요.

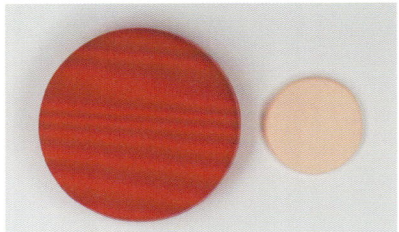

4 살구색 원형을 납작하게 눌러서 얼굴을 준비해요.

5 네임택 밑판 위에 얼굴을 붙여 주세요.

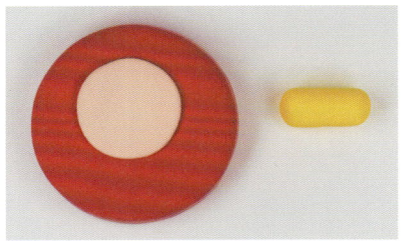

6 노란색 타원형을 준비해요.

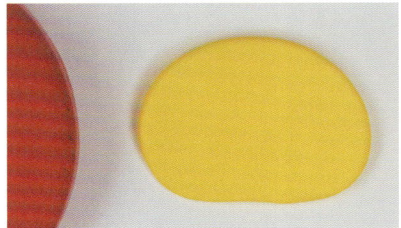

7 타원형을 납작하게 눌러 주세요.

8 타원형의 아랫부분을 잘라내 편평하게 만들어요.

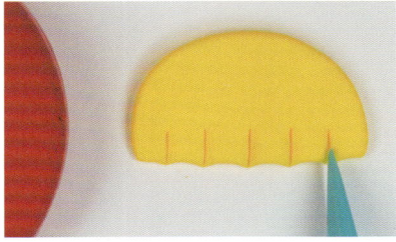

9 편평해진 부분을 칼 도구로 눌러 앞머리를 표현해요.

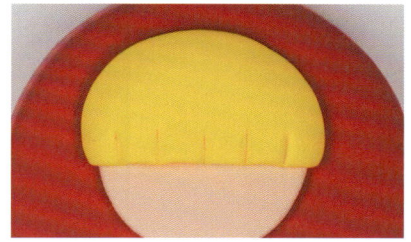
10 얼굴 위쪽에 앞머리를 붙여 줍니다.

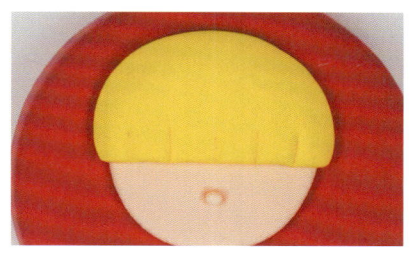
11 살구색 작은 원형을 얼굴에 붙여서 코를 만들어요.

12 도트봉으로 눌러 홈을 낸 다음 갈색으로 눈을 만들어 붙여요.

13 불가사리(166p) 14~16번과 같이 분홍색 입을 만들어요.

14 노란색 원형을 4개 준비해요.

15 얼굴의 양쪽에 두 개씩 붙여 양 갈래 머리를 표현합니다.

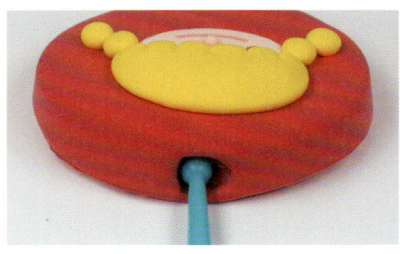
16 네임택 밑판을 도트봉으로 눌러 큰 홈을 만들어요.

17 꽃 이름표(294p) 9~11번과 마찬가지로 이름을 새겨요.

18 이름표 뒷면에 이쑤시개를 꽂아서 매트 바니쉬에 담갔다 빼요.

19 클레이에 꽂아서 반나절 정도 말려 주세요.

20 네임택 끈을 준비합니다.

21 밑판의 홈 안에 목공풀을 바른 다음 끈을 넣어 붙여서 네임택을 완성합니다.

남자아이 네임택

소요시간 1시간 내외(건조시간 제외)
난이도 ★★★★☆

준비물 클레이, 밀대, 쿠키커터, 송곳, 칼 도구, 도트봉
부자재 매트 바니쉬(생략 가능), 이쑤시개, 목공풀, 끈
클레이 색상
- 진하늘색(흰색 8 + 파란색 2)
- 흰색
- 노란색
- 살구색(흰색 9 + 노란색 0.6 + 빨간색 0.4)
- 주황색(노란색 8 + 빨간색 2)
- 연두색(노란색 9 + 파란색 1)
- 진빨간색(빨간색 5 + 흰색 4 + 파란색 1)
- 분홍색(흰색 8.5 + 빨간색 1.5)
- 갈색(노란색 7 + 빨간색 2.5 + 검은색 0.5)

1 진하늘색으로 여자아이 네임택(296p) 1~4번처럼 밑판을 만들어요.

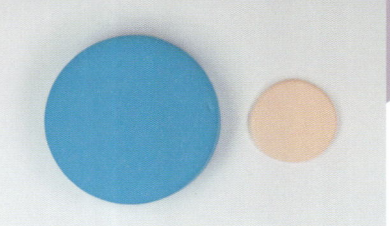

2 살구색 원형을 납작하게 눌러서 얼굴을 준비해요.

3 네임택 밑판 위에 얼굴을 붙여 주세요.

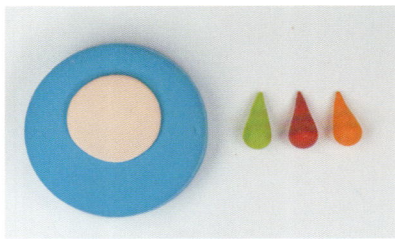

4 연두색, 진빨간색, 주황색으로 긴 물방울 모양을 만들어요.

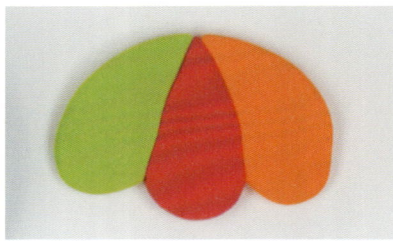

5 물방울을 납작하게 누른 다음 옆으로 이어 붙여서 모자를 만들어요.

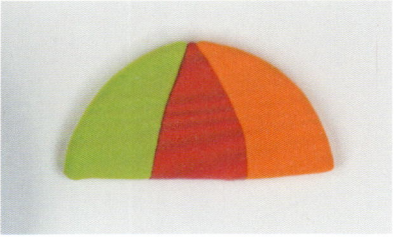

6 모자 아래쪽을 잘라내 편평하게 만들어요.

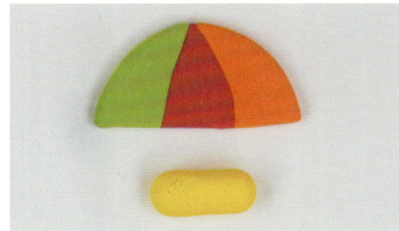

7 노란색 타원형을 준비해요.

8 타원형을 납작하게 눌러 주세요.

9 타원형을 비스듬하게 돌려서 모자챙의 각도를 만들어요.

10 윗부분을 잘라 모자의 밑단과 편평하게 합니다.

11 모자 아래로 챙을 이어 붙여요.

12 꼭대기에 노란색 원형을 붙여서 모자를 완성합니다.

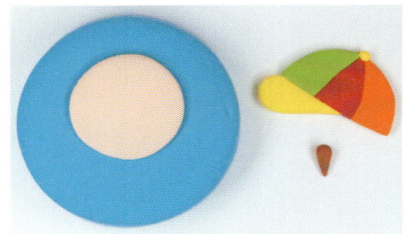
13 갈색 물방울을 준비해요.

14 물방울을 납작하게 눌러 머리카락을 만들어요.

15 모자와 머리카락을 얼굴에 붙여 주세요.

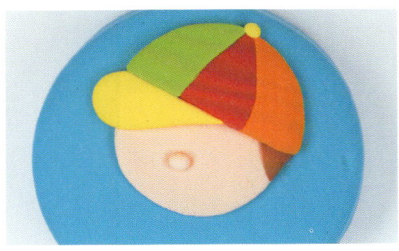
16 살구색 작은 원형을 얼굴에 붙여서 코를 만들어요.

17 도트봉으로 눌러 홈을 낸 다음 갈색으로 눈을 만들어 붙여요.

18 불가사리(166p) 14~16번과 같이 분홍색 입을 만들어요.

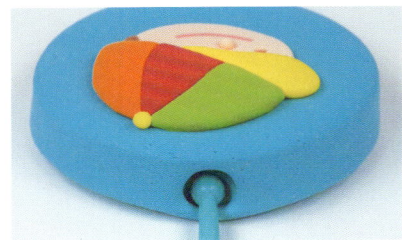
19 네임택 밑판을 도트봉으로 눌러 큰 홈을 만들어요.

20 꽃 이름표(294p) 9~11번과 마찬가지로 이름을 새겨요.

21 여자아이 네임택(296p) 18~21번처럼 코팅한 후 끈을 달면 완성됩니다.

유아 촉감놀이부터 초등 방과후까지 책임지는
세상에서 제일 귀여운 클레이 대백과
ⓒ봄다방 김민정 2019

초판 1쇄 발행 2019년 7월 19일
초판12쇄 발행 2024년 12월 9일

지은이 봄다방 김민정

펴낸이 김재룡
펴낸곳 도서출판 슬로래빗

출판등록 2014년 7월 15일 제25100-2014-000043호
주소 (04790) 서울시 성동구 성수일로 99 서울숲AK밸리 1501호
전화 02-6224-6779
팩스 02-6442-0859
e-mail slowrabbitco@naver.com
인스타그램 instagram.com/slowrabbitco

기획 강보경 **편집** 김가인 **디자인** 변영은 miyo_b@naver.com

값 17,000원
ISBN 979-11-86494-54-7 13630

「이 도서의 국립중앙도서관 출판시도서목록(CIP)은 서지정보유통지원시스템 홈페이지(http://seoji.nl.go.kr)와 국가자료공동목록
시스템(http://www.nl.go.kr/kolisnet)에서 이용하실 수 있습니다. (CIP제어번호: CIP2019025420)」

- 잘못된 책은 구입하신 곳에서 바꾸어 드립니다.
- 저자와 출판사의 허락 없이 내용의 일부를 인용, 발췌하는 것을 금합니다.
- 슬로래빗은 독자 여러분의 다양하고 참신한 원고를 항상 기다리고 있습니다. 보내실 곳 slowrabbitco@naver.com